근대전환기 도교·불교의
인식과 반응

한국학
총서

조선대학교 우리철학연구소 우리철학총서 03
근대전환기의 한국철학 〈敎〉

근대전환기 도교·불교의 인식과 반응

김형석 지음

學古房

　19세기 후반기부터 20세기 전반기까지 약 100년 동안의 한국 사회
는 격동의 시기였다. 이 시기는 '전통'과 '현대' 및 '동양'과 '서양' 등
의 가치관이 혼재되면서 많은 문제가 발생했다. 특히 사상계는 일본
사람인 서주西周(니시 아마네 : 1829~1897)에 의해 굴절된 상태로 소
개된 '철학哲學' 용어의 출현과 일제 강점기의 도래로 인해 새로운 문
화가 형성되었다.

　서양 근대 문명을 동경했던 서주는 '지혜를 사랑함'이라는 'Philoso-
phia, Philosophy'를 '철학'으로 번역했다. 이때 그와 일본의 주류 사상
계는 근대 과학 문명을 탄생시킨 서구적 사유를 물리物理와 심리心理
를 아우르는 '철학'으로 여기고, 유·불·도를 중심으로 하는 동아시아
의 전통적 사유를 심리心理의 영역으로 제한시켰다.

　특히 일제 강점기에 서양 선진국의 교육시스템을 모방한 동경제국
대학의 교육 체계를 모델로 삼은 경성제국대학 철학과의 주요 교과목
은 서양철학 위주로 편성되었다. 이 무렵 한국의 전통철학은 제도권
안에서 부분적으로 수용되었다. 따라서 전통철학은 제도권 안에서 독
자적인 영역을 확보할 기회를 갖지 못하고, 주로 제도권 밖에서 연구
되었다. 이 때문에 당시의 많은 사람들에게 서양철학은 보편적인 철
학이고, 전통의 동양철학은 특수한 철학으로 여겨졌다. 이러한 상황
은 많은 학자들에게 서양철학에 대한 무비판적인 수용과 동양철학에
대한 연구의 소홀을 가져오도록 안내했다. 이러한 비주체적인 학문

탐구 경향은 해방 정국 이후부터 산업화시기인 20세기 후반까지 이어졌다.

비록 일부의 학자들에 의해 학문의 주체성 회복과 우리철학의 정립을 위한 연구가 진행되었지만, 철학계에서 그들의 영향력은 크지 않았다. 그러나 20세기 말의 민주화 과정에서 철학의 현실화와 주체적인 학문 탐구를 중시하는 일군의 학자들에 의해 우리철학 정립에 대한 열기가 고조되었다. 그들은 서양철학을 무비판적으로 수용하는 태도와 전통철학을 맹목적으로 옹호하는 태도를 지양하였다. 그들에 따르면 비주체적인 철학 활동은 건조한 수입철학으로 전락하거나, 복고적인 훈고학의 울타리를 벗어나기 어렵다. 이러한 비주체적인 철학 활동은 창의적인 사유를 통한 생명력 있는 이론을 생산하고 발전시키는 면에 제한적이다. 이를 해결하기 위해 시대정신에 대한 통찰력을 강화할 필요가 있다.

우리철학의 정립에 대한 이러한 풍조는 21세기에 확산되고 있다. 조선대학교 우리철학연구소는 비주체적인 철학 풍토를 비판적으로 성찰하고, 통일 시대에 부응하는 21세기형 우리철학의 정립을 목표로 2014년에 설립되었다.

21세기형 우리철학이란 역동적인 시대의 다양한 특성을 반영한 것으로서 한국 전통철학의 비판적 계승, 외래철학의 한국화, 한국의 특수성과 세계의 보편적 흐름을 유기적으로 결합한 사유체계이다. 곧 21세기형 우리철학은 특수와 보편의 변증법적 통일로서 한국의 전통철학과 외래철학과 현실 문제 등에 대해 시대정신을 반영하여 주체적으로 연구한 이론체계를 의미한다.

이 총서는 조선대학교 우리철학연구소가 2015년 한국학중앙연구원의 '2015년도 한국학총서' 사업에 선정된 〈우리철학, 어떻게 할 것인가? - 근대전환기 한국철학의 도전과 응전 - 〉의 연구 성과를 집약한 것이다.

조선대학교 우리철학연구소의 이 총서 사업은 근대전환기 한국사회에서 발생한 철학 담론을 탐구하는 결과물로서 전통의 유·불·도 철학과 민족종교와 미의식 등을 주요 연구대상으로 한다. 이 사업은 민족, 계층, 종교, 이념, 동양과 서양, 전통과 현대, 특수와 보편 등의 문제가 중첩된 근대전환기의 한국사회를 철학적 가치로 재해석하여, 21세기의 시대정신에 부응하는 우리철학 정립의 이론적 토대를 제공하고자 한다. 이 연구는 19세기 후반부터 21세기의 현재까지 취급하는 총론을 제외한 7개의 주제에 대해 19세기 중·후반부터 20세기 전반기까지 약 100년 동안의 전통철학 전반을 대상으로 한다. 내용은 총론, 리理, 심心, 기氣, 실實, 교敎, 민民, 미美 등 총 8개의 주제이다. 총서는 △총론 : 우리철학, 어떻게 할 것인가 △성리학 : 근대전환기의 한국철학 〈理〉 - 호락논변의 전개와 현대적 가치 △심학 : 근대전환기의 한국철학 〈心〉 - 실심실학과 국학 △기철학 : 근대전환기의 한국철학 〈氣〉 - 서양 문명의 도전과 기의 철학 △실학 : 근대전환기의 한국철학 〈實〉 - 현실비판과 근대지향 △종교철학 : 근대전환기의 한국철학 〈敎〉 - 근대전환기 도교·불교의 인식과 반응 △민족종교 : 근대전환기의 한국철학 〈民〉 - 민족종교와 민의 철학 △미학 : 근대전환기의 한국철학 〈美〉 - 근대 한국미의 정체성 등 총 8권으로 구성된다.

총론인 『우리철학, 어떻게 할 것인가』(이철승)는 21세기형 우리철학의 정립이라는 문제의식으로 '철학' 용어가 출현한 19세기 후반부터 21세기가 진행되고 있는 현재까지 한국 철학계의 현황을 고찰한다. 또한 우리철학 정립의 이론적 토대에 해당하는 고유의식, 외래철학의 한국화, 전통철학의 비판·계승·변용, 자생철학의 모색 등을 살펴보고, 우리철학 정립의 사회적 토양에 해당하는 다양한 정치 현실과 문화 현상을 분석한다. 그리고 특수와 보편 및 타율성과 자율성의 등의 시각으로 우리철학 정립의 방법을 모색하고, 같음과 다름의 관계와 어울림철학을 중심으로 하는 우리철학 정립의 한 유형을 고찰한다.

근대전환기의 한국철학 〈理〉인 『호락논변의 전개와 현대적 가치』(홍정근)는 호론과 낙론 사이의 학술논변을 다루고 있다. 호락논변은 중국이나 일본 등 다른 전통 사회에서 찾아볼 수 없는 독자성이 강한 우리철학의 한 유형이다. 이 논변은 중국과 일본을 비롯한 전통의 동아시아사회에서 찾아볼 수 없는 독자성이 있다. 이 책은 호락논변 초기의 사상적 대립, 절충론의 등장, 실학에 끼친 영향 등을 서술하였고, 20세기 학자인 이철영의 사상을 집중적으로 검토하였다. 이철영은 호락논변을 재정리하고, 자신만의 새로운 학설을 정립한 학자이다. 다음으로 호락논변의 논쟁점을 총체적 관점에서 인물성동이논변과 미발심성논변으로 나누어 기술하였다. 마지막 장에서는 호락논변에 함유되어 있는 근현대적 가치들을 살펴보았다.

근대전환기의 한국철학 〈心〉인 『실심실학과 국학』(김윤경)은 근대 격변기 속에서 속일 수 없는 자기 본심을 자각하고 '실현'해 나간 양명학 수용자들의 철학적 문제의식, 자기수양, 사회적 실천 등을 고찰하였다. 이들의 중심에는 정제두 이래 양명학을 주체적으로 수용하고 계승한 이건승, 이건방, 정인보 등 하곡학파가 있다. 하곡학파는 실심실학에 기초한 주체적 각성, '국학'의 재인식과 선양이라는 실천으로 식민지 현실을 극복하고자 하였다. 또한 본서에서는 하곡학파에 속하지 않지만, 하곡학파와 긴밀히 교류하면서 양명학적 유교 개혁을 추구한 박은식, 화담학과 양명학의 종합으로 독창적인 학술체계를 건립한 설태희, 진가논리로 불교개혁을 추구한 박한영 등의 사유를 부분적으로 취급하였다.

근대전환기의 한국철학 〈氣〉인『서양 문명의 도전과 기의 철학』(이종란)에서 탐구하는 주제는 근대전환기 과학과 그리스도교로 대표되는 서양문명의 도전에 따라 그것을 수용·변용하거나 대응한 논리이다. 곧 기철학자와 종교사상가들이 서양문명의 수용·변용·대응 과정에서 기의 논리를 핵심으로 삼아, 전통사상의 계승·발전·극복 등의 사유 과정을 구체적으로 분석하였다.

근대전환기의 한국철학 〈實〉인『현실비판과 근대지향』(김현우)에서는 한민족에게 내재한 현실 중심의 개혁·실천·개방의 전통 사유를 중심으로 근대전환기 전통 개혁론의 계승과 확산, 서구 과학기술의 수용과 한계, 초기 사회주의 수용과 경계 등을 대주제로 삼았다. 이를 바탕으로 북학파의 계승과 개화파의 등장, 1840년 아편전쟁 이후 한국 정부의 대응, 서구 문명에 대한 인식 변화, 문명과 유학과의 관계 재정립, 실학자들의 재발견, 보편 문명과 민족 문화와의 충돌과 해소, 사회 주체로서 국민의 등장, 대한민국 임시정부와 사회주의 소련과의 조우 등을 세부적으로 분석하였다.

근대전환기의 한국철학 〈敎〉인『근대전환기 도교·불교의 인식과 반응』(김형석)은 도교철학과 불교철학을 중점적으로 취급한다. 도교의 경우, 근대전환기 한국 도교 전통의 맥락을 계승하면서 수련도교의 큰 축을 이루고 있는 전병훈의 『정신철학통편』을 중심으로 살펴본다. 특히 한국 도교전통을 통해 동·서문명의 만남, 전통과 근대의 만남을 기획했던 그의 세계관과 정치사상을 분석하였다. 불교의 경우, '호법護法', '호국護國', '호민護民' 등의 프리즘으로 숲과 마을, 성과 속, 교단과 세속권력, 종교와 정치 사이 등과 같은 당시의 시대적 모순에 대한 불교계의 인식과 반응을 분석하였다. 이는 정치주체와 '외호'의 주체에 대한 해석 문제, 한국불교전통의 계승과 불교 근대화의 문제, 불교교단의 승인·운영·관리 문제 등의 형태로 드러났다.

근대전환기의 한국철학 〈民〉인 『민족종교와 민의 철학』(이종란·김현우·이철승)은 동학·대종교·증산교·원불교 등 민족종교의 사상 속에 반영되어 있는 당시 민중들의 염원과 지향 및 사유를 철학적 관점으로 재구성하였다. 이들 종교는 모두 전근대적 민에서 주체의식과 민족정체성, 상생과 평화, 공동체 의식을 갖는 근대적 시민으로 자각하도록 이끄는 데 일조하였음을 밝혔다.

근대전환기의 한국철학 〈美〉인 『근대 한국미의 정체성』(이난수)은 19세기 후반부터 20세기 전반까지 한국 사회에서 풍미했던 고유의 미의식을 분석한다. 특히 예술과 예술 정신의 기준이 변화하기 시작했던 1870년대 개항 시기부터 한국 고유의 미론이 등장하는 1940년대까지의 미의식 현황을 분석한다. 이때 미의 철학이란 한국인의 미에 대한 가치와 그것이 구체화된 현상적 특징을 말한다. 이는 전통에서 근대로의 이행 과정에서 예술이 어떻게 계승되고 변용되었는지를 고찰하는 것이다. 이를 통해 근대 예술의 형성이 오로지 예술만의 이념과 논리를 기준으로 형성되지 않고, 당시의 시대 상황과 뒤섞이며 시대정신과 함께 변모했음을 확인할 수 있다.

이 총서를 발간하면서 그동안 우리철학 정립이라는 문제의식을 공유하며 연구와 집필에 전념한 연구진께 고마움을 전한다. 연구진은 그동안 한국의 철학계에서 수행하기가 쉽지 않은 이 작업을 위해 많은 노력을 기울였다. 낯선 시도이기에 불안할 수도 있지만, 누군가는 해야 할 일이기에 연구진은 용기를 내어 이 길에 들어섰다. 미비한 점은 깊게 성찰하고, 이후의 연구를 통해 보완할 것이다.

이 사업이 이루어질수록 적극적으로 지원해준 한국학중앙연구원과 교육부에 감사를 드리며, 이 사업의 필요성을 인정하고 선정해 주신 심사위원들께도 감사를 드린다.

또한 어려운 상황임에도 출판을 허락하신 도서출판 학고방의 하운근 사장님과 글을 꼼꼼하게 다듬어주신 명지현 팀장님을 비롯한 편집실 구성원들께도 감사를 드린다.

2020년 7월
한국학중앙연구원 한국학총서 사업 연구책임자
조선대학교 철학과 교수 및 우리철학연구소장
이철승 씀

　이 글은 『우리철학, 어떻게 할 것인가? - 근대전환기 한국철학의 도
전과 응전 -』이라는 주제로 구성된 한국학총서 사업의 일환으로 쓰여
진 것이다. 전체 대주제를 다룬 총론을 제외하고 7개의 주제 가운데,
'敎의 철학'을 맡아 근대전환기 한국 도교와 불교를 연구하였다. 따
라서 가능하면 전체 대주제의 흐름 속에서 문제의식을 공유하려고
노력하였으며, 19세기 후반부터 1945년 이전까지 한국의 도교와 불교
가 시대적 모순 또는 과제를 어떻게 인식하고 그리고 그 이론과 실천
면에서 어떻게 반응하였는지에 대해 살펴보고자 하였다. 연구의 결과
에 대해서는 여전히 불만족스러움과 부끄러움이 넘치지만, 이 연구의
문제의식이 근대전환기 한국철학의 연구에서 조금이라도 더 나아갈
수 있는 계기가 되었으면 한다.
　우리 역사에서 근대전환기는 전통과 근대가 가장 치열하게 만났던
시점이라고 할 수 있다.
　전통종교로서 이 시기 한국의 도교와 불교를 살펴보면, 전통적 가
치와 근대적 가치 사이의 충돌과 그 안에 드러나는 다양한 딜레마의
모습을 발견할 수 있다. 그리고 근대적 가치를 어떻게 추구할 것이며
전통적 가치를 얼마나 어떤 방식으로 계승할 것인지 나름대로 해결방
안을 모색해가는 몸부림도 발견할 수 있다. 이러한 과정으로서 이들
이 이론을 수립해나가고 현실을 변화시키기 위해 실천적으로 분투해
나가는 과정을 살펴보는 것은 중요한 의미가 있을 것이다. 특히 전근

대에서 근대로 이어지는 근대전환기 한국의 철학·사상의 문제의식을 천착하는 것은 철학사나 사상사적인 관점에서도 매우 중요한 과제가 될 것이다.

그러나 필자는 이 글을 쓰면서, 가능하면 이들의 모색과 분투에 대하여 사상사적인 관점에서의 '평가' - 어떠한 전통적인 사상과 맥이 닿아있으며, 어떠한 근대적 요소를 지니고 있는지, 어떤 점에서 전통을 비판 혹은 계승 혹은 극복했는지, 제국주의 세력의 침략 속에서 근대적 가치를 얼마나 주체적·비판적으로 수용했는지 등 - 는 미루어 두고 싶었다. 오늘날의 관점에서 결과로서 정답을 정해놓은 다음, 시대적 모순에 대한 그들의 인식과 반응이 올바른 것이었는지, 타당성이 있는 것이었지, 효율적인 것이었는지 따져보고 그들의 선택이 오늘날의 정답에 부합하는지 여부를 평가하고 단언할 만한 확신이 없었기 때문에, 이 글에서는 가능하면 도교와 불교의 인식과 반응을 하나의 몸부림으로 바라보고자 하였다. 오늘날의 현실을 이해하고 변화시키기 위해서 이러한 평가가 필요하다는 것도 알고 있지만, 아직까지는 지금 이순간 우리의 상태를 역사의 발전 또는 전개과정 속에서 어떻게 규정지어야 할지 확신을 가지기 어려웠다. 연구자로서 부끄러운 고백이지만, 이런 회의는 결국 평소 문제의식이나 연구의 부족에서 온 연구역량의 결핍 때문일 것이다. 좀 더 공부가 축적되어 나름대로의 관점이 수립되거나 혹은 어떤 관점을 온전히 이해하여 받아들이게 되면, 이런 회의감이 사라질지 모르겠다.

근대전환기 한국 도교와 불교를 연구하며, 이러한 질문도 던질 수 있겠다는 생각이 든다. 한국 철학사적인 의의는 전문가들이 관심을 가질만한 지점이겠지만, 일상을 살아가는 비전공자들에게 이 연구는 어떠한 의미가 있을까? 전통적 가치와 근대적 가치라는 주제가 여전히 중요한 화두일까? 강의를 할 때는 여전히 우리의 일상 속에서 발견되는 전근대적 요소를 예로 들며 우리 안에 존재하는 전통적 가치와 근대적 가치의 충돌지점을 상기시키기도 했다. 그렇지만, 2020년 현재 우리가 이런 문제를 풀어나가는 방식은 더 이상 전통 – 근대, 동양 – 서양이라는 틀거리를 필요로 하지 않는 것 같다.

근대전환기 도교와 불교가 가졌던 근대적 문제의식은 '전근대(前近代)'와 '근대'라는 대립구도 속에서 동양과 서양, 전통적 가치와 근대적 가치를 어떤 방식으로 만나게 할 것인가를 중심으로 펼쳐졌다. 그러나 어쩌면 생존을 위해 받아들여 조화시키고자 했던 '서구'의 '근대'적인 제도와 이상이, 현재의 우리에게는 더 이상 받아들여야 할 남의 것이 아닌, 우리의 상식이 되어 있다. 전병훈이 부러워했던 서구의 정치이론과 제도 – 헌법·공화·삼권분립 등 – 은 우리 사회 속에서 구현되어 있으며, 개인적인 차원에서도 이미 어릴 적부터 서구 근대적 교육 제도와 교육 내용을 통해 서구의 근대적 가치를 받아들이게 되었다. 어쩌면 우리의 내면에서는 동양의 전통적 가치와 서구의 근대적 가치가 이미 무의식중에 녹아들어 있는지도 모르겠다. 또한 우리의 일상 속에서도 우리가 의식하지 않는 사이 우리 자신도 모르게 동양과 서양, 전통과 근대의 만남을 경험하고 있지 않을까. 다만 우리는 굳이 우리에게 '동양'의 것이 무엇인지, '전통' 속에 우리가 간직하고 있던 것이 무엇인지, 자각적으로 찾아낼 필요성을 느끼지 못했을지도 모른다.

하지만 지금 우리에게 근대전환기 당시와는 조금 달라진 맥락이기는 하지만, 다시 한 번 동양과 서양, 전통과 현대의 만남에 대한 탐색과 성찰이 필요한 시점이 다가온 것이 아닐까 생각해본다. 일본과 서구 제국주의 세력의 침략에 맞서 '살아남기 위해서' 그들의 문화와 제도와 사상을 따라가기에 바빴던 근대전환기의 노력들은 현재까지도 우리 마음속에서 '더 잘 살거나 아니면 도태되거나'라는 식의 채찍질을 해대고 있었다. 그런데 또 한편으로 우리는 이제 1등국가를 따라가기만으로는 불충분하다는 것을 서서히 느끼게 되었다. 핵발전소, 미세먼지와 미세플라스틱 등 개발과 생태·환경 같은 비교적 익숙한 문제에서도 서구는 분명한 해결이나 지도적인 이념을 찾아내지 못했다. 따라 가야할 새로운 방향에 대한 우리의 이런 답답함과 갈증이 당황스러울 정도로 적나라하게 드러나게 된 것이 어쩌면 코로나19 사태에 대한 유럽과 미국의 대처일 지도 모르겠다. 그들의 발전된 제도의 운용에서 기대 이하의 모습을 드러낼 뿐만 아니라, 제도 자체에도 허점을 보이고, 또 선진국의 시민의식은 쉽게 발견되지 않는다. 오히려 빈부격차, 인종차별, 사회적 분배 등의 문제로부터 가장 기본적인 인권의 문제에 이르기까지 어쩌면 구조적인 모순이나 한계라고 여겨지는 모습을 보여주며 우리와 큰 차이 없거나 어떤 부분에서는 우리보다 못해 보이는 모습까지 보인다. 물론 기본적으로 서구의 제도나 이상의 방향이 잘못되었다는 것이 아닐 것이다. 처음 겪는 일에 제도적 구조적 허점과 모순이 일부 드러난 것이라고 보는 게 더 타당하지 않을까. 특히 방역과 경제, 통제와 개인의 자유, 봉쇄와 개방, 그리고 치료우선권 등과 같은 새로운 문제들에 대해 당장 선택이 강요되고 있지만, 어떤 조치가 정답인지 찾아내기는 매우 어렵다. 그리고 지금까지의 우리는 뜻밖에도 제법 균형감을 가지고 잘 대처해나가는 편에 속한 것 같다.

우리가 미처 자각하지 못했던 우리 자신의 역량은 어디로부터 온 것일까? 근대전환기 동양 전통과 서구 근대를 고통스러운 만남을 경험하며, 현재 우리의 내면에서도 (자각하지 못하지만) 끊임없이 이런 만남을 통해 새로운 문화적 역량을 키워나가고 있는 것이 아닐까. 우리는 현재 익숙하거나 또는 새로운 문제들에 봉착하여 모두가 납득할 만한 답과 조치를 찾아내는 과정에 서 있는 것 같다. 여러 현실적인 문제들과 우리가 지켜온 이념 – 인권, 생명, 민주, 자유, 평등, 평화 등 – 이 모순 없이 만날 수 있는 지향은 어떠한 방식으로 만들어질지 모르겠다. 적어도 지금까지 발전시켜 온 서구 중심의 현대 사회의 문명·제도·규범 속에서 답을 찾아주기만을 기다리기 보다는, 우리의 역사적 경험과 문화적 전통을 통해서 함께 답을 찾아갈 때, 더 보편적이고 더 나은 세상의 지표를 함께 만들어갈 수 있지 않을까.

　　그리고 이러한 관점에서, 우리의 역사·문화·사유 속에서 우리가 간직하고 있는 것이 무엇이고 어떤 방향으로 변화하여 왔는지, 우리 자신을 알아가야 할 때가 온 것 같다. 부족하고 불완전한 시도이지만 근대전환기의 도교와 불교의 생각과 실천을 살펴보는 것으로 그 첫걸음을 떼고자 한다.

제1장
왜 교의 철학인가?

이 연구의 배경은 서세동점의 시작인 19세기 이래 일제 강점기를 포괄하는 근대 전환기 한국 사상의 전개양상을 다양한 각도에서 검토함으로써, 우리철학의 자생이론을 규명하고자 하는 큰 틀 안에 있다. 본 고는 그 가운데 전통종교라 할 수 있는 도교와 불교의 입장에서 반외세(독립), 반봉건(근대화)이라는 근대 전환기의 시대적 모순(또는 과제)에 대해 어떻게 인식하고 어떻게 반응했는지에 주목하였다.

전통종교로서 도교와 불교가 가진 의미는 두 가지 측면에서 찾아볼 수 있다. 그것들이 매우 오랜 시간동안 우리의 세계관에 지대한 영향력을 끼쳐왔다는 역사성의 차원과 특히 시대적으로 구한말에서 일제시기에 이르는 근대전환기에 기층 민중들의 삶에 강력한 영향력을 행사해왔다는 계급성의 차원에서이다.

도교와 불교는 늦어도 삼국시대 이래 일제 강점기에 이르기까지 우리 역사 속에서 때로는 고유신앙 및 다양한 사상과 교섭·융합되기도 하면서도 독자적인 영역을 유지해왔다. 대부분의 오랜 종교가 그렇듯이 도교와 불교 역시 세계를 설명하는 방식으로서 자연세계와 인문세계를 통틀어 우리 삶의 전반에 근원적인 영향력을 끼쳐왔다. 세계관의 기반을 형성하는데 영향을 끼치기도 하고, 개인적 삶의 방향성을 제시할 뿐만 아니라 소속된 사회집단의 결속력을 고양시키거나 사회적 의미와 가치관을 강화시키기도 하며, 문화·예술을 포함한 삶의 양식에 오랫동안 상당한 영향력을 행사해왔다는 점에서 주목할 만한 가치가 충분하다.

또한 이러한 역사성과 함께, 계급성의 문제는 반외세와 반봉건이라는 시대적 과제에 맞부딪친 근대전환기에 더욱 분명하게 드러났다. 기존의 봉건적 질서의 붕괴와 함께 제국주의 외세의 침략을 맞이하여 극도의 정치적 혼란을 겪고, 끝내는 정치의 주체성을 빼앗겨버린 구한말에서 일제 강점기에 이르는 격동기, 조선의 기존 지배권력·지식인·기층민중들 모두가 당장 어떻게 살아남고 앞으로 어떤 방향으로 살아가야 하는지 급박하게 답을 찾아 헤맬 수밖에 없었다. 위정자나 지식인들은 이런 시대적 모순에 맞서기 위해 전통 유학의 수호나 유교 중심의 동도서기론, 또는 문명개화론 등에서 답을 찾고자 했지만, 정치·사회·경제 등 전 분야에 걸친 세계사적 격동기에서 가장 직접적으로 잔혹하게 고통 받던 조선의 기층 민중들은 유교나 서학(기독교)보다는 전통종교에 의지하며 답을 찾으려는 경향이 더 강했다고 볼 수 있다.

물론 전통종교 가운데 특히 무속巫俗 또는 무교巫敎는 오랜 시간 동안 피지배계층인 민중들 곁에서 그들이 부조리하고 때로는 억울한, 극복하기 어려운 현실의 모순 속에서도 살아남아 계속 삶을 유지해갈 수 있도록 위로하고 삶과 화해하는 길을 제시해왔다. 그러나 무巫는 당장의 어려운 현실을 위로하고 삶을 지속할 수 있는 힘을 북돋아줄

수는 있었지만, 봉건적 질서나 제국주의 외세의 침략이라는 시대적 모순에 대하여 거시적이고 근본적인 차원의 답을 제시해주지 못했다. 근대화(반봉건)과 독립(반외세)이라는 시대적 과제 속에서 삶의 근본적인 방향성을 체계적인 이론으로 제시하는 이런 역할은, 무巫보다는 오히려 동학·대종교·증산교·원불교와 같이 19세기후반에서 20세기 초에 등장한 민족종교(신종교)에서 활발하게 담당해왔다고 볼 수 있다. 그러나 민족종교의 이러한 시도에 대해서는 본 총서 가운데 '민의 철학'에서 본격적으로 다룰 것이기 때문에, 여기에서는 적어도 1,500년 이상의 역사 속에서 민중들과 함께 호흡해왔던 도교와 불교의 입장에 대해서만 주로 다룰 것이다.

도교와 불교는 오랫동안 전통 종교로서 기층 민중의 신앙을 대변해 왔다. 민중들에게 삶의 모순과 부조리에 대해 설명을 제시하며 삶의 방향성을 제시해왔던 도교와 불교의 영향력에 대해서는 당시 지배층에서도 상당부분 주목하고 있었던 것 같다. 구한말 성리학을 이데올로기로 삼고 있던 조선정부의 주도 하에 도교 이론에 기반한 윤리서적이라고 할 수 있는 도교 권선서勸善書류들을 여러 차례 간행했던 사실이나, 조선 침략을 위해 조직적으로 일본불교의 침략을 시도하며 실제로 승려들의 도성입성해금의 성과를 선전했던 일본 정부의 전략이나, 이에 맞서 사사관리서寺社管理署의 설치와 「국내사찰현행세칙國內寺刹現行細則」의 반포 등으로 조선불교를 공식적으로 외호外護하려 했던 대한제국의 노력 등에서도 이러한 사실을 짐작할 수 있다.

따라서 본 고에서는 기층 민중을 중심으로 오랜 세월 사회 전반에 상당한 영향을 미치고 있었던, 도교와 불교의 입장에서 당시 봉건적 질서와 제국주의 외세의 침략이라는 양대 시대적 모순에 대하여 어떤 인식을 가지고 어떻게 반응했는지 살펴보고자 한다. 이들은 때로는 반봉건 근대화를, 때로는 반외세 민족주의를 지향하기도 했고, 이는 현실의 실천 속에서 항일과 친일의 모습으로 드러난다.

본고에서 특히 주목하고자 한 것은 도교와 불교의 시대적 모순에 대한 인식과 반응, 그리고 그 결과인 실천적 지향 속에 드러나는 다양한 사유이다. 예를 들어 동서절충론, 세계주의, 사회진화론 등과 함께 자신의 종교전통의 존립과 발전을 우선시하는 자종교중심주의(혹은 자종교우선주의)의 모습인데, 때로는 반봉건·반외세·종교전통수호라는 도교와 불교의 시대적 과제가 복잡하게 얽힌 딜레마적 모습으로 드러나기도 한다.

다만 아쉬운 점은 도교와 불교의 인식과 반응, 지향과 실천이 기층민중에게 실제적으로 어떠한 영향을 발휘하였는가에 대한 연구로 나아가지 못했다는 점이다. 특히 구체적인 수치로 이러한 영향력을 입증하고 시대별 혹은 주요 사안별로 그 영향의 변화 양상을 추적해볼 때 더욱 힘을 가질 것이라고 판단하지만, 이는 역사학과 사회학의 도움을 빌려야 하는 역량의 한계로 인하여 본고에서 다루지 못하였다.

제2장
근대전환기 한국도교 전통의 모색[1]

　　2장에서는 한국 도교의 전통과 함께 근대전환기 한국 도교의 흐름
과 특징을 검토하며, 그 결과 당시 한국 도교의 새로운 자생이론을
대표할 수 있는 지점으로, 전병훈全秉薰(1857~1927)의 『정신철학통편』
에 보이는 근대적 문제의식에 주목하였다. 따라서 이 글에서는 먼저
한국 도교의 기원과 전개에 대해 중국도교와의 관계 속에서 서술할
것이다. 다음으로 조선 후기 이래 한국 도교의 다양한 전개양상에 대
해 조선 후기 도교서적, 민간도교, 수련도교 등을 중심으로 고찰할
것이다. 이를 통해 근대전환기 한국도교의 특징을 파악하고, 이러한
맥락 속에서 전병훈 『정신철학통편』의 주요 내용과 문제의식을 살펴
볼 것이다.

---

1) 이 글의 제3절과 제4절은 '우리철학 어떻게 할 것인가?'의 프로젝트를 진행하
　는 과정에 발표한 「근대전환기 도교전통의 모색 – 전병훈의 『정신철학통편』에
　보이는 근대적 문제의식을 중심으로」(『인문학연구』 제52집, 조선대학교 인문
　학연구원, 2016)의 내용을 중심으로 보완하였고, 제1절과 제2절의 내용은 추가
　로 작성하였다.

근대 전환기 한국도교를 대표하는 인물이나 사상을 찾아보기는 쉽지 않다. 조선시대 전체로 보았을 때 도교의 흐름이 없지는 않았지만, 그 자체로 교단이나 주도적인 흐름을 형성했다고 보기 힘들다. 또한 조선의 근대전환기에는 오히려 민족종교 등 다른 종교와 영향을 주고받은 흔적이 주로 발견될 뿐 순수한 도교 전통은 다른 종교에 비해 상대적으로 찾아보기 어렵다. 그 가운데 전병훈의 『정신철학통편』은 근대전환기 한국 도교 전통의 맥락을 계승하면서 수련도교의 큰 축을 이루고 있다는 점, 그리고 이러한 맥락에서 근대전환기의 시대적 모순에 대해 인식하고 반응하고 있다는 점에서 의의가 있다. 또 한편으로 본 고에서는 정부 관료이자 망명 지식인으로서 그가 접했던 서학에 대한 관점도 주목하여 『정신철학통편』에 드러난 전병훈의 세계관과 정치관에 대해 고찰할 것이다. 이러한 작업을 통하여 우리는 전병훈의 사유 속에서 드러난 근대적 문제의식이 한국 도교 전통을 중심으로 수많은 종류의 만남을 통해 전개[조제調劑]되고 있음을 확인할 수 있다. 이와 함께 전병훈의 철학적 모색과 그 속에 담긴 근대적 문제의식은 오늘날에도 여전히 끝나지 않았다는 점 역시 성찰할 필요가 있다.

1 한국도교의 전통 : 한국 도교의 기원에 대한 탐색

한국 도교의 기원에 대해서는 명확한 근거로 삼을 수 있는 문헌이나 자료를 찾기 어렵다. 보다 구체적으로 이야기하면, 도교가 한국 고유의 것인지 중국으로부터 온전히 전래된 것인지 의견이 나뉜다. 이는 일차적으로 시대가 너무 오래되어 각자의 주장을 입증할만한 자료를 찾기 어렵다는 이유에서도 기인하지만, '도교'라는 개념을 어떻게 규정할 것인가, 그리고 고대 '중국'과 '한국'의 영토와 사상과 문화권을 어떻게 정의할 것인가라는 보다 근본적인 문제와도 연관된다.

중국에서는 도교를 중국의 고유의 종교 및 문화로 규정하는 경향이 강하므로, 중국 지역 이외에서 자생적으로 발생할 가능성을 인정하지 않는다. 이러한 인식은 '도교'를 어떤 범위로 규정할 수 있을까라는 문제로도 연결된다. 한대漢代 이후 성립된 교단도교 만을 정통 도교로 인정하고 무속이나 신선술, 방술 등은 도교'적' 요소 또는 문화 현상으로 이해하는 것이 대표적으로 여기에 해당하는 경우이다. 이는 도교를 근대 국민국가 성립 이후의 중국의 영토 내부의 것으로 한정시키면서, 동시에 다른 나라에서도 발견되는 도교적 요소 또는 문화현상에 대해서는 중국에서 전파되었다고 보는 일종의 문화 제국주의 또는 패권주의적 입장이라고 볼 수 있다. 동북아시아는 말할 것도 없고 심지어 북아메리카에서도 발견되는 샤머니즘을 비롯하여 몽고, 베트남 등의 토착문화에 이르기까지 다양한 문화현상을 중국의 도교학계에서 주장하는 것처럼 '도교 전사前史'라고 뭉뚱그리는 것이 타당한 것일까. 이러한 시각, 즉 도교가 중국만의 토착종교라는 시각에 대해서 정재서는 "대부분의 대륙 학자들은 도교사의 첫 장에서 도교가 '토생토장'土生土長의 종교임을 선언"하고 있다고 지적하며[2] 이에 대해 문화다원주의적 관점에서 비판하고 있다. 그런데 우리가 더욱 주의해야 할 부분은 중국학자들의 이러한 시각에 대해 단순히 문화다원주의나

---

2) 정재서, 『한국도교의 기원과 역사』, 이화여대출판부, 2006.10, 69쪽.

문화상대주의의 입장에서만 국한해서 비판할 것이 아니라, 그 이면에는 '정치적' 이해가 깔려 있을 수 있음을 잊지 말아야 한다는 점이다. 정재서가 문화다원주의라는 이름 아래 비판하는 지점에서도 역시 이러한 관점을 발견할 수 있다. 정재서는 "도교 발생의 모체라 할 샤머니즘·산악 숭배·조류 숭배 관념 등은 고대 동북아 일대 제 민족 사이에 넓게 분포되어 있었다. 그렇다면 적어도 전국戰國시기에 발해만渤海灣 일대라는 변경邊境에서 일어났던 문화 현상을 단원론적單元論的인 문화사관文化史觀에 의거, 오로지 중국으로 환원시키는 것은 주변 문화의 정체성을 고려하지 않는 일방적인 논단論斷이라 하지 않을 수 없다"3)라고 설명하고 있다. 그가 언급하는 부분은 또한 도교와 관련되어 시대별로 중국의 영토를 어디까지 볼 것인지 강역疆域에 대한 논란과 연관될 수 있다. 어디까지를 중국으로 볼 것이고, 당시 중국 이외의 다른 국가의 강역은 어디까지로 보아야 할 것인가? 예컨대 만일 고조선의 강역에서 발생한 도교 관련 문화 현상이 있다면, 도교가 중국만의 토착종교라는 시각에서 이에 대해 어떻게 해석할 수 있을까? 이에 관한 해석은 높은 가능성으로 정치적 문제와 연관될 수 있다. 현재의 중국 강역은 고대 중국의 강역과 분명히 다르다. 고조선의 강역을 어디까지로 볼 것인가, 고조선과 동이족의 관계를 어떻게 볼 것인가, 그리고 이들과 중국 고대 문명의 발생지 – 즉 황하문명 보다 앞서 요하문명 – 의 관계는 어떻게 볼 것인가? 이상의 문제들에 대해서는 여전히 수많은 연구와 논의가 필요하지만, 중국 측 시각의 기본적인 전제는 '현재'의 중국 영토에 사는 사람들을 중화민족으로

---

3) 정재서, 『한국도교의 기원과 역사』, 이화여대출판부, 2006.10, 90~91쪽.

보고, 그들의 역사가 중국역사라는 것이다. 그들이 '하상주단대공정夏商周斷代工程(1996~2000)', '동북변강역사여현상계열연구공정東北邊疆歷史與現狀系列研究工程(즉 동북공정, 2002~2007)', '중화문명탐원공정中華文明探源工程(2003~2005)', '국사수정공정國史修訂工程(2005~2015)' 등의 프로젝트를 통해 끊임없이 만들어내려는 것이 바로 이러한 논리이다. 따라서 그들은 현재의 중국 영토는 과거의 중국 영토와 다르다는 사실을 인정하지 않고, 심지어 현재에도 56개의 민족으로 나뉘지만 이를 하나의 '민족'으로 간주하기 위해 '혈통' 대신 '문화적 동일성'을 민족이라는 개념의 근거로 주장한다. 그러나 '문화'라는 개념은 그 동일성과 차별성을 분류하기에 상당히 포괄적이고 애매한 부분이 많다. 좁게는 가문마다 가풍이 다르고, 산맥이나 지형에 따라서도 지역문화도 다르고, 국가에 따라서도 문화가 다르다. 그렇다면 같은 지역에서 같은 언어를 사용하며 같은 역사를 지닌 것을 '동일한 문화'공동체로 간주할 수 있다는 중국측의 규정에 대해서도 다시 한 번 생각해 볼 여지가 있다. 먼저 '동일한 지역'을 어디까지 볼 것인가? 사해四海가 동포라는 중국의 '천하'관에 기반하여 이를 더욱 확대시킨다면, 인식할 수 있고 통제할 수 있는 모든 세계까지 동일한 지역으로 간주할 수 있는 패권주의적·제국주의적 논리가 도출될 수도 있다. 또한 '동일한 언어'를 강요하기 위해 역대의 중국 정부는 지속적으로 의도적인 – 때로는 강압적이고 폭력적인 – 노력을 해왔다. 수천 년 이래로, 중국의 언어와 풍속을 사용하지 않는 주변 민족은[4] 오랑캐로 규정되

---

4) 중국인들이 언어와 풍속이 다른 이민족에 대하여 표출하는 폄하 혹은 감성적인 혐오는 상당히 오래된 것으로 보인다. 심지어 다음과 같은 맹자와 공자의 글 속에서도 찾아볼 수 있다. 예를 들어 『맹자』「등문공 상」 제4장에 "지금에

었으며, 그들에게 오랑캐란 문명의 세례를 받지 못한 야만으로서 계몽되어야 할 존재, 문명인과 짐승의 중간적 존재에 다름 아니었다. 현재에도 56개 민족이 같은 언어를 강요받으며 고유의 독자적 문화를 상실해가고 있다고 볼 수 있으며, 이는 다시 말해서 일종의 폭력을 행사하고 있는 것이라고 볼 수 있다. 세 번째로 중국이라는 '동일한 역사'를 현재 중국 지역에 살아남아 있는 56개 민족에게 강요하는 것 역시, 그들 민족이 각자 겪어왔던 독자적인 역사적 삶을 부정하는 또 다른 폭력일 수 있다. 그들의 역사적 경험 전체에 대하여 중국사의 일부로서만 존재할 수 있다고 재단하고, 독자적인 민족이나 국가로서의 정체성을 인정하지 않는 것이기 때문이다.

이러한 문제점들에 대하여 정재서는 다음과 같이 상당히 점잖은

남만(南蠻)의 왜가리소리나 내는 사람은 선왕(先王)의 도(道)가 아니거늘, 그대[진상(陳相)]는 그대의 스승을 배반하고 이를 배우니, 또한 증자(曾子)와 다르도다(今也 南蠻鴃舌之人 非先王之道 子倍子之師而學之 亦異於曾子矣)"라는 맹자의 언급을 이와 관련하여 살펴볼 수 있다. 또한 『논어』 「헌문」편 제18장에 보이는 "관중(管仲)이 환공(桓公)을 도와 제후(諸侯)의 패자가 되어 한 번 천하를 바로잡아, 백성들이 지금까지 그 혜택을 받고 있으니, 관중(管仲)이 없었다면 나[우리]는 머리를 풀고 옷깃을 왼편으로 여미는 오랑캐가 되었을 것이다.(子曰 管仲相桓公覇諸侯 一匡天下 民到于今 受其賜 微管仲 吾其被髮左衽矣)"라는 공자의 언급도 이러한 예로 지적할 수 있다. 즉 옷깃의 오른쪽 섶을 왼쪽 섶 위로 여미는 '좌임(左衽)'은 북방 이민족의 옷 입는 방식이었는데, 이러한 이민족의 문화에 대한 기피나 거리낌이 공자의 말 속에서도 드러나고 있다. 다시 말해서 중국 고대로부터, 적어도 공자 당시로부터 이민족의 풍습을 '미개' '야만'으로 폄하하며, 이에 대한 혐오 또는 더 나아가 두려움까지 드러내고 있었음을 짐작할 수 있다. 이민족의 문화에 대한 혐오나 두려움이나 배타성은 이후 중화中華문화로 '계몽'시키려는 사명감으로 연결될 수 있었으며, 이는 현실 정치 속에서 다양한 이민족 문화를 말살시키고 중국문화로 단일화하려는 강한 의지로 나타날 수 있었다.

태도로 그러나 날카로운 내용을 지적하고 있다. "근래까지도 중국은 문명의 외래설, 특히 서방 기원설의 위협으로부터 자신의 정체성을 지켜내고자 부심腐心하였다. 그러나 동아시아 내부의 문화 문제에 있어서는 이른바 화이론華夷論적 사고로써 주변 문화의 정체성을 홀시忽視하고 그것을 모두 중국으로 환원하려는 이중적인 문화사관을 견지하고 있다. 중국 역외域外의 학자들 역시 이러한 입장을 답습할 뿐 주변 문화의 변별적 자질을 읽어낼 시각이 부재不在한 것이 현실이다"5) 수많은 동아시아의 지식인들이, 근대 서구 제국주의의 침략에 맞서 동아시아의 국가주권과 함께 문화적 정체성을 지켜내기 위해 안간힘을 쓰고 노력해왔으며, 이러한 노력은 현재에까지 이어지고 있다. 그러나 전통문화를 지키자 거나 동양전통문화와 서양근대문화를 조화시키자는 동도서기東道西器 · 중체서용中體西用 · 화혼양재和魂洋才 등의 논의를 전개할 때, 우리가 의식하고 있지 않는 사이에도 '동아시아 전통 문화'라는 개념 속에 혹시라도 중국 중심의 화이관華夷觀이 내면화되어 있지 않은지 세밀하게 성찰해볼 필요가 있다. 이는 군이 현대 서구나 중국의 문화제국주의나 문화패권주의를 언급하지 않더라도 그 자체로 폭력일 뿐만 아니라, 정재서의 말처럼 주변 문화의 차별성을 읽어내지 못하는 결과를 초래하게 한다. '중화中華'라는 단일문화를 만들어가는 과정은 결국 다양한 문화생태계를 교란하며 다양성을 소멸시켜가는 과정이기도 하다. 인류 문명의 다양성과 풍성함이 위축된다면 오래지 않아 마지막 남은 단일 문화마저 도태되는 결과를 가져올 수 있다. 도교가 중국만의 토착종교라는 시각에는, 이와

---

5) 정재서, 『한국도교의 기원과 역사』, 이화여대출판부, 2006.10, 91쪽.

같이 '중화中華'문명을 수립하려는 '정치적' 맥락이 상당 부분 개입될 수 있는 개연성이 있으며, 이러한 정치적 맥락은 누구에게도 바람직한 결과를 가져오지 못할 것이다.

또 이와는 달리 순수하게 학술적인 관점에서 도교가 중국만의 토착종교라는 주장이 있을 수 있다. 그러나 이 역시 이후 도교의 형성과 전개과정에서 각 국가의 영토를 자유롭게 오고가며 영향을 주고받았던 '인물'과 '사상'과 '문화'의 관계에 대하여 다시 한 번 진지한 연구가 필요하다. 학술적인 관점에서 볼 때 중국에서 한대(漢代, B.C.202~A.D.220)의 도교가 성립되어 한국, 일본, 베트남 등으로 전래된 것은 역사적 사실이라고 할 수 있다. 그러나 앞서 지적했듯이 그보다 앞서 황하 중심의 고대 중국이 아닌, 산동반도, 발해만 지역에서 발생했던 도교 관련 신앙과 관념들, 혹은 아예 고조선 지역에서 발견되는 이러한 문화현상들이 중국 도교의 성립과정에 영향을 주었던 점은 어떻게 해석할 수 있을까? 사실 근대 국민국가 성립이전의 동아시아 역사를 볼 때, 인물과 사상과 문화, 심지어 국경에 이르기까지, 학술적인 관점에서 어느 한 국가 '고유의' 것을 규정짓기 위해서는 고려해야할 유동적인 부분이 생각보다 훨씬 많다.6) 또한 어느 시기에

6) 예컨대 조선 초기 사림파의 강력한 주장으로 소격서가 철폐되면서 국가 혹은 정부 차원에서 공식적으로 도교 관련 행사가 금지되었고, 따라서 중국으로부터 도교의 수입도 끊긴 것으로 볼 수 있지만, 이러한 공식적인 입장과 달리 조선 중후기 이후에도 중국인 도사들이 조선으로 망명해왔을 것이라는 연구가 제기되었다. 이 연구에 따르면, 청나라 황실은 도교를 중국인의 종교로 인식하고 도교에 대해 거리를 두었으며, 당시 도사들은 이러한 상황에서 조선으로 종교적 망명을 시도했을 것으로 추측하였다. 임진왜란 이후 명나라의 멸망과 함께 명나라 말기, 청나라 초기의 한족 도사들이 한반도로 망명해왔다는 것을

어느 한 쪽이 다른 쪽에게 더 많은, 혹은 더욱 주된 영향을 미쳤을 수는 있지만, 완전히 일방적인 전파라고 설명하기도 어렵다. 만일 정치적인 것을 배제하고 '순수'하게 학술적인 관점으로 접근하는 것이

황윤석(黃胤錫, 1729~1791)의 『증보해동이적보』와 조여적(趙汝籍, ?~? 조선 명종 당시)의 『청학집』 등을 중심으로 논증하였다. 심지어 명나라 황실의 친척인 친왕이자 도사인 인물까지 한반도로 이주한 기록이 등장하며, 이들 망명도사들의 이주를 통해 도교와 도교적 술법을 전수되어 다양한 사승관계를 형성하였다고 지적하였다.(이 점에 대해서는 이봉호, 「明末, 淸初亡命道士與朝鮮仙脈書」, 『동방학』 제23집, 한서대학교 동양고전연구소, 2012.를 참조할 것.) 다시 말해서 도교가 거의 없었다고 알려졌던 조선 중기 이후에도 명나라 도교의 중요인물들의 망명으로 인하여, 단순한 명대도교의 이론이나 술법 몇 가지가 전해진 것에 그치지 않고, 조선 수련도교학파의 학파적 사승관계에까지 영향을 미쳤다는 것이다. 다만 이봉호의 연구는 상당부분 신빙성과 타당성이 있기는 하지만 일정 부분 추측에 근거를 두고 있고, 또한 전면적으로 그의 연구를 수용한다고 해도, 『증보해동이적보』와 『청학집』의 계통이 다르므로 조선 도교학파의 사승관계에 영향을 주었던 명나라 망명 도교인사와 그가 전수한 이론이 과연 조선도교 인물과 조선 도교 이론으로 편입된 것인지에 대해서는 논의의 여지가 있다. 그런데 사상사적으로 이보다 중요한 문제는 이 때 명대 도교로부터 영향을 받은 조선 도교학파의 '이론'은 무엇이고, 영향을 받기 전후를 비교했을 때 조선 도교의 '이론'이 어떻게 변화했는지, 또한 거기에 '조선도교'라고 규정할 수 있는 정체성이 있는지에 대한 질문일 것이다. 학술적인 측면에서 이에 대한 답변은 아직 명확하게 주어지지 못한 것이 사실이다. 그렇다면 도교의 기원이나 '고유성'에 대해 학술적인 관점으로 논의하려면 국경개념이 조선시대보다 훨씬 불명확했던 시대를 대상으로, 중국의 왕조들과 고조선, 예·맥, 삼한, 부여, 옥저, 동예 등의 강역(疆域)을 비롯하여 사상·인물·문화와 그들 간의 상호 교류에 대해 명확한 분석이 선행되어야 가능할 것이다. 그러나 현재까지의 역사학·고고학적 연구결과만으로는 이에 대해 명확히 밝히기 어려운 점이 많으며, 더군다나 앞에서 지적했듯이 고대사에 대한 중국의 접근방식에서부터 상당부분 정치적인 경향이 강하다는 점을 고려해야 한다. 따라서 순수하게 학술적인 차원에서 도교가 중국의 '고유' 문화라는 주장을 뒷받침하기 위해서는 수많은 논증이 필요하다.

가능하며, 그런 입장을 택하고 싶다면, 도교에 대해서도 당연히 이러한 다양한 요소들을 중립적이고 객관적인 태도로 다루어야 할 것이다.

'도교가 중국만의 토착종교'라는 중국 측의 주장을 전제로 하여, 중국의 도교가 동아시아로 전래되었다는 중국전래설이 대개의 중국이나 일본 등 해외학자들의 입장이다. 이들은 우리나라에서도 도교 또는 선도仙道가 자생하였다는 설에 대하여 국수주의나 민족주의라는 시각으로 비판적이고 부정적인 태도를 취하고 있다. 그러나 앞서 지적했듯이, 인물·사상의 교류는 물론이고 문화와 영토까지 고정적으로 확정지을 수 없는 고대를 염두에 둔다면, 이와 같이 중국전래설만 고집하는 것은 기본적으로 중화패권주의라는 정치적 입장을 벗어날 수 없다는 비판을 면할 수 없다. 여기에 더하여 앞에서 정재서가 지적했듯이, 동아시아 각국에서 전개되어 온 도교의 특질과 내용을 변별해낼 수 없다는 한계로 지닐 수밖에 없다.[7]

---

7) 사실 문헌기록상 우리나라에 중국의 도교가 최초로 전래된 것은 『삼국유사』 권3 「보장봉노조(寶藏奉老條)」와 『삼국사기』 「고구려본기」 권8 「건무왕조」, 『신·구당서』 「동이전·고구려조」 등에서 찾을 수 있으며, 이들 기록에 의하면, 고구려말 영류왕 7년(624년) 당나라로부터 공식적으로 수입되었다는 것이다. 그러나 이러한 문헌기록 이전에도 우리나라에는 수많은 선(仙)사상 또는 선도 (仙道)의 흔적들이 남아 있는 것이 사실이다. 예컨대 신라 '화랑'에서 보이는 國仙, 四仙, 또는 고구려 皂衣仙人 등 중국에서의 공식적인 도교 수입이전부터 선仙사상의 모습이 남아 있다. 물론 이에 대해 정재서도 지적했듯이 중국의 부근가傅勤家가 신라의 화랑 등을 도교의 해외 전파 산물로 본 이래(傅勤家, 『中國道敎史』, 臺北 : 商務印書館, 1978, 179~91쪽, 정재서, 같은 책 재인용 27쪽), 도교의 중국전래설은 중국과 일본의 도교학자들에게 당연시되고 있는 입장이다. 그러나 또 한편으로 한국도교 자생설은 근대 민족주의의 도입과 함

624년(고구려 영류왕 7년) 공식적으로 도교가 중국에서 수입되기 이전에도, 이 땅에서 수많은 도교 혹은 선도관련 흔적을 찾아볼 수 있다. 대표적인 것들이 앞에서 예로 들었던 고구려의 조의선인皂衣仙人, 신라 화랑도의 국선國仙 외에도 602년 백제의 중 관륵觀勒이 일본에 도교 문화를 전수했다는 『일본서기日本書紀』의 기록, 고구려·백제·신라의 도교 관련 문화유물 등을 지적할 수 있다. 그러나 이에 대해서는 앞서 중국의 학자 부근가傅勤家가 중국 도교의 해외전파 산물로 간주하였듯이[8], 문헌근거의 미비로 인하여 이렇게도 저렇게도 해석할 수 있는 여지가 있다.

이 밖에 문헌자료의 측면에서 볼 때, 우리나라에서 도교 또는 선도가 자생하였다는 최초의 이론은 『삼국사기』와 『삼국유사』에서 찾아볼 수 있다. 먼저 『삼국사기』「신라본기」진흥왕37년(576년)조에서 김부식이 인용하고 있는 삼국시대 최치원崔致遠(857~?)의 「난랑비서鸞郎碑序」를 살펴볼 필요가 있다.

　　"나라에 현묘한 도가 있으니 '풍류風流'라 한다. 그 가르침을 베푼 근원은 '선사仙史'에 상세히 실려 있는데, 진실로 삼교三敎를 포함하

께 비롯된 것이 아니라 근대 이전부터 오랜 역사적 유래를 지니고 있다는 점을 볼 때, 국수주의나 민족주의로만 치부할 수는 없다고 보아야 한다. 또한 중국의 정치·문화적 정체성이 한대(漢代)에 이르러서야 확립되었다는 사실을 염두에 두면, 고대의 중국과 동아시아 문화 및 지역에 대한 재검토, 그리고 이와 함께 동아시아 각국의 도교 문화의 특수성과 다양성에 대한 심도 깊은 검토가 필요하다. 정재서, 같은 책, 71, 90~91쪽을 참조할 것.

8) 傅勤家의 이론에 대한 모순점, 피상적 논의, 미시나(三品彰英) 논문의 잘못된 인용 등을 포함하여 정재서가 상세한 비판을 가한 부분은 정재서, 같은 책, 87~89쪽을 참조할 것.

여 모든 생명에 접하여 교화한다. 들어와 집에서 효도하고 나가서 나라에 충성하는 것은 공자의 가르침이다. 무위의 일에 처하고 말없는 가르침을 행하는 것은 노자의 뜻이다. 모든 악한 일은 하지 않고 모든 선을 받들어 행하는 것은 부처의 가르침이다."9)

　최치원이 가리키는 '풍류'가 어떤 모습으로 실존했는지 지금으로서는 알 수 없다. 다만 우리의 고유사상으로서 '풍류'가 유·불·도 이전부터 존재해왔으며, 그 근원적인 내용은 당시 유행하던 유·불·도 삼교의 내용을 실제 포함하고 있었다는 것이 최치원의 주장이다. 여기서 말하는 '풍류'가 화랑을 가리키고 있다는 점, 그리고 화랑과 유사한 제도가 고구려나 백제에도 존재했을 것이라는 점, 또한 위에서 최치원이 언급한 『선사仙史』 등을 주목해 볼 필요가 있다. 그렇다면 최치원이 보기에, 도교를 포함한 유·불·도 삼교가 중국으로부터 전래되기 이전에 우리 고유의 사상과 신앙이 존재했다는 것은 분명하며, 이것이 적어도 도교와 많은 부분 유사성이 있었을 것이라는 점도 짐작할 수 있다. 또한 일연一然(1205~1289)이 지은 『삼국유사三國遺事』에 단군이 퇴위한 뒤 아사달로 돌아가 은둔하여 산신山神이 되어 1908세를 살았다는 이야기10)는 이후 조선시대 단군을 도교의 기원으로 비정하는 선맥서仙脈書와도 연결되며, 한국 도교 또는 선도의 자생설自生說의 근원과 맞닿아 있다고 볼 수 있다.

9) 『삼국사기』 「신라본기」 진흥왕37년조 : "國有玄妙之道曰風流. 設敎之源備詳仙史, 實乃包含三敎, 接化群生. 且如入則孝於家, 出則忠於國, 魯司寇之旨也. 處無爲之事, 行不言之敎, 周柱史之宗也. 諸惡莫作, 諸善奉行, 竺乾太子之化也."
10) 『三國遺事』 「記異」 卷1 : "檀君 … 後還隱於阿斯達爲山神, 壽一千九百八歲"

16세기부터 18세기 사이 조선시대 단학파丹學派 계통을 중심으로 몇몇 도교관련서적이 출간되는데, 이 책들에서는 학문적인 입장에서 도맥道脈 또는 선맥仙脈이라는 계보를 제시하면서 우리나라 도교의 기원에 대해 탐색하고 있다. 즉 계보의 가장 첫 자리에 단군이나, 황제黃帝나, 광성자廣成子 등 누구를 위치시킬 것인가에 따라서 우리나라 도교의 기원에 대해 다른 입장을 취하고 있음을 알 수 있다. 예를 들어, 한무외韓無畏(1517~1610)의 『해동전도록海東傳道錄』은 중국의 종리권鍾離權을 한국 도맥의 연원으로 보았는데, 이는 김낙필이 지적했듯이 조선 내단학의 연원을 중국의 전진교全眞敎에서 찾으려는 경향11)이라고 할 수 있다. 정재서는 이에 대해 조선 단학파의 정통성을 주장하기 위해 당대唐代에 흥기한 종려금단도鍾呂金丹道의 비조인 종리권과 입당유학생의 관계를 설정한 것으로 추측하고 있다. 다시 말해서 『해동전도록』의 도맥 설정은 다음의 두 가지 목적을 위해 만들어진 것이라는 것이 정재서의 분석이다. 첫째, 조선 도맥을 중국 도교에 접맥시킴으로써 존화尊華적 견지에서 정통성을 표명하고자 한 것이고, 둘째 조선 단학파의 수련 내용이 전진교 계통의 내단학이라는 점을 천명하려고 한 것이다.12)

한편 홍만종洪萬鍾(1637~1688)의 『해동이적海東異蹟』과 황윤석(黃胤錫(1729~1791)의 『증보해동이적보』에서는 단군을 한국 선맥의 조종朝宗으로 보았으며, 『해동전도록』을 제외한 많은 서적들이 단군을 기원으로 하고 있다. 또한 조여적趙汝籍(?~? 조선 명종 때의 도사, 1588전후)의

---

11) 김낙필, 「『해동전도록』에 나타난 도교 사상」, 『도교와 한국사상』, 범양사, 1987.
12) 정재서, 『한국 도교의 기원과 역사』, 74~83, 120~122쪽.

『청학집靑鶴集』에서는 환인진인桓因眞人을 비조鼻祖로 삼고 있으며 이러한 도맥道脈이 환웅천왕桓雄天王에게 그리고 다시 단군檀君으로 이어진다고 보았다. 그런데 조여적은 이 도맥은 황제의 스승인 광성자廣成子로부터 명유明由를 거쳐서 환인진인에게 왔다고 간주했다. 이 점에 주목하여, 조선 시대 선맥仙脈에 관한 관점은 '중국전래설'과 '본토자생설' 또는 '혼재설'의 입장으로 나뉜다고 보고, 『해동전도록』, 『해동이적』, 『청학집』을 각각의 대표적인 예로 들었다.[13] 그러나 정재서에 의하면 황제는 중국 도교의 전설적 시조이고, 따라서 황제에게 도를 가르쳤다는 광성자는 중국이라는 지역적 범주를 초월한 득도자로 보아야 한다. 오히려 환인진인은 중국의 황제와 동일한 위상을 지니고 있는 것으로 읽어야 한다고 주장하였다.[14] 정재서는 이와 같이 중국전래설과 본토자생설 두 가지 입장으로 정리하고 있으며, 아울러 이들 서적에 보이는 선파의 계보를 추적하여 조선시대에는 여러 계통의 선파가 존재했었음을 추측해냈다.[15]

근현대에는 이능화李能和(1868~1945) 이래 김낙필, 김충열, 김형효金炯孝, 도광순都珖淳, 차주환車柱環, 최삼룡崔三龍, 송항룡宋恒龍, 안진경, 유승국柳承國, 임채우, 유병덕柳炳德, 윤이흠 등 대부분의 학자들이 중

---

13) 이봉호, 「明末,淸初亡命道士與朝鮮仙脈書」, 282~284쪽.

14) 정재서, 『한국 도교의 기원과 역사』, 74~79쪽.

15) 예컨대 『해동전도록』과 『청학집』의 선파 계보가 다르다는 점, 『해동이적』은 『해동전도록』과는 달리 조선 선맥의 연원을 단군으로 삼고 있지만 최치원 이후는 『해동전도록』과 유사하다는 점, 이의백(李宜白, 1711~?)의 『오계일지집梧溪日誌集』의 도교 인물들은 계보상으로나 사상적 지향으로나 『청학집』과 친연성이 있다는 점 등을 분석했다.(정재서, 『한국 도교의 기원과 역사』, 48~50쪽, 120~122쪽)

36

국에서 도교가 수입되기 이전에 한국 고유의 선교仙敎 또는 선仙 사상
이 자생했음을 주장해왔다. 또한 근대 이래 많은 학자들은 명확한 개
념 규정을 출발점으로 하는 근현대 학문의 시각에서 아예 '도교'를
중국 고유의 자생종교로 정의한다면, 단군 이래 선仙사상을 '신도神道
(현상윤)', '신교神敎(이능화)', '고신도古神道(최남선)', '낭가사상郎家
思想(신채호)' '선교仙敎·신선도神仙道·신교神敎(박은식)' '신도神道·
천신도天神道·천신교天神敎(나철)'등으로 명명하기도 했다. 즉 '도교'
라는 개념을 중국만의 토착종교라고 정의한다면, 한국 고유의 사상과
신앙에 대해서 별도의 이름을 부여할 필요가 있다는 입장이다. 특히
2000년대 초반부터 '한국선도'라는 개념이 부상하고 있는 것에 주목
하여 '한국선도'라는 이름을 사용하자는 주장16)이나 또 다른 개념들
을 모색해가는 논의도 제기17)되고 있다. 이들 모두 중국의 도교 혹은
유·불·도 삼교가 수입되어 오기 전부터 존재해 온 우리 민족 고유의
사상이나 문화가 존재한다는 입장을 기본 전제로 하고 있다. 더 나아
가 한국 고대 문화 속에 있던 도교적 요소가 이후 중국의 도교와 융합
된 이후에도, 여전히 중국과는 다른 한국 도교의 특징을 찾아볼 수
있다는 입장이다.18)

---

16) 임채우, 「한국선도와 한국도교 : 두 개념의 보편성과 특수성」, 『도교문화연구』
제29집, 2008, 253~269쪽.
17) 이와 관련된 입장으로는 윤이흠, 「한국의 자기수련단체가 가야할 길」, 『제1회
국제 仙道 컨퍼런스 자료집』, 국제선도문화연구소, 2007 ; 김탁, 「고대의 선도
사상과 문화에 대한 논평과 제언」, 『한국선도의 역사와 문화』, 제1회 국제평화
대학원대학교 학술대회 논문집, 2005 등이 있다.
18) 정재서는 이에 대해 한국 도교의 세계관으로 중국의 교단도교와는 달리 한국
에는 태상노군이나 옥황상제를 정점으로 하는 정연한 신적 계보가 그대로 받

2 조선후기 민간도교의 전개양상

앞서 우리나라 도교의 기원에 대한 탐색에서 살펴보았듯이, 근대 전환기 이래 한국 도교는 대부분 단군을 연원으로 삼고 있다. 물론 성리학을 건국이념으로 하는 조선에서 도교가 공식적으로 인정되기는 쉽지 않았던 것이 사실이고, 모화慕華사상이나 소중화小中華 사상이 심해질수록 민족의 자주성이나 자의식을 기반으로 하는 '단군기원설'이나 도교의 '본토자생설'이 힘을 얻기도 쉽지 않았다.

먼저 근대전환기 이전 조선 도교의 현황에 대해 간략히 살펴보면 다음과 같다. 고려시대로부터 계승되었던 의식儀式 중심의 국가적인 도교는 임진왜란 이후 거의 소멸하게 되었다. 예를 들어 조선 초기에는 정부의 기관으로서 초제醮祭 등 도교의식을 주관하던 소격서昭格署가 있었다. 소격서에서는 관원과 도사를 뽑아 주로 산천山川에 복을 빌거나 병을 고치는 치병治病 또는 비를 내리도록 기원하는 기우제 등 국가의 제사를 담당했다. 그러나 성리학을 국가의 이념으로 신봉하던 사대부들의 반대가 점차 심해지고, 마침내 조광조趙光祖를 중심으로 한 도학파의 강력한 주장에 의해 1518년(중종 13)에 폐지되었다. 기묘사화로 사림파가 몰락한 후 다시 설치되었으나, 임진왜란(1592~1598, 선조 25~31)을 거치며 제사가 끊기게 되고 이후에는 완전히 철폐되었다. 소격서昭格署의 철폐 이후, 정부에서 주관하는 국가적인

아들여지지 않았다는 점을 지적하며, 환인·환웅·단군을 삼위일체로 보는 종교관념인 '삼일사상', 홍익인간의 이념과 자기완성을 통합적으로 추구했던 정신의 발현인 '성속聖俗 통합적인 세계관', 조화·원융적 세계관 등을 지적하고 있다.(정재서, 『한국 도교의 기원과 역사』, 55~59쪽)

도교 의식이 소멸되면서, 조정에서 주도해왔던 공식적인 관방도교官方道教는 현실적으로 사라졌다고 볼 수 있다. 특히 임진왜란 이후 성리학적 질서가 더욱 공고화되면서 성리학을 제외한 종교를 인정할 수 없는 것이 조선 정부의 공식적인 입장에 가까웠다고 하겠다. 그러므로 이후 조선의 도교는 임진왜란 때 도입된 관제신앙關帝信仰이나, 단학丹學으로도 불리웠던 수련도교,[19] 『동의보감』이나 『임원십육지』 등 양생술 혹은 도교적인 의학醫學, 도교경전과 권선서勸善書의 간행, 민간신앙과의 혼합, 또는 수경신守庚申[20]과 같이 도교에서 유래한 풍습, 관습, 문화적 현상 등의 형태로 존재하게 되었다.

따라서 조선후기 이래 도교의 전개 양상은 두 가지 방면으로 고찰할 수 있다.[21] 첫째, 관방도교官方道教가 쇠퇴하고 그 대신 민간도교民間道教의 색채를 지니고 전개되는 흐름이다. 둘째, 다양한 사상과 결합하여 이루어진 민족종교 혹은 신종교의 형태로 나타나는 흐름이다. 물론 양은용이 지적했듯이 수련도교를 민간도교의 영역으로 포괄할 수 있을까라는 문제는 남지만,[22] 본서에서 논의하는 민간도교는 국가

---

19) 차주환, 『한국도교사상연구』, 219~220쪽.

20) 구보 노리따다 지음, 최준식 옮김, 『도교사』, 391~398쪽.

21) 근대전환기 도교의 전개 양상에 대해서는 연구성과가 그다지 많지 않았다가 1990년대에 비로소 정재서, 김낙필 등에 의해 연구되기 시작하였고(정재서, 「韓國 民間道教의 系統 및 特性」, 『도교문화연구』, 1993 ; 김낙필, 「조선후기 민간도교의 윤리사상」, 『한국문화』 12, 서울대규장각한국학연구원, 1991) 2000년대 이후 본격적으로 주목받게 되었다.

22) 양은용은 민간도교를 관방도교와 대비되는 개념으로 보는 것에 대해 조선 중기 이후 성행했던 수련도교적 성격을 간과할 우려가 있다고 지적하고 있다.(양은용, 「한국도교의 근대적 변모」, 350쪽)

적인 차원에서 공식적으로 승인하고 주도하는 과의도교科儀道教를 제외한 백성들 사이에서 성행했던 민중도교民衆道教적 모습과 함께 지식인층에서 성행했던 수련도교적 내용을 모두 지칭하는 것으로 규정하겠다. 더욱이 수련도교와 민중도교는 이후 민족종교의 영역에서 만날 수 있기 때문에 함께 조망할 필요성과 의의를 찾아볼 수 있다. 또한 혹시라도 발생할 수 있는 오해의 소지를 없애기 위해 민족종교와 도교 혹은 타종교의 관계에 대해 다음의 내용을 분명히 밝혀둔다. 민족종교의 경우 여기에서 도교의 전개 양상으로 설명하기는 했지만, 그렇다고 민족종교를 도교의 하나로 보는 것은 아니다. 주지하다 싶이 민족종교들은 대부분 유·불·도는 물론이고 무교巫敎나 서학西學의 내용까지 융합되어 만들어졌으므로, 본서에서 예로 든 동학, 증산교, 원불교를 비롯한 여러 민족종교들은 도교 혹은 불교의 한 분파라고 볼 수 없다. 조선 후기 도교의 전개 과정에서 도교의 이론 일부나 도교적인 요소들이 민족종교에 영향을 끼친 부분만을 지적한 것이다. 마찬가지로 민족종교 안에는 유교, 불교, 무교, 서학의 요소도 당연히 풍부하게 들어 있지만, 이에 대해서는 본고의 주제를 벗어나므로 굳이 지적하지 않았을 뿐이다. 또한 관점과 입장에 따라서 어떠한 민족종교가 특정한 사상이나 종교의 영향을 상대적으로 더 많이 받은 것으로 보일 수는 있겠지만, 그렇다고 해서 그 사상이나 종교의 일부로 볼 수 없는 것도 당연한 사실이다. 이미 별개의 종교로서 인정을 받은 민족종교에 대해, 그들이 표방하는 종교로서의 정체성을 인정하지 않는 또 하나의 폭력적 시선일 수 있기 때문이다.

1) 조선 후기 민간도교의 전개양상 : 관우숭배신앙, 도교 권선서, 난단도교

조선 후기 이래 민간도교의 전개양상에 대해서는 다시 관우숭배신앙, 도교 권선서의 유행, 그리고 도교적 종교결사 및 난단도교적 경향이라는 세 가지 측면으로 나누어 살펴볼 수 있다.

관우숭배신앙이 정유재란 당시 명나라 장수 진인陳寅에 의해 수입되고[23] 명나라 황제 신종神宗과 조선 왕실의 주도로 유행되었다는 것은 널리 알려져 있다. 그런데 관제신앙의 유행이 정부 주도에 의한 것이었다 하더라도 이를 관방도교로 보는 것은 적절치 않다. 차주환이 이미 밝혔듯이, 관우숭배신앙에서 관제를 봉안한 묘우廟宇가 있고 - 현재는 동관악묘나 남관악묘가 보존되어 있다 - 여기에서 제례祭禮나 기축祈祝 등의 행사가 행해지지만, 이를 이전의 의식儀式을 중시했던 과의도교科儀道敎로 볼 수는 없으며, 오히려 이후 민간도교의 전개양상 중 선행을 권하는 권선서勸善書의 유행이 있는데, 이 권선서 중에 관제신앙을 내용으로 다룬 것도 있고 관제신앙의 영험을 적은 응감應感기록도 전해진다는 점에 주목할 만하다.[24] 차주환이 거론하고 있는 지점은 관제신앙이 주로 유포된 형태가 민간인들에게 유가적 윤리에 기반을 둔 선행을 강조하는 도교권선서라는 측면[25]과, 또 한

---

23) 김탁, 『한국의 관제신앙』, 선학사, 2004, 49쪽.

24) 차주환, 「조선후기의 도교사상」, 3쪽.

25) 이에 관한 예로 철종 때 간행된 『관성제군응험명성경(關聖帝君應驗明聖經)』(1855)나 고종 때 간행된 『관성제군응험명성경(關聖帝君應驗明聖經)』(1880)』, 『관제보훈상주(關帝寶訓像註)』(1882), 『관성제군명성경언해(關聖帝君明聖經諺解)』(1883), 『관성제군오륜경(關聖帝君五倫經)』(1884) 등이 있

편으로 민간신앙에 입각한 신비한 종교체험을 강조하고 있다는 측면
이다. 무武의 화신으로 여겨지는 관우의 사당은 공자의 사당인 문묘文
廟에 대비되어 무묘武廟라고 불리고 있으며, 따라서 관우의 신이神異
한 용맹에 힘입어 외적(왜구)이나 마귀를 물리치려는 기원으로 나타
나는 것은 자연스러운 현상이라 할 수 있다. 그런데 관우가 대표하는
용맹과 함께 충성, 의리 등의 덕목이 유교의 가치와 가깝게 여겨질
수 있기 때문에 유교 측에서도 이러한 관우숭배를 끌어안고 싶어 하
는 경향이 보인다. 이는 특히 임진왜란 당시 사기를 유지하거나 명나
라 군대와 황제를 존중하기 위한 측면도 있지만, 관우숭배를 '충렬과
의용' '충성스럽고 강개한 뜻' '충성' '정성'이라는 유교적 가치에 입각
하여 포용하고자 한 측면도 있다.26) 다만 유교 지식인의 관점에서 민

다.(신선아, 「고종대 關羽信仰의 변화」, 서울여대 대학원 석사학위논문, 2014,
24~27쪽)

26) 이에 관한 대표적인 예로 다음과 같이 유성룡, 선조, 정조의 글을 들 수 있다.
"얼마 지나지 않아 왜추 관백 평수길(平秀吉)이 죽자 모든 왜군이 다 귀환하였
으니, 이 역시 이치로써는 측량하기 어려운 일이나 어찌 우연한 일이라고만
하겠는가. … 하물며 관왕은 영웅으로 강대(剛大)한 기개가 있고 올바른 편에
서서 적을 토벌한 뜻이 만고를 관철하기를 한결같은지라 죽어서도 멸하지 아
니하니 신응(神鷹)이 없음을 어찌 알겠는가. 아, 장렬하도다." (『서애선생문집』
제16권 「잡저(雜著)·관왕묘(關王廟)에 대하여 적음」) ; "지난번 우리나라에
온 중국 장사(將士)들이 모두들 '전투가 있는 날이면 번번이 관왕(關王)(관우
(關羽)를 말함)의 신(神)이 나타났습니다. 그 까닭에 평양에서의 승리, 한산도
(閑山島)의 싸움과 삼로(三路 : 충청·전라·경상도)에서 왜구를 쫓는 싸움에
서 모두 그 이적(異蹟)을 드러내어 황제의 위엄을 선양하고 왜구들을 크게
겁내주고 악한 기운을 소탕하여 마침내 삼한(三韓) 옛 땅을 속국(屬國)(중국
에서 우리나라를 말함)에게 돌려주게 되었으니, 제사지내어 보답하지 않을 수
없습니다.' 하였다. 그러자 천자께서는 '그렇다.' 하고는 바로 사천 금(四千金)

간의 관우숭배를 그대로 받아들이기는 쉽지 않았으며, 이에 대한 불
만이나 회의를 곳곳에서 발견할 수 있다.[27] 그러므로 관우숭배신앙은

을 신하 만세덕(萬世德)에게 내리고 조선 왕경에 사당을 지어 제사 지내게
하였다. … 공은 충렬과 의용으로 소열왕(昭烈王)을 섬기고 한실(漢室)(한나
라를 말함)의 부흥을 기도하여, 한수(漢水) 위를 범 같은 눈초리로 감시하니
그 위세는 중국에 떨치게 되었다. … 이러한 까닭에 공의 충성스럽고 강개(慷
慨)한 뜻은 죽은 뒤에도 없어지지 않아 천 년 뒤에 와서도 오히려 신기(神祇)
를 불러 모으고 바람과 우레를 몰아 그 위엄스러운 영험을 나타낼 수 있었던
것이다." (『성소부부고』 제16권 「문부(文部) 13·비碑·칙건 현령 관왕묘비
(勅建顯靈關王廟碑)」); "혁혁한 관왕의 신이여 / 만고의 영령이로다 / 일월
같이 충성이 빛나며 / 금석처럼 정성이 지극했네 … (赫赫王神 萬古英靈 日
月炳忠 金石貫誠 …)"(『홍재전서』 제19권 「제문(祭文) 1·남관왕묘南關王
廟를 수리할 때의 고유문」). 한편 김윤경은 조선 후기 관제(關帝)관련 경전들
이 유포되면서, 여기에 실린 충과 효는 유교사회의 실현과 부합하는 측면이
있어 사대부층에게도 환영받았으며 민간에서는 벽사와 구복의 대상으로 자리
잡았다고 분석하기도 하였다.(김윤경, 「조선 후기 민간도교의 발현과 전개 -
조선후기 관제신앙, 선음즐교, 무상단」, 『한국철학논집』, 한국철학사상사연구
회, 2012, 310~316쪽)

27) 대표적으로 이익(李瀷)과 유몽인(柳夢寅)의 예를 들 수 있다. "서울 동·남문
밖에는 다 관왕묘(關王廟)가 있는데, … 일반적으로 관우(關羽)를 '의용(義
勇)'이라 한다면 옳거니와, 또 무엇이 청정무위(淸淨無爲)를 주로 하는 도가와
관계된다 해서 존숭과 신앙이 이에 이르렀을까? … 오직 주종원(朱宗元)의
설이 가장 그 진신을 얻었다 하겠으니, 즉 '송나라의 '복마(伏魔)'라는 것은
곧 마귀로써 마귀를 몰아낸 것이다. 마귀의 특성이 본래 자기만을 떠받들게
하려고 한다. 그러나 그 본상(本相)을 나타내면 사람들이 어찌 그를 섬기겠는
가! 그러므로 옛 선비의 명목을 빌려 현신(現身)하여 신이(神異)로 되어 사람
으로 하여금 우러러보게 하는 것이니, 참으로 관우(關羽)의 신(神)이 있어 이
와 같은 것은 아니다.'라 하였다. 이야말로 천고의 독특한 명견(明見)이라 하겠
다."(『성호사설』 제9권 「인사문(人事門)·관왕묘(關王廟)」); "관왕의 남은 사
당은 사방이 똑같으니 / 온갖 재주 다하여 단청을 그렸네 / 제향은 도리어 공자
묘보다 성대하고 / 음사인지라 도리어 절과 비슷하네 / 누가 알았으랴 성군이

점차 유교지식층보다는 민간에서, 권선서의 형태나 무속[28] 또는 신종교·민족종교와의 결합된 형태로 전개되면서, 삼교합일 또는 혼효의 맥락으로 확대되었다.[29] 관우숭배신앙이 받아들여지게 된 과정에 대

충성을 기린 뜻이 / 어리석은 백성이 귀신 숭상하는 풍속이 될 줄 / 군자는 오직 선을 따르면 길하다고 말할 뿐 / 신이 복을 내리려 한들 그에게 무슨 힘이 있으랴(關王遺廟四方同 雕繪丹靑百巧窮 禮享反多宣父殿 淫祠還類釋迦宮 誰知聖代褒忠意 轉作愚黎尙鬼風 君子惟論惠迪吉 神雖欲福渠何功)." (『어우집』 제2권 「시(詩)·조천록(朝天錄)·관왕묘(關王廟)」)

28) 관제신앙이 언제부터 무속과 결합되었는지 명확하지는 않다. 유상규는 19세기 말부터 관제신앙이 부각되었다고 본 기존 연구를 반대하면서, 18세기 서울 관제 무신도가 존재했던 것을 근거로 그 시작을 조선 후기로 상정하고 있다.(유상규, 「韓·中 關帝信仰의 史的 展開와 傳承 樣相」, 고려대학교 석사학위논문, 2011, 90~96, 109쪽) 관제신앙이 무속과 결합한 대표적인 예는 임오군란 당시 명성황후의 환궁일을 예언하여 명성황후와 고종의 총애를 얻고 국정을 농단했던 무당 진령군(眞靈君)이 관우의 딸이라고 자칭한 경우이다.(이에 관한 기록은 황현의 『매천야록』에서 찾아볼 수 있다. 황현, 『역주 매천야록 上』, 문학과 지성사, 2006, 193쪽) 또한 신선아는, 진령군의 요청에 따라 북관왕묘를 건립하였는데 이듬해 갑신정변을 피해 북관왕묘로 피신하였다가 청국 통령 오조유(吳兆有)의 병영으로 거처를 옮긴 후 진령군과 관왕묘에 대한 고종의 신뢰도 더욱 커지게 되었다는 점 등을 지적하면서, 고종대의 관우신앙이 확산되게 된 주요 원인 중 하나로 진령군의 영향을 들고 있다.(신선아, 「고종대 關羽信仰의 변화」, 서울여대 대학원 석사학위논문, 2014, 26~31쪽). 이로 인해 고종 대에는 관우의 딸이라고 자칭하는 무속인이 서울에만 천여 명이 넘었던 것으로 보인다.(이규태, 「혜화동 북관묘」, 『육백년 서울』, 조선일보사, 1993 ; 이선주, 『한국의 굿 - Ⅰ·Ⅱ』, 민속원, 1996, 241쪽 ; 유상규, 「韓·中 關帝信仰의 史的 展開와 傳承 樣相」, 고려대학교 석사학위논문, 2011, 93쪽).

29) 신흥종교의 경우 관우 즉 관성제군만을 유일신교의 형태로 모신 관성교를 대표적으로 거론할 수 있다. 민족종교의 경우 강일순이 만들었던 증산교의 「운장주 雲長呪」를 예로 들 수 있다.(김탁, 『한국의 관제신앙』, 선학사, 2004, 188~189쪽 ; 유상규, 「韓·中 關帝信仰의 史的 展開와 傳承 樣相」, 고려대학교 석사학위논문, 2011, 69~82쪽) 한편 관제신앙이 삼교합일의 맥락으로 확대된 경향에 대해

해 김일권은 다음과 같이 설명하고 있다. 관우의 생일을 맞아 관왕묘에 선조가 친행親行하여 분향 헌작해달라는 명나라 장수 진인陳寅의 요청을 받았을 때 당시 유교 정통주의 입장에서 신하들의 완강한 비판과 저항이 있었다고 하지만, 이후 명나라가 멸망하고 청나라가 일어서자 존명의리尊明義理와 소중화론小中華論의 표상으로 의미가 격상되었고, 영조 연간에는 『국조속오례의國朝續五禮儀』(1744)에 소사小祀로 공식 입전되었고 정조 연간에는 『대전통편大典通編』(1785)에 중사中祀로 승격되었다고 한다. 즉 명나라에 대한 존명대의尊明大義적 인식, 관묘가 지니는 무묘武廟로서의 역할 제고, 관성제군이 지닌 충절보국의 충효사상 등을 성리학 사회에서 유도습합儒道習合을 거쳐 비유교적非儒敎的 종교문화가 확산될 수 있었던 배경으로 지적하였다.[30]

그런데 관우숭배신앙에 보이는 이러한 삼교합일 내지 혼효混淆의 맥락은 조선 후기 이래 민간도교의 두 번째 전개양상인 권선서勸善書[31]의 유행과도 직결되어 있다.[32] 권선서란 문자 그대로 선행을 권

서는, 이능화의 『조선도교사』에서 「감응경(感應經)」을 인용하여, 관성제군이 "유(儒)·석(釋)·도(道)의 교권(敎權)을 잡으신다"라고 했던 구절 속에서도 찾아볼 수 있다.(이능화, 이종은 역, 『조선도교사』, 보성문화사, 2002, 315~317쪽)

30) 김일권, 「조선 후기 關聖敎의 敬信修行論」, 157~162쪽.

31) 권선서勸善書의 성격에 대하여 차주환은 다음과 같이 설명하고 있다. "권선서 자체가 유·불·도 삼교의 사상이 혼융된, 민중교도를 지향한 권선징악을 내용으로 하는 책이기는 하나, 도교적인 색채가 가장 농후하고 또 도교연구의 일환으로 다루어지고 있다."(차주환, 「조선후기의 도교사상」, 3쪽)

32) 예를 들어 고종은 즉위 17년에 관우숭배신앙 관련 경전을 모아서 한글로 번역하는 작업을 지시하였고 그 결과 출간된 것이 『삼성훈경』과 『과화존신』이다. (이유나, 「조선 후기 關羽신앙 연구」, 11~12쪽)

장하는 내용의 책인데, 중국에서 처음 만들어졌다. 기원을 소급하면 송대宋代까지 올라가며 특히 명대明代 이후에 많이 만들어졌는데, 조선 초기에 우리나라에 전해진 것으로 보인다. 우리나라에 최초로 권선서가 들어온 시기에 대해서는 차주환이 『앙엽기盎葉記』 2 「중국서래동국조中國書來東國條」에 조선 태종 17년(1417) 명나라 성조成祖가 선음즐서善陰騭書 6백부를 보내왔다는 기사를 근거로 든 이래[33] 대부분의 연구자들이 이 설을 따르고 있다. 그러나 한편으로 이에나가 유코는 그보다 빠른 태종 8년(1408) 명 성조 영락황제가 양녕대군에게 인효황후권선서 1백 50본과 효자황후전 1백 50본을 주었다는 「태종실록」 9년 2월과 4월의 기록, 그리고 이듬해 권선서 3백 부가 들어왔다는 기록을 근거로 들며 이 설에 대해 새로운 견해를 제시하였다.[34]

그리고 1796년 일종의 종합적인 권선서 또는 총서叢書 격인 『경신록敬信錄』이 한글로 번역, 출판되었고, 이후 민간에서 권선서가 크게 유행하였다.[35] 『경신록언석敬信錄諺釋』, 『관성제군명성경關聖帝君明聖經』, 『관성제군명성경언해關聖帝君明聖經諺解』, 『삼성훈경三聖訓經』,

---

33) 차주환, 『한국의 도교사상』, 92쪽 ; 차주환의 설명에 의하면, '선음즐서'는 책 이름(서명(書名))은 아니고 도서(圖書)의 한 유명(類名)으로, 거기에 포함되는 책의 종류는 적지 않다. 유·불·도 삼교의 사상을 융합한, 음덕 실천을 주로 하는 선행을 권장하는 내용의 책들이다.(차주환, 「조선후기의 도교사상」, 7쪽)
34) 이에나가 유코, 「조선후기 윤리신앙의 다변화와 도교 선서 유행」, 305~306쪽
35) 이 사이에 공백기가 있었다고 보는 것이 정재서의 입장이며(정재서, 『한국 도교의 기원과 역사』, 38쪽), 양은용은 조선 초기 이후 점차 지식층을 중심으로 민간에 널리 유행하게 되었다고 보는 입장이다.(양은용, 「한국 도교의 근대적 변모」, 354쪽)

『과화존신過化存神』, 『관성제군오륜경關聖帝君五倫經』, 『관제성적도지
전집關帝聖蹟圖誌全集』, 『관성제군성적도지속집關聖帝君聖蹟圖誌續集』,
『남궁계적南宮桂籍』, 『태상감응편도설太上感應篇圖說』, 『관제보훈상주
關帝寶訓像註』, 『관성데균응험명성경關聖帝君應驗明聖經』, 『각세신편팔
감상목覺世新編八鑑常目』 등을 그 예로 들 수 있다. 양은용이 지적했듯
이, 송대 이후 도교의 특징 중 하나로 실천수행적인 성격과 민중신앙
으로 확산되는 사상적 특징을 거론할 수 있는데, 권선서신앙의 유행
은 이 중 민중신앙으로의 확산과 직결된 것이다.[36] 그런데 우리나라
권선서의 특징 중 특히 주목할 만한 점은 19세기 즉 철종에서 고종대
에 이르기까지 정부주도로 간행되며, 국역화사업까지 진행되었다는
점이다. 이에 더하여 양은용은 조선 후기 유행했던 권선서 『태상감응
편』의 예를 들면서 이에 관한 세 가지 특징을 거론하고 있다. 즉 칙명
勅命으로 개판·유포되었다는 점, 불교사원에서 개판되었다는 점, 유
교윤리와 부합되도록 배려하고 있다는 점 등을 지적하며, 이를 '삼교
혼합의 민중적 전개'라고 규정한다. 다시 말해서 삼교융회三敎融會의
사상적 기반 위에서 유교·불교와 대등한 도교의 입지를 보여주며,
윤리적으로 사회윤리를 중시하는 풍토 속에서 권선징악을 주장하는
한국도교의 모습을 보여준다고 지적한다.[37] 이에 대해 이에나가 유코
는 더욱 구체적으로 『태상감응편』의 발간 주제자와 발간 목적에 초점
을 맞추어 분석을 시도하였다. 간행 주체가 국가일 경우 민중들의 교
화를 목적으로 하며, 개인일 경우 공덕을 쌓기 위한 것이거나 민중을

---

36) 양은용, 「한국 도교의 근대적 변모」, 350~352쪽.
37) 양은용, 「한국 도교의 근대적 변모」, 354~356쪽.

교화하고 계몽하기 위한 지식인으로서의 사명감 때문이며, 사찰에서 간행된 경우는 유·불·도의 가르침이 반영되어 있는 권선서의 성격이 불교의 사찰에서 간행을 가능하게 했을 것이라는 추측과, 국가 통치 이념에서 소외된 도불의 습합이 전개된 당시의 정치적 상황 등을 고려했다.[38]

성리학을 건국이념으로 하는 조선이 후기에 와서 정부주도로 권선서 중심의 도교서적이 간행되었다는 사실이 의미하는 것은 무엇일까? 정재서는 이 사실에 대하여, 성리학의 윤리규범이 향약 등 교화운동을 통해 후기에 이르러 민간에 뿌리를 내린다는 점, 삼교합일적 사조와 송대 성리학의 영향 하에 성립된 명청대 민간도교를 수용한 점과도 연관이 있다[39]고 분석하였다. 양은용은 이에 대해 '근대'적 경향이라는 키워드로 이해하려는 시도를 더한다. 즉 근대 민간도교적 요소는 민중의 신앙과 사회윤리적 측면으로 부각되었다는 것이다. 적선積善을 강조하는 권선서 신앙은 수련도교와는 본질적으로 다르며, 기독교가 신앙을 강조하고 동학 역시 시천주侍天主 신앙을 주창한 것과 관련해볼 때 권선서 신앙 역시 근대적 경향이라고 볼 수 있다는 것이다. 또한 유·불·도 삼교의 윤리를 망라함으로써 도교의 사회윤리를 대변하고, 당시 사회변화에 대응한 윤리적 결단이 엿보인다고 결론지었다.[40] 정재서나 양은용의 분석에 더하여, 이에나가 유코는 조선 후기 윤리사상의 다변화라는 시각으로 정부에 의해 주도된 권선서 간행과 권선서 신앙의 유행에 대해 분석하였다. 즉 조선전기에는 성리학

---

38) 이에나가 유코, 「조선후기 윤리신앙의 다변화와 도교 선서 유행」, 307~310쪽.
39) 정재서, 「韓國 民間道敎의 系統 및 特性」, 『도교문화연구』, 1993, 200쪽.
40) 양은용, 「한국 도교의 근대적 변모」, 366~367쪽.

적 이념만을 인정하였기 때문에 권선서는 윤리신앙이 다변화된 조선 후기에 비로소 유행하게 되었다는 것[41]이며, 그 의미에 대해서는 다음과 같이 분석하고 있다. "대내외적인 위기와 모순을 안고 있었던 조선후기에 도교권선서라는 형태로 윤리서가 유통되었다는 것은 그만큼 교화와 계몽, 선행의 실천, 충과 의리의 중요성이 요구되었던 것으로 생각된다. 이는 조선후기 지식인의 사상적 동향이자 대내외적으로 위기와 모순을 안게 된 사회의 응전應戰 과정이라고 할 수 있다."[42] 정재서의 분석에서 삼교합일적 사조에 대한 설명이 제시되었다면, 양은용의 분석에서 근대적 문제의식에 대한 설명이 제시되었고, 이는 이에나가 유코의 분석에서 더욱 구체화되었다고 할 수 있겠다.

또한 조선 후기 권선서의 유행은 중국 권선서의 보급에 머물지 않고 더 나아가 우리나라의 독자적인 권선서의 편찬에 이르게 된다. 정재서는 이 점에 주목하여 조선 권선서에 나타난 신격神格의 분석을 통해 무풍巫風과의 밀접한 관련성을 지적하고, 이것을 조선 (민간)도교의 특징으로 규정하고 있다.[43]

조선 후기 19세기 무렵 민간도교의 세 번째 전개 양상으로는 조선 최초의 교단 도교[44]이자 한국 최초의 도교 난단鸞壇[45]이라고 일컬어

---

41) 이에나가 유코, 「조선후기 윤리신앙의 다변화와 도교 선서 유행」, 304쪽.
42) 이에나가 유코, 「조선후기 윤리신앙의 다변화와 도교 선서 유행」, 294쪽, 322쪽.
43) 정재서, 「韓國 民間道敎의 系統 및 特性」, 『도교문화연구』, 1993, 201~203쪽.
44) 김윤경, 「19세기 조선 최초의 교단 도교, 무상단 연구 - 『문창제군몽수비장경』을 중심으로 - 」, 『한국철학논집』제63집, 한국철학사연구회, 2019.11. ; 김윤경, 「모리스 꾸랑의 『한국 서지(Bibliographie Coreenne)』에 수록된 도교경전 연

지기도 하는 무상단無相壇을 중심으로 한 삼성제군三聖帝君(관성제군
關聖帝君·문창제군文昌帝君·부우제군孚佑帝君) 신앙 또는 난단도교鸞
壇道敎적 경향을 들 수 있다. 무상단과 난단도교에 관한 본격적인 주목
은 김윤수의 논문으로부터 비롯되었다.[46) '단' 혹은 '단처'는 제사들이
모여 함께 강필했던 곳을 의미한다. 이능화는 법련사法蓮社(=묘련사妙
蓮社) 법려法侶 최성환 등 백여 명의 인사들이 모여 강필降筆을 통해
『관세음보살묘응시현제중감로觀世音菩薩妙應示現濟衆甘露』(약칭 『제
중감로』)를 편집했다고 기술했는데[47), 최성환은 묘련사 결사에 앞서
이미 『태상감응편도설』과 『태상감응편도설언해』를 간행 보급한 인물
이기도 하다.[48) 또한 『제중감로』의 제1,2권 권수제에 나온 '보광거사
葆光居士 보원普圓 봉휘奉彙'는 도불회통적인 불교거사이자 무상단의
중요 난단도사인 유운劉雲(1821~1884)[49)으로, 그는 『제중감로』(1878 간행)

구」, 『한국철학논집』 제50집, 한국철학사상사연구회, 2016, 284~285쪽.

45) 김윤수, 「고종시대의 난단도교」, 『동양철학』 제30집, 한국동양철학회, 2008, 58
쪽, 85쪽 ; 박소연, 「19세기 후반 서울지역 신앙 결사 활동과 특징 – 불교·도교
결사를 중심으로」, 동국대학교 대학원 사학과 석사학위논문, 2016, 34쪽.

46) 김윤수, 「고종시대의 난단도교」, 『동양철학』 제30집, 한국동양철학회, 2008. 김
윤경 역시 '무상단'에 대해 김윤수의 연구 「고종시대의 난단도교」를 근거로
들며 최성환(崔瑆煥, 1813~1891)이 주축이 된 독립적인 종교 단체로 보았다.
(김윤경, 「조선후기 민간도교의 전개와 변용」, 105~106쪽 ; 김윤경, 「조선 후기
민간도교의 발현과 전개」, 320~323쪽)

47) 이능화, 『조선도교사』, 306~307쪽.

48) 따라서 김일권은 묘련사의 결사운동을 통해, 유·불·도 삼교의 통합을 지향하
는 민족종교들이 발흥하기 이전의 사회배경과 한말 삼교통합주의적인 종교운
동의 한 흐름을 엿볼 수 있다고 지적한다. (김일권, 「한말시기 도교적인 종교정
체성과 삼교통합주의 흐름」, 『종교연구』 32집, 2003, 203쪽)

49) 일명 劉聖漢, 자는 岫卿, 호는 無心翁, 蓮華齋, 법호는 葆光居士, 光堂學人,

와 함께 부우제군 순양자純陽子의 전집인『중향집衆香集』을 편찬(1881 간행)하였으며, 문창제군의『계궁지桂宮誌』에도 직간접으로 참여하는 등 도불회통의 전형을 보여준 거사 겸 도사라고 할 수 있다.[50]

여기서 묘련사妙蓮社에 대해서는 그 성격을 불교로 볼 것인지, 도교로 볼 것인지, 아니면 삼교가 혼합된 신종교로 볼 것인지 논의의 여지가 있다. 묘련사의 종교적 성격이 도교인가 불교인가에 대한 논의에 대해서는 박소연이 석사학위논문의 머리말에서 잘 정리해 놓았는데, 기존의 연구를 불교로 보는 관점(이봉춘,[51] 김경집,[52] 이효원,[53] 차차석,[54] 이갑봉[55])과 도교로 보는 관점(김일권,[56] 김윤수,[57] 김윤경[58])으로 분류하여 정리하였다.[59] 그러나 엄밀히 말하면 묘련사는 도교라

법명은 普圓, 도호는 如是觀主人, 淸蓮子, 劉淸蓮法師 등이다. 본관은 강릉(고호 溟州)이다. 29세 때 월창거사月窓居士 김대현金大鉉(~1870)의 문하에 입문하였다.(김윤수,「고종시대의 난단도교」, 81쪽)

50) 김윤수,「고종시대의 난단도교」, 80~84쪽.
51) 이봉춘,「조선시대의 관음신앙」,『한국 관음신앙연구』, 1988.
52) 김경집,『한국근대불교사』, 경서원, 1998, 39~43쪽.
53) 이효원,「한국의 관음신앙연구」, 한국학중앙연구원 박사학위논문, 2010, 151~163쪽.
54) 차차석,「『觀世音菩薩妙應示現濟衆甘露』에 나타난 관음신앙의 특징」,『보조사상』제39집, 2013.
55) 이갑봉,「『觀世音菩薩妙應示現濟衆甘露』에 나타난 佛敎思想 硏究」, 동방문화대학원대학교 박사학위논문, 2014.
56) 김일권,「한말시기 도교적인 종교정체성과 삼교통합주의 흐름」,『종교연구』32집, 2003.
57) 김윤수,「고종시대의 난단도교」,『동양철학』제30집, 한국동양철학회, 2008.
58) 김윤경,「조선후기 민간도교의 전개와 변용」,『도교문화연구』39집, 2013.
59) 박소연,「19세기 후반 서울지역 신앙 결사 활동과 특징 – 불교·도교 결사를

고도 불교라고도 단언하기 어렵고, 유·불·도의 삼교통합적 성격이 강한 민간신종교단체로 보아야 한다는 것이 필자의 관점이다.[60] 이러한 입장은 묘련사 결사와 무상단에 대한 최초의 연구라고 할 수 있는 이능화의 『조선불교통사』와 『조선도교사』에서도 발견되는데, 이능화는 이들의 신앙 활동을 '선음즐교善陰騭敎'라 하여 유교도 불교도 도교도 아닌 종교 조직으로 파악하였다.[61] 또한 1988년 묘련사 결사에 대해 재조명한 이봉춘 역시 그 성격을 대중적인 관음신앙운동으로 규정지으면서도, 도교와 샤머니즘적 색채까지 내재되어 있는 묘련사의 집단적 성격에 대한 단언은 어렵다고 토로했다.[62] 이강오는 이 결

중심으로」, 동국대학교 대학원 사학과 석사학위논문, 2016, 1~3쪽.

60) 다만 '묘련사(妙蓮社)'가 절이라는 '사(寺)'가 아닌 결사라는 의미의 '사(社)'라는 명칭을 사용하는 단체라는 점에 착안하여, "한말의 관제를 숭신하는 교단 형태가 천수사(千壽社), 독성사(篤誠社), 한명사(漢明社), 경명사(敬明社), 충진사(忠眞社) 등과 같이 사(社)라는 명칭을 가지고, 일정한 기일을 정하여 단체로서 혹은 대표를 세워서 관제묘에 참배하였다"는 촌산지순(村山智順)의 연구(최길성·장산언 공역, 「관성교편」, 『조선의 유사종교』, 계명대학교출판부, 1991, 346~353쪽)를 인용하며 이를 근거로 묘련사를 새로운 종교단체라고 본 김일권의 지적(김일권, 「한말시기 도교적인 종교정체성과 삼교통합주의 흐름」, 202쪽)은 타당하지 않다고 할 수 있다. 구한말에도 경허의 수선사(修禪社)(1899)는 물론이고, 정토왕생을 염원하는 불교결사로서 "고종6년(1869)에 幻空治兆가 古靈山(경기도 파주시 광탄면 영장리) 普光寺에서 결성한 淨願社"(김윤수, 「고종시대의 난단도교」, 81쪽)나 "묘련사 결사가 1875년 여름 11번의 법회를 끝으로 마무리가 된 후 1882년(고종 19) 다시 거사들에 의해 甘露社가 결성되었다"(박소연, 「19세기 후반 서울지역 신앙 결사 활동과 특징 – 불교·도교 결사를 중심으로」, 2016, 19쪽) 등에서도 알 수 있듯이 구한말 '社'는 다양한 불교결사들도 사용해온 명칭이기 때문이다.

61) 이능화, 『조선불교통사』 하, 913~914쪽 ; 이능화, 이종은 역 『조선도교사』, 보성문화사, 2000, 303쪽.

사를 신흥불교의 효시, 또는 불교가 도교와 유교 그리고 무속신앙을 혼합한 것으로 보고, 당시 동학東學이나 남학南學 등이 신흥종교로 발생할 때 혼합종교의 특성을 가졌던 것과 같은 맥락에서 이해하기도 한다.[63] 따라서 '묘련사'의 삼교통합적 성격과 (불교적) 강필에 대해서 조선 후기 민간도교의 흐름에서 언급할 여지는 있을 수 있지만, 도교 조직이라고 단언하기는 어려운 것이 사실이다. 따라서 도교에서는 묘련사에 대해 다루지 않고 "여기에서 파생된 도교 조직인 무상단無相壇"[64]과 난단도교鸞壇道敎적 경향에 대해서만 서술할 것이다.

다만 민간신종교로서 묘련사 결사를 '선음즐교'라고 규정한 이능화

---

[62] "한편 이러한 묘련사결사에 대해 과연 어떤 평가를 내려야 할는지 다소 어려운 문제가 따르는 것도 사실이다. 그들의 결사활동 중심이 관음 신앙인 것은 분명하지만, 그 집단의 활동성격은 다분히 道家的이라고나 할 그런 인상을 주고 있기 때문이다. … 또 이 經(『제중감로』)이 관음의 降筆로 이루어진 것처럼 그것을 刊行하고자 했을 때는 다시 孚佑帝君 呂純陽이 無相壇에 降臨하여 序文을 지어주었다고도 한다. … 묘련사 결사에 呂純陽이 降臨하여 降筆題序했다는 사실 … 여기에 이르러서는 오히려 道家 내지 샤머니즘的 색채까지도 느껴지는 것이다. 그들은 후에 '陰隲之文', '感應之說'만을 좇아 마침내는 學仙의 道流로 변하고 말았다는데(이능화, 「묘련사법려강필관음蓮社法侶筆降觀音·부여순양附呂純陽」, 『조선불교통사』, 914~915쪽) 이로 미루어 묘련사결사의 집단적 성격에 대해서는 한마디로 단언하기 어려움이 없지 않은 것이다"(이봉춘, 「조선시대의 관음신앙」, 『한국 관음신앙연구』, 1988, 189~193쪽)

[63] 이강오, 『한국신흥종교총감』, 대흥기획, 1992, 588쪽(김탁, 「중국 關帝신앙의 성립과 한국 관제신앙」, 145쪽에서 재인용)

[64] "관음신앙을 중심으로 한 도불 융합적 염불결사 결사인 妙蓮社를 시작으로 여기에서 파생된 도교 조직인 無相壇과 불교 결사인 甘露社"라고 정리한 박소연의 정의를 따랐다.(박소연, 「19세기 후반 서울지역 신앙 결사 활동과 특징 –불교·도교 결사를 중심으로」, 동국대학교 대학원 사학과 석사학위논문, 2016, 1쪽)

의 주장65)에 대해서는 이견의 소지가 있다. 김일권은 묘련사를 중심으로 한 한말 일제하의 삼교통합주의 노선의 종교집단에 대하여 '선음즐교'라는 이능화의 주장을 소개하면서도, 관성제군, 문창제군, 부우제군의 삼제군三帝君을 중심으로 한다는 측면에서 '삼성교三聖敎'라고도 할 수 있다고 주장66)하였다. 그런데 선음즐교에 대한 자료나 기록은 찾기 어려워 선음즐교가 당시 잠시 조직되었다가 금방 사라진 것으로 추측하기도 한다.67) 이에 대해 김윤수는 선음즐교라는 용어를 이능화가 잘못 만든 것이라고 보며 '선서신앙善書信仰'이나 '난단도교鸞壇道敎'라는 개념을 사용해야 한다고 보았다.68) 즉 만일 구한말 선음즐교라는 이름에 대한 다른 기록을 찾을 수 없다면, 이능화가 사용

---

65) "지금으로부터 약 50년 전에 서울시내 일부인사들이 여산(廬山)의 백련사(白蓮社)를 모방하여 염불단체를 만들었는데, 이름을 묘련사(妙蓮社)라 하였다." 이능화, 『조선도교사』, 303쪽 ; "중국이 송나라 이래 삼제군을 신봉하여 재상(災祥)과 화복을 모두 기도하니 그중에서도 가장 신봉하는 것은 관우의 신(神)으로서 제(帝)라고 추존하고 천존(天尊)이라고도 하여 백성의 신앙대상이 되었는데, 불교도 아니요 도교도 아니요 유교도 아닌 선음즐교(善陰騭敎)가 된 것이다. 우리 조선 사람도 관성제를 신봉하여 재신(財神)으로 삼고 그 소상(塑像)을 서울 종로에 있는 보신각 옆에 모시고 시가(市街)를 진압하여 안정시켰다."(이능화, 『조선도교사』, 314쪽)

66) 김일권, 「한말시기 도교적인 종교정체성과 삼교통합주의 흐름」, 201~202쪽. 또한 김일권은 같은 곳에서 村山智順의 연구(최길성·장산언 공역, 『조선의 유사종교』, 계명대학교출판부, 1991)를 인용하며 한말의 관제를 숭신하는 교단 형태가 천수사(千壽社), 독성사(篤誠社), 한명사(漢明社), 경명사(敬明社), 충진사(忠眞社) 등과 같이 사(社)라는 명칭을 가지고, 일정한 기일을 정하여 단체로서 혹은 대표를 세워서 관제묘에 참배하였다는 점을 지적하고 있다.

67) 김탁, 「중국 關帝신앙의 성립과 한국 관제신앙」, 149~150쪽.

68) 김윤수, 「고종시대의 난단도교」, 각주 32)번, 71~72쪽.

54

한 '선음즐교'라는 명칭에 대해 재고할 필요도 있다.

무상단과 '고종시대의 난단도교'에 대해서는 김윤수의 연구를 기점으로 더욱 구체적인 연구가 진행되어야 하겠지만, 여기서 특기할 점은 주문수행과 강필, 즉 난서欒書이다. 난서欒書란 부란扶鸞·부계扶乩 등에 의해 신神의 말씀을 받아적은 글이다.[69] 부계扶乩는 부기扶箕라고도 하며 중국 고대로부터 발견되는[70] 습속인데, 명청대 이래로 널

---

69) 김윤수의 설명에 의하면 부란(扶鸞)·부계(扶乩)는 "모래쟁반[砂盤] 위에 정(丁)자형의 나무[木架]를 매달고, 이를 두 사람이 함께 붙잡아 신[乩仙]이 강림하여 계시하는 대로 자연스러운 진동에 의해 글씨를 쓰는 일종의 영계(靈界) 통신법"으로, "손잡이에 난새를 조각하므로 난새를 붙잡는다는 의미로 부란(扶鸞)이라고 하고 점대를 붙잡는다고 부계扶乩라고 한다. 모래판을 설치하고 강필을 기록하는 장소를 성소로 여겨 의식을 행하고 신앙의 장소로 여기며 교회와 같은 신앙공동체를 형성하니 이를 난단(鸞壇) 또는 단(壇)이라고 한다."(김윤수, 「고종시대의 난단도교」, 『동양철학』 제30집, 한국동양철학회, 2008, 60쪽) 김승혜는 다음과 같이 설명하였다. "계(乩)란 모르는 것에 대해 점을 쳐서 묻는 것이다. 술사들은 정丁자 모양 또는 인人자 모양의 나무시렁을 만들고, 아래쪽 일직선으로 추(推)를 매달았는데, 모양이 마치 디딜방아대의 절구공이 같은 형태로서, 모래가 담긴 소반 위에 들어 올려놓은 것을 일러 계필(乩筆)이라 한다. 두 사람이 양끝을 붙잡고 부주(符呪)로써 신을 부르면, 추는 저절로 움직여 모래판 위에 문자를 그리거나, 사람의 길흉을 나타내거나, 사람에게 시사(詩詞)를 주고 받거나, 사람에게 약의 처방을 알려주어 병을 치료하게 한다. 일이 끝나면, 신도 물러가고 추 역시 움직이지 않는다. 이를 부계(扶乩)·부기(扶箕)·부란扶鸞이라 한다. 이러한 일을 주관하는 사람을 속칭 난수(鸞手)·난생(鸞生)이라 부른다."(김승혜, 「부계」, 『도교사상사전』, 부산대학교출판부, 2014, 467쪽) 즉 신과 합일상태에서 강필(降筆)하는 일종의 자동서기법을 의미하는 것이라 할 수 있다.

70) 중국의 남북조 시대 송(宋) 유송(劉宋, A.D. 420~479) 유경숙(劉敬叔, ?~468년 전후)의 『이원(異苑)』, 또는 송대(宋代) 심괄(沈括)의 『몽계필담(夢溪筆談)』이나 홍매(洪邁)의 『이견삼지(夷堅三志)』·임(壬)권삼(卷三) 「심승무자고(沈承務紫)姑」 등에도 나타난다.

리 성행하게 되었다.71) 특히 부계扶乩는 명말청초에 유행했던 권선서 勸善書의 작성과 연관되어 크게 유행했으며, 권선서의 일부가 강필에 의해 작성되었다는 점은 이미 널리 알려져 있다.72) 따라서 구한말에 유행했던 난서鸞書나 난단도교鸞壇道敎는 기본적으로 명청도교의 영향이라고 할 수 있겠다. 김윤수가 잘 정리했듯이 무상단 이전에도 도교난단은 있었지만,73) 무상단은 기록으로 명확히 드러난 우리나라 최초의 도교난단이며 이후 등장하는 도교난단에 대해서도 중심적인 역할을 하고 있다.74) 무상단을 중심으로 한 우리나라의 난단도교에서

71) 도교사에서는 일반적으로 부계(扶乩)가 육조시대 자고신(紫姑神) 전설로부터 기원했다고 보는데(可兒弘明・野口鐵郎 外(編), 「扶乩」, 『道教事典』, 平河出版社, 1994, 517쪽), 당나라 때는 자고신을 인형에 강신시켰고 송나라 이래로 계필(乩筆), 류계(柳乩)라고 불리는 목제 필기구를 사용하고 단壇에 제사하고 영부靈符를 태우는 등 도교적인 요소를 받아들여 부기扶箕의 작법이 갖추어지게 되었다. 명대에는 관제關帝 등 도교의 신앙대상의 신들을 강림시키는 것이 보편화되었다(酒井忠夫, 『近・現代中国における宗教結社の研究』 6卷, 国書刊行会〈酒井忠夫著作集〉, 2002, 349~366쪽) 청나라 말기에서 20세기 초에는 부기(扶箕)에 의해 내려진 신탁(神託)에 근거하여 사회활동을 하는 결사結社가 무수히 많이 조직되었으며, '계단(乩壇)', '난당(鸞堂)' '선당(善堂)'이라고 불렸다.(志賀市子・野口鐵郎(編), 「「化劫救世」の願い」, 『結社が描く中国近現代』, 山川出版社〈結社の世界史〉, 2005, 200~207쪽)

72) 可兒弘明・野口鐵郎 外(編), 「扶乩」, 『道教事典』, 平河出版社, 1994, 517쪽

73) 김윤수는 다음과 같이 '계단(乩壇)'과 '담연단(湛然壇)'이라 불리던 난단을 언급하고 있다. "無相壇이란 명칭을 사용하기 전 乩壇이란 존재"(김윤수, 「고종시대의 난단도교」, 58쪽)를 지적하며 이를 무상단 직전파(直前派)로 분류했다. 이와 함께 『제중감로』를 강수(降受)한 담연단(湛然壇)과 여시관(如是觀)이 있었는데, 담연단은 "불교적 난단인지 본격적 도교의 난단인지 실체를 알 수 없으므로 현재로선 고종14년(1877,정축)에 성립된 무상단이 한국 최초의 본격적 도교난단이라고 할 수 있다."(김윤수, 「고종시대의 난단도교」, 75쪽)라고 규정하였다.

주목할 만한 점은 앞서 우리나라에서 독자적으로 편찬했던 권선서의 경우처럼, 난서의 경우에도 조선에서 직접 만들어진 난서가 등장하였다는 점이다.[75] 또한 당시 유행하던 난서의 주요 내용 가운데 보이는 사상적인 특징은 삼교합일을 바탕으로 전통적인 도덕관을 강조하는 권선서라는 점이다. 이와 함께 강조할 지점은 기존의 봉건적 질서의 붕괴와 제국주의 외세의 침략을 눈앞에 둔 구한말의 위급한 상황에서, 반외세(독립), 반봉건(근대화)이라는 근대 전환기의 시대적 모순(또는 과제)을 명확히 인식하는데 까지는 이르지 못했으나, 시대적인 위기의식이 난서 가운데에도 선명하게 반영되어 있다는 점이다. 김윤

74) "無相壇은 고종 14년(1877, 정축) 봄에 성립되었다. 무상단이라는 명칭이 최초로 등장한 문헌은 현재로선 동년 3월 경에 문창제군이 "乃下雲頭於無相壇"이라고 한『衆香集』의 서문이다."(김윤수,「고종시대의 난단도교」, 58쪽) 무상단 이후의 도교난단 활동에 대해서는 도교경전인『현화보란(玄化寶鸞)』(1883)에는 무상단 외에 개화단(開化壇) 조광단(照廣壇), 광삼단(光三壇) 등 3개가 기재되어 있다.(김윤수,「고종시대의 난단도교」, 77쪽 ; 박소연,「19세기 후반 서울지역 신앙 결사 활동과 특징 – 불교·도교 결사를 중심으로」, 36쪽). 또한 김윤수는 무상단 이전의 난단에 대해서 무상단 직전파(直前派), 무상단은 무상단 본파, 무상단 이후 개화단(開化壇), 조광단(照廣壇), 광삼단(光三壇) 등을 거쳐 서난경(徐蘭瓊)에 의해 중건(重建)된 무상단을 무상단 중건파로 분류했다.

75) 김윤수는 우리나라에서 직접 만들었던 난서의 대표적인 예로 "한국 최초의 본격 도교 난단(鸞壇)인 무상단(無相壇)"(김윤수,「고종시대의 난단도교」, 58쪽, 85쪽)에서 편찬·발행한 "한국 도교 최초의 난서인"(김윤수,「고종시대의 난단도교」, 76쪽, 85쪽)『문창제군몽수비장경(文昌帝君夢授秘藏經)』을 들고 있다. 이 경전은 "중국 강필서의 단순한 판각본 혹은 복각본이 아니며, 무상단의 구성원과 종교적 사명을 드러내고 있는 대표적 강필서"(김윤경,「19세기 조선 최초의 교단 도교, 무상단 연구 –『문창제군몽수비장경』을 중심으로 – 」, 128쪽)라고 평가받고 있다.

경은 이에 대해 '우환의식'으로 규정하며, 이를 '개화' 의식과 연관시키고 있다.[76] 다만 '우환의식'이라는 규정에 대해서는 전적으로 동의할 수 있으나, 무상단의 강필서 『문창제군몽수비장경』에 나오는 '개화'라는 용어가 반외세(독립), 반봉건(근대화)이라는 시대적 과제에 대한 뚜렷한 인식에서 나온 것이라고 간주하기는 어렵다. 우선 김윤경이 근거로 들었던 『문창제군몽수비장경文昌帝君蒙受秘藏經』의 '개화'[77]라는 용어는 기존의 도교경전에서도 사용되던 용어이며, 『문창

----

76) 김윤경은 이에 대해 다음과 같은 근거를 제시하고 있다. "최초의 개화라는 말을 사용한 중인 계층의 역관 오경석(1831-1879)이 '무상단' 모임의 주요 멤버이자 역관이었던 김석준(1831-1915)과 막역한 사이였다는 점34) 그리고 무상단 8 제자 중 한 명인 서정과 일본서적을 국내에 소개하고, 고종의 밀사였던 이동인과 서정이 강필 활동을 같이 했다는 점 그리고 이동인과 김옥균과의 밀접한 관계 등을 고려해 볼 때 무상단의 대표적 강필서 『문창제군몽수비장경』에서 '개화'라는 말이 자주 등장한다는 것은 생각해 볼 지점이다"(김윤경, 「19세기 조선 최초의 교단 도교, 무상단 연구-『문창제군몽수비장경』을 중심으로-」, 138쪽) 또한 김윤경은 무상단의 지향과 의의에 대해 다음과 같이 요약했다. "무상단 연구를 통해 다음과 같은 결론을 얻었다. 첫째, 무상단이 『문창제군몽수비장경』을 편찬한 시기는 서구와 일본이 굴욕적 통상압력을 하던 시기로, 조선 내부적으로는 <u>서학</u>이 확장되던 때였다. 이들은 <u>유불도 삼교</u>를 관장하는 '문창제군'의 강필을 통해 민중을 '<u>개화</u>'시킨다는 목표를 가졌다. 둘째, 무상단은 도교의 내단·진단의 이론과 유교의 충효의 논리를 결합시켜서, <u>인간의 몸의 위기를 국가의 위기</u>로 일치시키고, 강필 활동을 통해 유교의 충효의식을 고취시키고자 하였다. 셋째, 무상단의 목표는 장생불사 추구가 아니라 <u>강필 활동을 통한 충효의식의 체인</u>이었으며, '개화창생'과 같은 국가 위기 극복의 <u>방향</u>으로 나아갔다. 넷째, 무상단 중인계층의'개화창생'의 <u>우환의식</u>은 19세기 말 신종교-동학, 대종교-의 구국운동 정신과도 맥을 함께 한다."(김윤경, 「19세기 조선 최초의 교단 도교, 무상단 연구-『문창제군몽수비장경』을 중심으로-」, 128쪽)

77) 개화(開化) : 깨우치고 교화(敎化)하여 도지(道旨)를 베풀어 이끄는 것을, 개

제군몽수비장경』의 내용 가운데 근대화를 의미하는 '개화'의 내용 역시 보이지 않는다. 삼교합일이나 유교의 충효를 선양한 것, 일심一心성경誠敬 등의 마음 수양의 강조는 보이나, 어떻게 '개화'해 나가야 하는지에 대한 방책은 보이지 않는다. 무상단 이후 등장한 도교난단인 '개화단開化壇'에서도 '개화'라는 용어가 등장하고, 무상단을 중건重建했던 서난경이 모신 삼성제군三聖帝君 초상 가운데 구천보원개화주재칠곡령응문창천존九天輔元開化主宰七曲靈應文昌天尊라는 칭호 속에도 '개화'라는 용어가 보이는 것은 사실이지만, 권선징악적 난서鸞書의 교화에 근거한 도교적 개화와 개화파의 개화사이의 근본적인 차이점에 대한 김윤수의 통찰78)을 유념할 필요가 있다. 구한말 도교난단 역시 구한말 서학과 외세의 침략으로 인한 위기의식 또는 우환의식은 느끼고 있었을 것은 분명하지만,79) 현실적이고 구체적인 문제의식 - 직접적인 문제로 인식하고 원인을 분석하고 어떻게 대응할 것인가를 논의하는 의식 - 까지는 진전되지 못한 것으로 판단된다. 따라서

화(開化)라고 한다.『삼십육부존경』(三十六部尊經)에 "개화(開化)라는 것은 중생(衆生)을 개도(開度)하여 함께 도(道)의 언덕에 올라가는 것이다"라고 했다. (김승혜,『도교사상사전』,「개화」, 부산대학교출판부, 2014, 24쪽 ;『道教大辭典』, 浙江古籍出版社, 1987.10, 627쪽)

78) "김옥균 등 우국지사들은 신문명, 신제도를 받아들이는 開化를 이루기 위하여 목숨을 건 개혁을 도모하는 시대에 난단도사들은 권선징악적 난서의 교화가 펼쳐지는 도교적 개화를 꿈꾸었으니 시대적 소명의식이 다르다"(김윤수,「고종시대의 난단도교」, 79쪽)

79) 이 점에서 "19세기 말 신종교 - 동학, 대종교 - 의 구국운동 정신과도 맥을 함께 한다."는 김윤경의 지적은 매우 설득력이 있다.(김윤경,「19세기 조선 최초의 교단 도교, 무상단 연구 -『문창제군몽수비장경』을 중심으로 - 」,『한국철학논집』제63집, 한국철학사연구회, 2019.11, 128쪽)

서학, 서세동점西勢東漸 등에 대한 우환의식이라는 측면에서 무상단을 개화파 혹은 개화사상 혹은 적어도 개화의 성향과 연관지으려는 김윤경의 추측이 일정 정도 개연성이 있을 수 있다. 하지만 당시 무상단은 '개화'라는 용어를 통해 반외세(독립), 반봉건(근대화)라는 시대적 모순이나 과제를 본질적으로 인식하거나 문제의식화하지도 못했고 따라서 이에 대한 실질적인 반응으로서 새로운 대응책을 드러내지도 못했다. 다만『문창제군몽수비장경文昌帝君蒙受秘藏經』(1878)은 삼교회통에 기반하여 서학적 근대화에 대응하는 개화이론을 주장하고 있는 점, 또한 '방책'의 필요성을 절실하게 인식하면서 그 방책으로서 마음 수양과 삼교회통을 강조한 점80) 등은 이후 우리가 살펴볼 전병훈의『정신철학통편』의 내용과 부분적으로 연결될 수 있는 소지가 있다. 도교난단의 강필서81)는 또한 주문수행과 난서亂書가 신과의 합

---

80)『文昌帝君夢授秘藏經』,「平等梅華經」(原文) : 嗟爾淸蓮 予言若何 爾有弘願 願濟群類 欲濟群類, 問用何方 濟卽是方, 方卽是濟, 莫求別方濟外無方 方兮方兮 不離當處 須用良方 醫盡斯民 爾若醫民 予則醫爾 醫爾何方 惟此一方 此方銘刻 度人濟身 力行力行 莫失本志 … 嗟爾惺虛 予言若何 … 三敎法門 本無二致 … 嗟爾玄虛 予言若何 … 愼守此方 勤修才智 … 惟信諸士[披瀝] 誠敬一心

81) 앞에서 살펴보았듯이 김윤수는 구한말 도교난단에서『문창제군몽수비장경』을 비롯한 수많은 난서亂書를 만들어냈다고 보며, 이를 '고종시대의 난단도교'라는 개념으로 포착하였다. 그러나 이에 대한 이견도 존재한다. 당시 우리의 난서, 즉 강필서降筆書는 경전의 내용 구성이라는 측면에서 보았을 때 중국의 난단도교처럼 단순히 모래판[砂盤] 위에 받아적는 것이 아니라, 신神과의 감응을 통해 (트랜스상태에서) 직접 신의 말을 받아적은 것이라는 주장이다. 이러한 주장은 아직 논문이나 저서로 발표되지는 않았고(이봉호, 2020.08.21.), 구한말 도교난단의 강필서 또는 난서가 만들어지는 구체적인 과정에 대해 입증할 만한 자료를 찾지 못했으므로, 어느 쪽이 맞을지 섣불리 예단하기는 어렵다.

일상태 혹은 천기와 감응感應하는 상태를 중요시하였다는 점에서도 무속巫俗의 전통과 연관될 수 있는 가능성이 보인다.[82]

이상 민간도교의 세 측면으로부터 근대전환기 도교전통의 흐름과 연관되는 부분을 이끌어낸다면, 유·불·도 삼교 사상 및 윤리의식의 합일, (강필을 위해) 내면적인 집중을 통해 신과의 합일을 꾀한다는 점, 그리고 시대적인 우환의식을 지적할 수 있으며, 이는 다음 장에서 살펴볼 전병훈의 사상 속에서도 그 연계성을 찾아볼 수 있다.

2) 민족종교에 미친 영향 : 저항적 민간도교의식과 수련도교 전통

다음으로 살펴볼 것은 도교가 다양한 사상과 결합하여 민족종교의 형태로 나타나는 경우이다. 정재서에 의하면, 조선 후기 왕권 및 성리학적 세계관에 대한 회의가 일어나면서, 민간에는 또 다른 흐름의 민간도교사상이 형성되어 가고 있었다. 즉 몰락한 일부 반체제적 지식인 계층들이 도참圖讖·비기祕記 등의 도교적 예언 형식을 빌어 왕조의 운명을 비관적으로 진단하고 새로운 세계의 도래를 주장하였다.

다만 본 연구에서는 '난단도교'라는 개념의 타당성 여부 보다는, 어떤 형식으로든 '신과의 합일'을 통해 '강필서'가 만들어졌다는 점에 주목하였다.

[82] 중국 난단도교(鸞壇道敎)의 부계(扶乩), 즉 강필의 경우에도 근현대에 와서 일관도(一貫道)·오선사(悟善社)·도원(道院·덕교(德敎) 등 신종교와 깊이 연관되어 있으며, 대만에서는 문계(文乩)·문단(文壇)라 하여 무술(巫術)과 관련되어 있다.(可兒弘明·野口鐵郎 外(編),「扶乩」,『道教事典』, 平河出版社, 1994, 517쪽)

예를 들어 『정감록鄭鑑錄』 등을 중심으로 한 참위설적인 민간도교사상의 흐름이 이후 홍경래난洪景來亂 같은 대규모 반란운동의 배후 이념으로써 기능하기도 하였다는 것이다. 또한 조선 말기에 이런 반항적 또는 저항적 민간도교의식은 기존 질서의 해체와 재통합을 목표로 하는 민중종교의 이념에 수용되어 이른바 민족종교 또는 신종교 현상으로 표출되었다고 보았다.[83]

여기에 속하는 것으로 대표적으로 동학, 증산교, 원불교 등을 짚어볼 수 있는데, 전통적인 도교는 이들에게 저항적 민간도교의식 뿐만 아니라, 구체적인 수행방법에서도 직접적인 영향을 미쳤다.

동학의 경우, 차주환이 최제우의 종교체험이나 『동경대전東經大全』에서 보이는 신선 관련 이야기, 영부靈符나 선약仙藥 같은 도교관련 개념을 지적하며, 동학 및 동학 계통의 종단으로 천도교, 시천교, 상제교(천진교天眞敎) 등과 도교의 밀접한 관계를 설명했다.[84] 정재서는 최제우가 호천금궐昊天金闕 상제上帝의 계시를 듣게 되던 종교체험에서 오두미교나 신천사교 등 중국 초기 도교 교주들의 득도 상황과 유사성을 지적하기도 하고, 동학의 교법 중 대표적인 민간도교적 성격으로 부주符呪의 사용을 언급하며, 지상선계地上仙界나 지상신선地上神仙의 개념이 중국 초기 민간도교의 그것과 닮아 있다는 점을 거론했다.[85] 김용휘는 더욱 구체적으로 동학에서 신선神仙, 장생長生, 선약

83) 정재서, 「韓國 民間道敎의 系統 및 特性」, 『도교문화연구』, 1993, 203~207쪽 ; 정재서, 『한국 도교의 기원과 역사』, 40쪽.

84) 차주환, 「조선후기의 도교사상」, 『동양학』 24권 1호(부록 동양학 학술회의록), 단국대동양학연구소, 1993, 9쪽.

85) 정재서, 「韓國 民間道敎의 系統 및 特性」, 『도교문화연구』, 1993, 203~206쪽.

仙藥, 불사약不死藥, 주문呪文, 영부靈符, 궁궁弓弓 등 도교적 용어와 개념이 적지 않게 발견되며, 그 외에도 풍수도참의 요소와 수운의 강령降靈체험 등에서 도교적 요소를 발견할 수 있음을 분석했다.[86] 그 과정에서 도교의 신선사상과 풍수도참은 비판적으로 극복되지만 동학의 수심정기修心正氣의 수련법을 살펴볼 때 도교의 성명쌍수론性命雙修論의 맥락과 흡사한 선명후성先命後性의 공부라는 점에 주목하며, 동학의 수련법이 한국도교의 특징이라고 할 수 있는 내단도교적 요소를 계승하고 있음을 지적하였다.[87] 이에 대해 이성전은 동학의 수심정기가 정신적 수련만 중요한 것이 아니라 바른 기의 함양도 중요하다고 보는 점은 내단사상의 성명쌍수性命雙修와 일맥 상통한다고 할 수 있으나, 구체적 방법론에서 볼 때 내단사상과 같이 연정화기煉精化氣, 연기화신煉氣化神, 연신환허煉神還虛의 체계가 아니라 신앙에 바탕한 바른 마음과 주문 수련이 중요한 의미를 차지하는 것이 특징이라고 보며, 도교의 내단수련 보다는 민간도교의 주문수련의 각도에서 이해하였다.[88]

증산교의 경우, 차주환은 증산교와 태을교, 보천교, 순천교, 입도교 등 50여개의 별파를 거론하면서, 그 세계관이나 교리에서 동학보다

---

86) 김용휘, 「동학에 나타난 도교적 요소 재검토」, 『도교문화연구』 24, 2006, 229~237쪽.

87) 김용휘, 「동학에 나타난 도교적 요소 재검토」, 『도교문화연구』 24, 2006, 245~247쪽.

88) 이성전, 「동학의 修心正氣에 관한 일고찰」, 『도교문화연구』 제27집, 2007, 10, 24쪽.

도교적인 색채가 더욱 농후하다고 간주하며 대표적으로 지상 선경의 건설 지향, 도교적인 신명神明 사상, 여동빈呂洞賓의 장생술과 신선수련, 둔갑술遁甲術의 추구, 오선위기도수五仙圍碁度數, 도교적 주문수련법, 『현무경玄武經』의 도교적 요소를 지적하였다.[89] 정재서 역시 "증산이 수운보다 더 더 적극적이고 다양하게 민간도교의 취지와 방술을 수용하여 자교自敎의 교리와 교법을 체계화시켰다"[90]라고 평가하며 증산이 『현무경』에서 다양한 부적을 창안한 점, 태을주太乙呪 · 시천주侍天呪 · 칠성주七星呪 등등 다양한 주법을 구사한 점, 증산이 옥황상제의 칭호 이외에 천사天師라고 자주 불리웠던 점 등을 지적했는데, 특히 증산교의 요체인 해원解冤사상은 무속의 이른바 '한풀이'에 뿌리를 두고 있는 이론으로서, 마찬가지로 무속에 발생론적 근거를 갖고 있는 민간도교 사상에서도 이러한 이론을 일찍부터 출현하였다고 설명하며 『태평경』에 보이는 '원한맺힘[冤結]'의 해소 즉 "해원결解冤結"과 연결시켰다.[91] 김탁은 더욱 상세하게 다음과 같이 도교적 영향을 지적하고 있다. 우선 현재까지도 다양한 형태의 도교적 용어와 표현들을 사용하고 있는데, 수련에 대한 설명에서는 단전丹田, 포태胞胎, 연성鍊性, 니환尼丸, 용호龍虎, 영통靈通 등 도교적 개념을 활용하며 건축물과 위패 등에는 옥황상제玉皇上帝, 사해용왕四海龍王, 오방신장五方神將, 오악산왕五嶽山王, 육정육갑六丁六甲, 둔갑신장遁甲神將, 천지조화天地造化, 풍운신장風雲神將, 남두육성南斗六星, 북두칠원성군北斗

89) 차주환, 「조선후기의 도교사상」, 『동양학』 24권 1호(부록동양학학술회의록), 단국대동양학연구소, 1993, 9~10쪽.
90) 정재서, 「韓國 民間道敎의 系統 및 特性」, 『도교문화연구』, 1993, 206쪽.
91) 정재서, 「韓國 民間道敎의 系統 및 特性」, 『도교문화연구』, 1993, 206~207쪽.

七元星君, 태상상제太上上帝, 삼청三淸 등 도교적 용어를 사용하고 있다. 또한 신앙의 대상 면에서 태극도와 대순진리회에서는 증산을 『옥추경』에 나오는 구천응원뇌성보화천존九天應元雷聲普化天尊으로 신앙하기도 하며, 「진법주眞法呪」와 「개벽주開闢呪」에 나오는 도교적 이름을 지닌 신격들을 포함하여 도교적 영향을 확인할 수 있는 신격을 모시고 있으며, 「운장주雲長呪」 등에서 알 수 있듯이 도교에서 중요하게 신앙되는 관제關帝도 증산교단의 신앙대상의 하나로 흡수하였다. 이외에도 도교적 성향의 부주符呪를 사용하고, 일부 교단에서는 도교적 의례와 흡사한 의식을 집전하기도 한다. 예컨대 증산교의 대표적 경전인 『대순전경大巡典經』에 수록된 주문과 매우 유사한 「포두주布斗呪」와 「북두주北斗呪」는 『도장道藏』에 수록된 도교주문이며, 일부 증산교단에서는 날마다 증산의 저작인 『현무경玄武經』에 나오는 부符를 그리고 불사르기도 한다.[92] 이처럼 증산과 증산 계통의 민족종교는 더욱 강한 도교적 색채를 띠고 있었기 때문에, 증산 사후 대표적인 증산 교단으로 등장한 보천교와 태을교의 경우 그동안 한국도교에서 모습을 보이지 않는 교단도교의 모습을 띠고 있다는 평가[93]까지 등장하였다.

원불교의 경우, 차주환은 소태산 박중빈이 다양한 사상과 문헌을 섭렵하여 원불교를 창시했으므로 도교 중 필요한 부분만 취사선택하

---

92) 김탁, 「증산교단사에 보이는 도교적 영향」, 『道教文化研究』 第24輯, 2006.4, 251~284쪽.

93) 서경전, 박병수, 「한국도교 양생사상의 맥락에서 본 신종교의 수양론 유형연구」, 『원불교학』 제6집, 2001, 319쪽.

였다고 결론지었다. 이와 함께 그가 도사를 찾아다니며 교류한 점, 『음부경』과 『옥추경』을 열람한 점, 「소태산가사少太山歌詞」에 상제上帝가 언급된 점, 『수양연구요론修養硏究要論』에 『음부경』이 빈번하게 인용되며 노자 『도덕경』이 원용되며 도교의 내단수련법과 유사한 수행법이 들어있는 점을 들며 도교사상적 요소를 지적하였다.[94] 양은용과 고시용은 이에 대해 더욱 상세하게 고찰하여, 박중빈이 청소년 무렵부터 산신과 도사를 진지하게 찾아 구도하였던 점[95], 도사들이 재초齋醮 의식 중 독송하는 『옥추경』을 원불교의 기도의식에 활용하며 신앙적 측면에서 수용하였던 점, 조선 내단학·수련도교·민간도교에서 중시했던 『음부경』을 비중있게 인용했던 점, 『정관경』(원명은 『동현령보정관경洞玄靈寶定觀經』)과 『정정요론』(원명은 『정심요결正心要結』) 같은 도교의 경전을 열람하였던 점, 소태산이 편찬한 『감응편感應篇』과 도교 권선서勸善書인 『태상감응편』의 연관성 등을 지적하며, 이를 통해 원불교 수행법 및 교리용어에 적지 않은 영향을 끼쳤음을 분석하였다.[96] 특히 고시용이 강조한 부분은 원불교 최초의 교리서인 『수양연구요론』에 보이는 도교의 용어와 연단練丹의 기법이 현행 소의경전인 『정전』에 계승되어 '정신수양' 및 '좌선법' 형성에 기초를 제공했다는 점[97]이다. 이 중 원불교의 좌선법은 전통사상 또는 도교

---

94) 차주환, 「조선후기의 도교사상」, 『동양학』 24권 1호(부록 동양학 학술회의록), 단국대동양학연구소, 1993, 9~10쪽.

95) 『원불교교사』 제1편 제2장 「3. 대종사의 구도」.

96) 양은용, 「韓國道敎와 少太山 思想」, 『도교문화연구』 6, 1992, 385~398쪽 ; 고시용, 「원불교 교리형성과 도교사상」, 『도교문화연구』 제24집, 2006, 285~298쪽.

97) 고시용, 「원불교 교리형성과 도교사상」, 『도교문화연구』 제24집, 2006, 298~299쪽.

와의 연관성에서 일찍부터 주목을 받아왔는데,[98] 소태산이 이미 전통적인 불교 수행법인 관법觀法과 화두선을 충분히 파악하고 있었지만, 도교의 단전주丹田住가 불교의 관법이나 화두선에 비해 일반인에게 보다 쉬우며 상기병과 같은 부작용이 적다는 장점이 있어서 도교의 단전주를 가장 수승한 수행법이자 원불교 수행법의 근간으로 받아들였다는 것이다.[99]

----

98) 이에 관한 연구사(研究史)적 개괄에 대해서는 김낙필의 연구인 「『修心正經』의 仙家的 성격」(『원불교사상』 8집, 1984)로부터 이공전, 「수심정경에 대하여」(『원광』1월호) ; 안동준, 「『정정요론』의 성립과정과 그 성격」(『인류문명과 원불교사상』, 1991) ; 박용덕, 「『정심요결』의 유행에 관한 연구」(『한국도교의 위상』, 1991) ; 양은용, 「한국도교와 소태산 사상」(『도교문화연구』 6집, 1992) ; 김영두, 「원불교 선의 형성과정 고찰」(『원불교사상』14집, 1991) ; 정귀원, 「원불교 좌선법」(『영산대학 논문집』 창간호, 1993) ; 박도일, 「교리형성과정에서 본 단전주선의 위상」(『원불교사상』17·18집, 1994) ; 안동준, 「『수심정경』의 연원에 대하여」(제17회 원불교사상연구 학술대회 발표요지, 1998)에 이르기까지 김은용의 논문에 잘 정리되어 있다.(「圓佛教 坐禪法의 形成過程」, 『원불교학』 4권, 한국원불교학회, 1999, 83~86쪽) 이후 안동준의 「『수심정경』의 도교적 연원」(『원불교학』 제8집, 한국원불교학회, 2002)이 발표되고, 안정철, 「修心正經의 內丹修鍊 研究」, (『동양학연구』 3, 원광대학교 동양학연구소, 2007), 정권주, 「『修心正經』研究」,(원광대학교 대학원 박사학위논문, 2011)에 이르기까지 원불교 수행법의 도교적 연원과 내용에 대하여 상당 부분 밝혀졌다고 할 수 있다. 다만 학자에 따라 그에 관한 이해는 도교 쪽으로 혹은 삼교회통 쪽으로 조금 더 기우는 경향이 있지만, 여기에서는 주제에 맞추어 도교에만 한정지어 살펴볼 것이다.
99) 고시용, 「원불교 교리형성과 도교사상」, 『도교문화연구』 제24집, 2006, 298~299, 302쪽 ; 박병수, 「원불교 丹田住禪에 있어서 水昇火降의 원리」, 『한국종교』 19, 종교문제연구소, 1994, 153~170쪽 ; 정순일, 「원불교의 三教圓融思想 (Ⅰ)」, 『원불교사상』17·18집, 원불교사상연구원, 1994, 575쪽.

이상 민족종교에 영향을 미친 도교적 요소를 중심으로 살펴보았는데, 여기서 주의해야 할 점은 민족종교 안에 도교적 요소가 일정 부분 아니면 상당 부분 영향을 미쳤다하더라도 민족종교와 도교를 같거나 유사한 것으로 간주해서는 안된다는 점이다.[100] 또한 민족종교와 도교를 엄격히 구분해야 하는 것은 분명하지만, '도교'라는 개념 정의에서 어려운 점이 있다는 점도 유념해둘 필요가 있다. 즉 도교와 무격巫覡·귀신도鬼神道·비기祕記·도참圖讖 등의 민간신앙을 구분하기에 현실적인 어려움이 있으며, 또 한편으로 도교와 고유사상(고유한 선도문화)을 명확히 구분하기가 아직은 어렵다는 점[101]이 있다.

이들 민족종교에 대해서 분명 '도교'라고 규정할 수는 없지만, 이들은 도교전통과 밀접하게 상호 연관을 주고받으며, 기층 민중들을 중심으로 전통사상에 기반한 근대적 의식의 계발을 촉구하였다. 이들 민족종교는 농촌계몽운동을 비롯하여 항일운동 전선에 전면적으로 나섰으며, 실제로 3.1운동이나 그 이후 항일무장투쟁에도 적극적으로 참여하였다. 이들의 기본적인 특징으로는 체제비판적 경향, 민족주의적 경향을 지적할 수 있으며, 이와 함께 유·불·도 삼교 합일의 경향과 서학(현대사상)과의 결합 등도 지적할 수 있다.

---

100) 이에 대한 대표적인 예로 제시할 수 있는 것이 동학과 도교에 대한 윤석산의 구별이다. 그에 의하면, 동학은 도교의 술어나 용어를 많이 원용했고 또한 그 영향 역시 적지 않게 받고 있지만, 종교의 이념이나 사상의 핵심에 있어서는 도교와 매우 다른 면모를 지니고 있는 종교라고 구별하였다.(윤석산,「동학에 나타난 도교적 요소」,『도교문화연구』 3, 동과서, 1989, 343쪽)

101) 김용휘,「동학에 나타난 도교적 요소 재검토」,『도교문화연구』 24, 2006, 225~226쪽.

다음 장에서 중점적으로 다루게 될 전병훈은 오랜 기간 직접 도교 수행을 하고 도교이론서도 출간했다는 점을 볼 때, 기본적으로 수련 도교의 계통에 속한다고 볼 수 있다. 그러나 문제는 19세기 이후 수련 도교의 전통과 명맥이 과연 어떻게 계승되었는가에 대해서는 아직 연구가 미흡하다. 범위를 넓게 보면 현재에도 수련도교의 흔적은 찾아볼 수 있겠지만, 이미 대부분 동학이나 대종교 등 다양한 종교단체의 수행법들과 복잡한 혼합을 거쳤다고 할 수 있으므로, 명확한 판별이 어렵기 때문이다. 또한 이규성은 『한국현대철학사론』에서 전병훈을 대종교 계통과 결부시키고 있는데, 그 이유로 전병훈이 동·서양철학을 단군사상을 기조로 하여 연결시키고자 했으며, 본인이 단군철학의 기본경전으로 믿는 『천부경』을 주해하여 『정신철학통편』의 수편首篇에 실었다는 점을 들었다.[102] 본고에서는 수련도교의 전통과 민족종교를 구분하는데 집중하지는 않을 것이다. 그보다는 19세기 이래 도교전통인 삼교합일의 전통, 내적인 합일의 전통, 민족주의적 전통, 현대사상과의 합일 전통에 주목하여, 이 맥락에서 전병훈의 『정신철학통편』에 보이는 근대적 문제의식을 살펴볼 것이다.

3 전병훈의 근대적 문제의식과 사상적 모색

한국 도교의 전통과 함께 근대전환기 새로운 자생이론을 대표할 수 있는 지점으로, 전병훈全秉薰(1857~1927)의 『정신철학통편』을 주목

---

102) 이규성, 『한국현대철학사론 - 세계상실과 자유의 이념』, 이화여대출판부, 2012, 181~209쪽.

하였고, 이러한 맥락 속에서 전병훈의 세계관과 정치관에 대해 고찰하고자 한다.

김성환이 지적했듯이 20세기 이후 한국의 선도 연구는 전병훈과 이능화가 그 초석을 놓았다고 할 수 있다. 사상사가思想史家이자 국학자인 이능화와 내단수련에 정통한 수련가이자 철학자인 전병훈은 한국 근대선도연구의 두 흐름을 상징한다.[103] 그런데 이능화가 한국선도 혹은 도교에 대해 연구한 부분은 이론이나 학술적인 면에서는 긍정적인 평가를 받을 수 있겠지만, 이 글에서 전병훈의 사상을 주요 연구주제로 삼은 이유는 다음과 같다. 전병훈은 근대 전환기에 처하여 19세기 이래 도교 전통의 맥락을 계승하면서, 또 다른 한편으로 근대적 문제의식에서 출발하여 서양의 이론들을 흡수하고 도교이론을 새롭게 구축하고자 하였다고 보았기 때문이다.

전병훈에 대해서는 1980년대에 들어와 연구되기 시작하다가, 2000년대에 접어들면서 그의 텍스트와 철학에 대한 본격적인 연구가 진행되어, 질적·양적인 면에서 상당한 전전이 있었다.[104] 전병훈에 대한

---

103) 김성환, 「한국의 仙道 연구」, 『도교문화연구』 제28집, 2008, 9~13쪽.
104) 1970년대에 박종홍(1903-1976)이 「서구사상의 도입과 그 영향」이라는 논문(『박종홍전집5』)에서 전병훈을 소개하였다. 1980년대 『精神哲學通編(全)』(명문당, 1983)에 실린 금장태의 해제와 『한국철학사』(하)(동명사, 1987)에 진교훈의 「전병훈의 정신철학통편」이라는 한 절이 실려 있다. 이후 그의 생애와 사상, 그리고 텍스트에 관해 발표된 연구는 다음과 같다. 금장태, 「계몽사상가 : 전병훈과 정신철학통편」, 『續儒學近百年』, 여강출판사, 1989 ; 금장태, 「서우 전병훈의 사상」, 『철학과 현실』 15, 1992 ; 황광욱, 「천부경의 전래에 관한 일고찰」, 『한국철학 논집』 제2집, 1992 ; 황광욱, 「서우 전병훈의 생애와 사상」, 한국철학사연구회, 『한국 철학논집』 제4집, 1995 ; 금장태, 「서우 전병훈의 정신철학」, 『한국 근대사상의연구』, 전통문화연구회, 1995 ; 황광욱, 「전병

기존의 연구는 『천부경』을 포함한 그의 도교철학에 대한 분석과 서양

훈의 생애와 사상」, 『한배달』 37호, 1997 ; 김학권, 「정신 철학통편에 나타난 전병훈의 철학사상」(계명대 원광대 학술교류세미나 발표문), 2001 ; 윤창대, 「서우 전병훈의 정신철학통편 번역 연구」, 원광대학교 동양학대학원 석사논문, 2002 ; 임채우, 「정선 전씨 문중 자료를 통해 본 전병훈의 생애」, 한국신종교학회 2003 추계 정기 학술대회, 2003 ; 김낙필, 「서우 전병훈의 도교 사상」, 『도교문화연구』 21집, 동과서, 2004 ; 임채우, 「전씨문중자료를 통해본 전병훈의 생애에 대한 고증 연구 - 생존연대와 출생지를 중심으로 - 」, 『도교문화연구』 제22집, 2005 ; 임채우, 「전병훈의 미공개 자료 연구」, 『동서철학연구』 제39호, 2006 ; 임채우, 「전병훈의 『도진수언』과 양성의 『선불가진수어론』의 관계에 관한 연구 - 전병훈의 도교 자료 발굴을 겸하여 - 」, 『철학연구』 제73집, 2006 ; 김낙필, 「전병훈의 천부경 이해」, 『선도문화』 제1집, 2006 ; 임채우, 「전병훈의 천부경 주석이 갖는 선도수련의 의미」, 『선도문화』 제5집, 2008 ; 전제훈, 「신도교사상의 모색에 관한 연구 20C초 - 서우 전병훈을 중심으로」, 원광대 석사학위논문, 2008 ; 김학권, 「曙宇 全秉薰의 철학방법 고찰」, 『범한철학』 51, 범한철학회, 2008 ; 이근철, 「全秉薰의 『天符經註解』에서 〈五行顚倒〉」, 『도교문화연구』 30, 한국도교문화학회, 2009 ; 이근철, 「全秉薰의 天人合一 思想」, 『도교문화연구』 31, 한국도교문화학회, 2009 ; 조남호, 「전병훈 도덕철학연구 - 전통과 현대의 관점에서 - 」, 『동양철학연구』 제62집, 동양철학연구회, 2010 ; 이숙화, 「『天符經』 수용과 근대 지식인들의 이해」, 『남북문화예술연구』 9, 2011 ; 박진규, 「전병훈 정신철학(精神哲學)의 한국선도(韓國仙道)적 특징」, 『인문학연구』 18, 인천대학교 인문학연구소, 2012 ; 김성환, 「曙宇 全秉薰의 생애와 저술에 대한 종합적 연구(Ⅰ)」, 『도교문화연구』 38집, 한국도교문화학회, 2013 ; 김성환, 「曙宇 全秉薰의 생애와 저술에 대한 종합적 연구(2), 『도교문화연구』 39집, 한국도교문화학회, 2013 ; 김성환, 「曙宇 全秉薰의 생애와 저술에 대한 종합적 연구(3)」, 『도교문화연구』 40집, 한국도교문화학회, 2014 ; 김성환, 「다투지 않는 공화 - 도가의 정치철학에 대한 전병훈의 견해 - 」, 『동양철학』 제42집, 2014 ; 이근철, 「『精神哲學通編』의 內丹思想」, 『도교문화연구』 40, 한국도교문화학회, 2014 ; 임채우, 「전병훈 연구의 문제와 쟁점(1)」, 『선도문화』 제18권, 2015 ; 임채우, 「전병훈 연구의 문제와 쟁점(2)」, 『선도문화』 제19권, 2015 ; 김성환, 『우주의 정오 - 서우 전병훈과 만나는 철학 그리고 문명의 시간』, 소나무, 2016.07.15 ; 임채우, 『한국의 신선

철학의 수입·소개에 관한 전병훈의 역할이라는 두 분야로 주로 정리할 수 있을 것 같다.[105] 선행연구들을 통해 전병훈의 생애, 『정신철학통편』의 텍스트 분석과 도교철학 내용, 사상적 배경에 대한 연구가 축적되어 있음을 확인할 수 있었다. 이 글에서는 근대를 대하는 전병훈의 관점과 태도를 분석하여 그 사상(史)적 의미를 검토하고, 그 가운데에서도 특히 전병훈이 지니고 있던 문제의식과 해결방안의 모색에 대한 보다 구체적인 분석에 집중하고자 한다.

사실 전병훈의 생애를 검토하면, 그의 학문적 배경과 그가 가졌을 문제의식은 쉽게 짐작할 수 있다. 그는 젊은 시절에는 성리학을 공부했고, 관직 생활을 거쳐 은퇴 후 중국으로 건너가서는 진지하게 도교의 이론과 수련을 연마했으며, 정부 관료 시절에는 직접적으로 당시 외세의 압박 속에 있던 조선의 어려움을 경험하기도 했다.[106] 이러한

그 계보와 전기」, 소명출판, 2018.12.10. ; 한정길, 「서우 전병훈의 『정신철학통편』에 나타난 동서 철학 접변 양상」, 『동서 사상의 회통』, 동과서, 2019.

105) 이에 관해서는 김성환의 다음과 같은 평을 참고할 수 있다. "1970년대에 박종홍이 서양철학을 처음 받아들인 한국인의 한 사람으로 전병훈을 다시 주목했고, 1980년대에는 금장태가 그를 "전통사상을 개혁해 근대적으로 재구성하고자 시도했던 사상가"로 조명했다. 하지만 이때까지의 연구는 대개 피상적인 수준이었고, 2000년대에 들어서야 전병훈의 도교철학과 철학방법론 그리고 생애와 행적 등에 대한 기초적인 연구가 이뤄졌다." 그리고 김성환은 2000년대 이후 지적한 세 분야의 대표적인 연구로 각각 김낙필, 김학권, 김성환을 지목했다.(김성환, 「다투지 않는 공화」, 2014, 455쪽) 위의 선행연구 목록에서도 짐작할 수 있듯이 윤창대의 석사학위논문에서 전병훈의 『정신철학통편』 텍스트를 본격적으로 다룬 것을 기점으로, 전병훈의 도교 철학 내용이 집중적으로 조명 받게 된 것으로 보인다.

106) 이 점에 대해서는 임채우의 설명을 참고할 만하다. 임채우는 1924년 전병훈의 제자가 썼던 「全成菴夫子實行隨錄」(『全氏總譜總錄』에 수록)에 대한 기존

점들을 고려하면, 유·불·도라는 그의 학문적 배경, 지식인으로서 우환의식 및 동도(서기)론적 담론 속에서 서학西學에 대한 뚜렷한 나름대로의 의식과 입장을 가지고 있었을 것도 짐작할 수 있다. 이와 함께 세계 평화, 세계 통일 정부, '공화共和' 등에 대한 전병훈의 관점이 희랍철학부터 칸트 등 근대의 서양철학은 물론이고, 노자, 공자로부터 강유위 등에 이르는 동양철학과도 연관된다는 점은 이미 선행연구를

3종류의 해석(1991년 전씨문중의 번역, 2002년 윤창대의 번역, 2013년 김성환의 번역)을 비판적으로 검토하고, 중요한 구절들(時相金弘集招聘, 强仕固辭以不識時務. 國變後, 對言春秋之義, 不討賊復讎 則不受服也. 公曰 夜先發捕一賊耳. 是秋摯移嘉峽, 趙相國秉世過訪, 委任疏箚之役.)로 예증하며 재해석했는데, 이 과정에서 구한말 당시 혼란스러웠던 상황에 직면했던 전병훈의 처신을 설명하였다. "전병훈이 39세이던 1895년 8월 명성황후를 시해한 을미사변(乙未事變)이란 국변(國變)이 발생하고, 제3차 김홍집내각이 성립하는데, 김홍집은 아관파천 직후인 1896년 2월에 피살된다. 그러므로 김홍집이 40세 되던 전병훈을 초빙하려한 것은, 1894년의 청일전쟁이 아니라 1895년 8월 을미사변 직후 김홍집 내각 성립에서 아관파천 직후 김홍집이 피살되는 1896년 2월까지의 사이일 수밖에 없다. 당시 극도의 혼란에 빠져있던 정국 속에서 일본의 지원으로 친일내각을 이끌던 김홍집은, 강장(强壯)한 40대로서 기개 있게 바른 말 잘하던 전병훈을 자기편의 인물로 발탁해서 쓰려 했지만, 전병훈이 을미사변에 대해 춘추대의(春秋大義)를 들어 거부한 내용으로 추정된다. … 아무튼 이 구절을 통해, 당시 갑오농민전쟁을 계기로 민씨일파와 대원군 간의 정권 다툼사이에 외세가 개입되므로써, 조정에서 친청(親淸)·친일(親日)·친로(親露) 3파전이 전개되면서 서로를 자기편으로 끌어들이려는 세력경쟁(Power Politics)의 양상이 전개되었음을 짐작할 수 있다. 이렇게 보면 전병훈은 이 혼전속에서 자신을 추천해주었던 민병석등의 민씨세력이나 김홍집의 친일노선에 가담하지 않았음을 알 수 있다. 그리고 조정과 권력가들에게 충언을 했지만, 끝내 시행되지 못하고 국운이 기울어가는 상황을 탄식하고 있으며, 당시 끝끝내 기개와 소신을 지키던 조병세, 김병시, 민영환 등의 인물들과 교유·공감하고 있던 맥락을 읽어낼 수 있다"(「전병훈 연구의 문제와 쟁점(1)」, 『선도문화』 제18권, 193~198쪽)

통해 밝혀졌다. 이처럼 전병훈이 유·불·도라는 전통과 서양철학의 융합 속에 새로운 길을 모색하고자 하였다는 점은 대개 동의하고 있다. 그런데 이것을 형식적인 면에서 '동서절충론'의 일부로 간주할 수 있겠지만, 그럼에도 내용면에서 그것이 어떠한 사상(사)적 의미를 가질 수 있는지에 대한 논의는 아직까지 충분하지 못한 것 같다.

이 논의를 진행하기 위해서 필요한 점을 기존의 선행연구 성과를 중심으로 두 측면에서 지적해볼 만하다. 첫째, 근대전환기라는 시대상황 속에서 그가 『정신철학통편』을 저술하며 제기했던 전반적인 '경세론' 또는 그 속에 드러난 그의 '세계관'이나 '시대의식'에 대한 분석인데, 기존의 선행연구는 주로 전병훈의 도교사상분야를 집중적으로 연구해왔기 때문에 이에 대한 연구는 상대적으로 부족한 편이다. 이 분야에 대해서는 조남호와 김성환의 선행연구가 있는데, 김성환의 경우에는 연구범위를 도가의 정치철학 분야에만 한정했다는 점이 아쉽고, 조남호의 연구는 그 내용면에서 매우 탁월하지만 『정신철학통편』의 4대철학 중 도덕철학만을 중심으로 분석하고 있다는 아쉬움이 있다. 둘째, 근대전환기 이래 현재까지의 한국철학을 어떻게 규정할 것인가라는 문제의식의 일부로서 전병훈 철학과의 영향, 연관관계, 그리고 그 의의를 고찰한 것이다.[107] 이러한 맥락으로 접근하고 있는 것은 이규성의 『한국현대철학사론』을 최초로 보아야 할 것 같다. 이

---

107) 한국현대철학에 대한 이러한 문제의식은 특히 이규성의 『한국철학사론』에 대한 정세근의 서평에 잘 드러나 있다.(정세근, 「한국에는 현대철학이 있는가 -이규성(2012), 한국현대철학사론, 이대출판부」, 『인문과학논총』 제71권 제2호, 서울대학교 인문학연구원, 2014.5.) 또한 이 외에도 이 책에 대한 이병수, 홍원식, 최종덕의 서평에도 관심을 기울일 필요가 있다.

규성 이전에 이러한 문제의식이나 시도가 전혀 없었던 것은 아니지만, 여전히 모호함이 남거나 어렵다는 결론으로 끝맺게 되는 경우가 많았다.[108] 이규성은 '세계상실世界喪失'과 '자유自由'라는 키워드로써

---

[108] 예컨대 황광욱은 전병훈에 대해 다음과 같이 평했다. "한국 근현대의 사상조류를 척사위정·개화·동도서기·동학으로 나눌 때 전병훈은 그 어디에도 적확(的確)하게 적용되지는 않는다. 그렇다고 하여 그와 같은 사상조류에서 완전히 벗어나 있다고 할 수도 없다. … 앞의 사상조류들과는 다르게 서양을 파악한 점을 고찰하기로 하겠다. … 전병훈을 이상의 사상사조 어디에도 소속시키지 못하는 이유 중의 하나는 바로 그의 서양에 대한 인식에 있다. 그는 서양을 정치·법제에 주안점을 두고 이해하지도 않고 또 과학기술에 한정하여 이해하는 것도 아니며, 더구나 천주교에 대하여는 언급하지도 않고 있다. 그는 서양을 철학·사상적으로 이해하고 있는 것이다"(황광욱, 「서우 전병훈의 생애와 사상」, 『한국 철학논집』제4집, 한국철학사연구회, 1995, 179~181쪽). 한편 홍원식의 평을 보면 다음과 같다. "'동도'의 '변화'가 반드시 유학일 필요도 없고 동시에 전통사상일 필요도 없다는 입장이다. 이것은 근대 시기 동서철학의 만남으로 드러나는데, 전병훈이 대표적 인물이다. … 그의 작업은 동양철학 우위론에 선 호교론적 입장이 아니라, 회통적 입장을 취한 것 가운데 정점에 서 있는 것이라고 평가할 수 있다. 이러한 입장에서 전병훈의 동도는 더이상 전통 사상이 아니다. … 동도의 범주를 동양사상 전반으로 확대시키고 있다. 동시에 그것 자체를 고수하는 것이 아니라, 현대에 적용할 수 있는 장점들만을 취하고 그것을 다시 서양철학과 회통시킴으로써 당시의 시대와 현실에 맞는 동도를 설정해 내고 있는 것이다. … 우리는 이러한 발전사를 통해 한국근대철학의 전개를 읽어 내는 중요한 키워드를 찾아 낼 수 있다. 한국의 근대가 서구와 긴밀한 길항관계를 유지한 시기라면, 한국 근대철학은 바로 서양의 정신을 어떻게 이해하고 처리하는가 하는 것에 따라서 정립되기 때문이다. 이러한 입장에서 동도관의 변화는 한국근대철학의 전개양상을 대변하는 것이라고 말할 수 있겠다."(홍원식, 「한국근대철학사, 그 관점과 방법을 생각하다」, 44~46쪽 ; 홍원식, 『동도관의 변화로 본 한국 근대철학』, 예문서원, 2016, 제2부 제5장 '전병훈과 동서철학의 회통'). 전병훈에 대한 이상의 평들은 각각 나름대로 상당한 통찰을 포함하고 있다고 할 수 있다. 하지만 근현대 한국철학 전체를 어떠한 시각으로 조망해야 하는지, 그리고 그 관점 속에서

19세기 중반 이후 등장한 '서민적庶民的 지성知性'109)의 흐름을 포착하였다. 이병수가 지적했듯이110) 이규성은 국권상실로 인한 역사상실, 세계상실이 주는 비극적 심정과 이를 극복하려는 자유의 동경이111) 한국근현대철학의 기저에 놓인 '근본 정조'라고 보았다. 그리고 이 속에서 "각자 자신의 방식으로 내적 자아의 완성과 외적 사회의 변형을 통일적으로 추구했던 현대 한국철학이 주는 문제의식"112)을 발견해냈다. 이규성은 전병훈을 대종교 계열로 간주하고 있는데, 이

다시 어떻게 전병훈의 철학의 위상을 정립시킬 것인지라는 작업이 남아 있다.

109) 최종덕은 이를 '평등한 삶에 대한 민중의 희망을 대변하는 지식체계'라고 설명하며, 여기에 해당하는 것으로 동학과 대종교와 민중화된 양명학을 지적했다. 이규성이 이 책에서 다루고 있는 인물은 동학 사상의 최제우·최시형·이돈화·김기전, 대종교 사상의 전병훈·나철·이기·서일, 양명학 계통의 신채호·이회영·이건창·박은식, 그리고 동서양 결합지식계통으로 1960년대까지 이른 철학자로서 박종홍·함석헌·신남철·박치우이다.(최종덕, 「[서평] 한국현대철학과 자유의 씨앗」, (e)시대와 철학, 2015년 7월 24일 http : //ephilosophy.kr/han/48726/)

110) 이병수, 「한국근현대 철학사상의 사상사적 이해 - 이규성의 『한국현대철학사론』에 대한 비판적 독해 - 」, 『시대와 철학』 제24권 3호(통권 64호), 한국철학사상연구회, 2013, 54쪽.

111) 이규성은 이러한 '세계상실'의 흐름과 '자유의 이념'에 대해 다음과 같이 설명한다. "시대의 고통은 내면의 심층을 탐구하는 깊이의 심성철학을 낳았으며, 외부세계를 변형하는 희망의 역사철학을 낳았다. 그들은 억압으로 다가왔던 역사의 무게를 무한자와의 내적 관계에서 경험되는 영원성의 체현을 통해 극복하고자 했다. 이러한 심층적 경험은 그들을 대담한 자유의 주체로 거듭나게 했다. 이 주체는 세계극복의 주체로서 생사여탈의 권한을 자기 내부에 지니고서, 수많은 우울을 떨쳐버리고 기쁨을 추구하는 인격이었다"(이규성, 『한국현대철학사론 - 세계상실과 자유의 이념』, 이화여대출판부, 2012, 24~25쪽)

112) 이규성, 『한국현대철학사론 - 세계상실과 자유의 이념』, 이화여대출판부, 2012, 32쪽.

러한 시각에 기반하여 동학과 대종교의 문제의식을 "안으로는 생사 전변의 세계로 들어가 절대적 자유의 주체성을 추구하고, 밖으로는 국제적인 사회악에 대면하는 길로 나아가는 것"[113]으로 규정하였다. 근현대한국철학사에 대한 이규성의 이러한 관점에 대해 모두가 동의 하는 것은 아니며, 근본적인 차원에서 이론의 여지가 있기도 하다.[114] 본고에서 이규성의 전체적인 관점에 대해 총평하기에는 역량이 부족 한 것이 사실이다. 다만 부분적으로 이규성이 규정했던 '자유의 이념' 이 전병훈의 중요한 문제의식 중 일부를 분석하는 데에는 적절하다고 보았다. 즉 전병훈이 지향했던 '자유'는 이규성의 지적대로 내적 자아 의 완성과 외적 사회의 변형을 함께 포괄하고 있다. 특히 전병훈의 자유는 도교수련을 통해 "우주적 심성의 세계를 추구하는" "초월을 향한" '내적 성실성'[115]을 체득하는 것과 직결되며, 이것이 그의 근대

---

113) 이규성, 『한국현대철학사론 – 세계상실과 자유의 이념』, 이화여대출판부, 2012, 26쪽.

114) 예컨대 이병수는 '내외합일'의 구도와 시각에 대해, 오늘날 한국철학이 계승 하고 발전시켜야 핵심적인 철학 과제를 '신비주의', '자연철학', '민주주의'로 설정하고 있다고 간주하며, 이는 20세기 한국철학사의 유의미한 부분을 누락 시키는 동시에 (1부의 동학과 대종교와 달리, 2부에서 다루는 박종홍, 신남철, 박치우, 함석헌 등에 대해) 심정적·논리적으로 일관된 해석을 하기 어렵게 만든다고 비평하였다.(이병수, 49쪽, 53~72쪽)

115) 이규성은 내적인 자아의 완성과 외적인 사회 변형을 각각 '성실성'과 '충실성' 이라는 개념으로 정의한다. 즉 "내면 공간에 참여함으로써 자연으로부터의 소외를 극복한 자유."인 '향내적 성실성'과, "현실과 관계하는 실천적 인식과 자연에 관한 탐구의 길을 모색하는" '외적 충실성'을 이야기하며, 인간은 "성 실성을 통해 우주에서 인간의 진정한 위치를 자각하고, 충실성을 통해 세계를 인식하고 변형하고자 한다."고 설명하며 이 두 가지 덕의 결합을 철학의 방향 으로 제시했다.(이규성, 『한국현대철학사론 – 세계상실과 자유의 이념』, 이화

적 문제의식의 중요한 축을 형성하고 있다는 점에서 매우 중요하다.
더욱이 이는 초월(자)에 대한 직접적 일체화를 추구했던, 근대전환기
한국도교전통의 한 측면과도 통할 수 있다.

다만 아쉬운 점은 이규성은 전병훈의 『정신철학통편』의 네 편 가운
데 주로 '내적 성실성' 부분에 해당하는 「정신철학」 「도덕철학」 부분
을 대상으로 하여 그 사상적 의미를 분석하는 데 집중하였고, 또 다른
중요한 축인 '외적 충실성' 부분 즉 정치사상이나 제도에 대해서는
상대적으로 적은 분량을 할애하고 있다.

따라서 본고에서는 전병훈 『정신철학통편』의 전체 체계를 대상으로
하여 그 속에서 유·불·도·서학이 어떤 구조로 관계 맺고 어떻게 기능
하고 있는지, 그리고 근대전환기 도교전통의 흐름과 맥락 속에 전병훈
의 철학이 어떻게 연결되는지 등의 문제에 주목할 것이다.

1) 전병훈의 생애와 『정신철학통편』 소개

(1) 전병훈의 생애[116]

전병훈全秉薰(1857~1927)은 자字는 서우曙宇이고, 호는 성암成庵, 운

여대출판부, 2012, 24~37쪽)

116) 전병훈의 생애에 관해서는 임채우, 「旌善全氏 門中 자료를 통해 본 전병훈의
생애」, 『新宗教研究』 第10輯, 한국신종교학회, 2004.4 ; 김성환, 「曙宇 全秉薰
의 생애와 저술에 대한 종합적 연구(Ⅰ)」, 『도교문화연구』 38집, 한국도교문
화학회, 2013 ; 김성환, 「曙宇 全秉薰의 생애와 저술에 대한 종합적 연구(2)」,
『도교문화연구』 39집, 한국도교문화학회, 2013 ; 김성환, 「曙宇 全秉薰의 생
애와 저술에 대한 종합적 연구(3)」, 『도교문화연구』 40집, 한국도교문화학회,
2014를 주로 참고하였다.

취당云醉堂, 정신철학사精神哲學士, 현빈도인玄牝道人이다. 철종哲宗 9
년(1857) 7월6일 평안남도 삼등현三登縣 학루리鶴樓里에서 태어나,
1927년 북경北京에서 생을 마쳤다. 11세 때부터 그 고장 출신의 유학
자인 운암雲菴 박문일朴文一(1822~1892) 문하에서 유학을 수학하였다.
운암은 화서華西 이항로李恒老의 문인이었으므로, 전병훈 역시 화서
계통의 성리학의 영향을 받았을 것으로 추측할 수 있다. 1892년(35세,
고종 29) 의금부義禁府 도사都事를, 1899년(42세, 조선제국 광무 3)에는 중
추원中樞院 의관議官을 제수 받았다. 이후 일본과 체결한 을사보호조
약의 부당함과 독립을 촉구하는 상소를 여러 차례 올리다가 벽지僻地
로 좌천되었다.

　1907년(50세) 관직을 사임하고 중국으로 망명하였는데, 배를 타고
황해를 건너 상하이를 거쳐 금릉金陵(지금의 남경)에 도착하였고 중국
인들과 교류하였다. 이후『주역참동계周易參同契』를 연구하고 중국인
들과 중한대동학회中韓大同學會를 결성하여 교류하였으며, 1910년 광
동廣東의 나부산羅浮山[117)]에 들어가 도사道士 고공섬古空蟾을 스승으
로 모시고 도교수련에 정진하였다.『도장道藏』에 대한 연구와 오랫동
안 도교수련에 정진한 결과 도를 성취하였다고 한다. 전병훈의 구도
과정과 도를 깨달은 체험에 관해서는『정신철학통편』「서론緖論」에
간략하게 스스로 서술하였다.[118)]

---

117) 한정길에 의하면, 전병훈은 1910년 나부산의 충허관에서 고공섬을 만났는데,
　　충허관은 송대 도교 내단학인 남종南宗의 주요 거점 중 하나였으며, 따라서
　　고공섬 역시 남송 내단학을 전수받은 인물이다.(한정길, 「서우 전병훈의『정
　　신철학통편』에 나타난 동서 철학 접변 양상」, 『동서 사상의 회통』, 동과서,
　　2019, 81쪽)

1917년(60세) 자신의 철학을 '정신철학精神哲學'이라 명명하고 북경北京의 선무문宣武門 부근에 정신철학사精神哲學社 본소本所를, 유리창琉璃廠 부근에 분소分所를 건립하여 중국의 명사들과 교유하면서 우남전于藍田·정몽찰丁夢刹·강수기江壽琪 등의 제자를 양성하였다. 1919년(62세)에『도진수언道眞粹言』10권을 편찬하고, 1920년(63세)에『정신철학통편精神哲學通篇』을 출간하였다. 1927년 9월14일 70세의 나이로 생을 마감하였다.

---

118) 이에 관해 당시 전병훈 스스로 서술한 내용은 다음과 같다. "아! 내가 평소 유학을 오십년 동안 공부하였으나 성취가 없어 도응(道凝)의 체험을 보지 못하였고, 배를 타고 동월(東粵)로 가『주역참동계』를 연구했으나 스스로 이해할 수 없었다. 마침내 나부산에 들어가 진사(眞師) 고공섬(古空蟾)을 만났는데, (고공섬은) 백발의 머리카락이 흑발로 돌아오고 다만 반 촌만 흰색이 남아 있다가 다음해에 모두 검게 되었으니 진실로 기이하고 특수한 체험이었다. '현빈(玄牝)'의 참 뜻에 대해 듣기를 간절히 구하였더니, 대개 말하기를 성인도 또한 할 수 없는 것이 있는데 이런 것이다라고 하였다. 그러나 또한 '응(凝)'을 이해할 수 없었는데,『도장(道藏)』(이천여권)에 대해 둔한 정력을 다하여 연구했고, 10년동안 직접 스스로 실험했더니, 비로소 '신응현관神凝玄關'하게 되고, 차례대로 도가 성취되는 증험과 어긋나지 않았다.(噫余素業儒五十無成, 未見道凝之驗, 而梗漂東粵, 硏究周易參同契, 不能自解 遂入羅浮山, 遇眞師古空蟾, 髮白還黑, 只半寸餘白者, 翌年盡黑, 誠絶異之特殊奇驗也. 懇求以聞玄牝之指眞, 則盖云聖人亦有所不能者, 此等也. 然亦不能釋凝, 遂竭鈍精於道藏(二千餘卷), 而躬自實驗者十載, 始焉(周年)神凝玄關, 而次第道成之證不差, 然後乃自箴曰道凝, 辰表. 甘露曠世, 家視宇內慈雲長空. 烏乎! 此是分旣宇內社會同胞之質天願力也.『정신철학통편』「緖論」)"

80

(2) 『정신철학통편』의 체제[119]

전병훈의 저작은 『백선미근百選美芹』 6권과 『도진수언道眞粹言』 10권, 『정신철학통편』 6권이 있다. 이 중 『백선미근百選美芹』은 정치적 교화에 도움이 될 내용을 『역대명신주의歷代名臣奏議』에서 발췌·요약·편찬하여,[120] 42세인 1899년(광무 2) 고종 황제에게 바친 책이다. 『도진수언道眞粹言』은 1919년 2월에 편찬된 책으로 '도진道眞, 즉 참된 도의 정수를 담은 글'이란 의미이다. 그 내용에 대해서는 스스로 "10년 동안 도장 2천여 권을 정밀히 연구하고 직접 증험한 뒤에 … 모래에서 금을 캐듯이 10권의 책을 편찬하였다"[121]라고 하였으나, 현재

---

119) 『정신철학통편』의 체제에 대해서는 「精神哲學通編凡例」, 『精神哲學通編 (全)』, 明文堂, 1982, 9~10쪽과 김학권, 「曙宇 全秉薰의 철학방법 고찰」, 『범한철학』 51, 범한철학회, 2008, 3~6쪽, 김성환, 「曙宇 全秉薰의 생애와 저술에 대한 종합적 연구(3)」, 『도교문화연구』 40집, 한국도교문화학회, 2014을 주로 참고하였다.

120) 『역대명신주의歷代名臣奏議』는 명대 영락永樂 14년(1416년) 양사기楊士奇 와 황회黃淮 등이 성조成祖의 명령을 받아 편찬한 책으로, 은나라에서 원나라 까지 중국 역대 명신들의 상주문을 모아서 350권 분량으로 엮은 책이다. 김성환은 『백선미근』의 「서」「범례」와 『承政院日記』高宗35年戊戌(1898, 光武2)11月20日를 근거로 『백선미근』이 이 책의 요약발췌본임을 밝혔다. 또한 그는 『역대명신주의』가 우리나라에서 인조13년(1635), 영조연간, 현종·숙종 연간(1660~1720)에 출간된 판본이 있음과 정조6년(1782년) 이 책의 내용을 요약하고 거기에 명나라 때의 상주문을 더해 『역대명신주의요략歷代名臣奏議要略』 8권을 편찬하여 정조에게 바친 일 등을 지적하며, 조선 중후기에 이 책이 경세의 지침으로 비교적 중시되었다고 판단하였다. (김성환, 「曙宇 全秉薰의 생애와 저술에 대한 종합적 연구(1)」, 『도교문화연구』 38집, 한국도 교문화학회, 2013, 225~228쪽 참조)

121) 「정신철학통편·서언緒言」; 『전씨종약휘보』 권1·2, 전씨대동종약회, 1919, 37쪽(김성환, 「曙宇 全秉薰의 생애와 저술에 대한 종합적 연구(3)」, 『도교문

전해지지는 않는다. 『정신철학통편』은 1920년 2월 7일 북경에서 출간된 책으로, 유·불·도와 『천부경天符經』을 비롯한 한국사상, 그리고 서양의 철학사상에 이르는 내용을 광범위하게 통합한 전병훈의 대표적인 저술이다.

『정신철학통편』은 내용상 「정신철학」, 「심리철학」, 「도덕철학」, 「정치철학」이라는 네 부분으로 구성되어 있으며, 체재는 2책冊 3편編 6권卷으로 되어 있다. 목차에 의하면, 상책上冊(1~3권)에는 상편上編과 중편中編 일부가 배속되어 있고, 하책下冊(4~6권)에는 중편中編 일부와 하편下編이 배속되어 있다. 상책에 속한 상편은 '정신철학'과 '심리철학'으로 구성되어 있다. 중편은 '도덕철학'이고, 하편은 '정치철학'이다. 상편은 다시 3편으로 나뉘어지는데, 제1편의 「단군천부경주해檀君天符經註解」와 제2편의 「정신운용성진철리요령精神運用成眞哲理要領(정신을 운용하여 참된 나를 이루는 철리의 요령)」(1~9장)은 권卷1을 구성한다. 제3편의 심리철학心理哲學(1~15장)은 권卷2로 되어 있다. 중편인 도덕철학道德哲學은, 권卷3(1~6장)과 권卷4(7~9장)의 2권으로 나뉘어져 각각 상·하책에 분속되었다. 하편인 정치철학政治哲學은, 권卷5(1~20장)와 권卷6(21~36장)의 2권으로 되어 있다. 이와 같이 목차에 의하면 상上·중中·하下 3편編으로 되어 있지만, 내용상 4개 혹은 5개의 영역으로 분류할 수도 있다.[122]

화연구』 40집, 한국도교문화학회, 2014, 260쪽에서 재인용).

[122] 김학권은 "책의 전체 내용과 전병훈의 제자인 우남전(于藍田)의 서문(序文)에 보이는 '精神心理道德政治哲學通編'이라는 제목, 그리고 범례에 보이는 "心理道德政治諸說, 皆有科學"이라는 설명 등"을 근거로 내용상 精神哲學·心理哲學·道德哲學政治哲學의 4개의 영역으로 보아야 한다고 주장하였

(3) 『정신철학통편』의 구성과 주요내용

위에서 언급했듯이 『정신철학통편』은 내용상 「정신철학」, 「심리철학」, 「도덕철학」, 「정치철학」으로 구성되어 있는데, 이 네 편의 구성을 통하여 전병훈이 기획했던 사상체계는 「범례」의 다음과 같은 구절에 잘 드러난다.

> "정신과 심리는 수양하여 참을 이루는[成眞] 내성內聖의 학문이며, 도덕과 정치에 예치禮治를 병행하여 이로써 형벌이 없는 세상을 지향하는 것은, 외성外聖과 지덕至德의 학문이다. 편찬의 형식[編例]은 동서고금에 한정되지 않고 진수眞粹를 포괄함으로써, 겸성兼聖과 성진聖眞과 세상에 극락을 이르게 하는 책을 완성했다."[123]

즉, 네 편의 유기적인 구조 속에[124] 내성과 외왕을 통합적으로 다루려는 게 이 책의 주요 방향성 중 하나이다.

여기서 '정신'이란 도교의 정精·기氣·신神의 맥락에 속하는 것으로,[125] 원신元神이라고도 한다.[126] 그 속성은 천天에 근원하며 불멸不

다.(김학권, 「曙宇 全秉薰의 철학방법 고찰」, 4~5쪽) 그러나 김성환은 여기에 「천부경」주해를 더하여 5개 부분으로 구성되었다고 간주하였다.(김성환, 「曙宇 全秉薰의 생애와 저술에 대한 종합적 연구(3)」, 274쪽)

123) 『精神哲學通編(全)』「精神哲學通篇凡例」, 명문당, 10쪽: "一 精神心理爲修養成眞內聖之學, 而道德政治, 幷禮治, 期以刑措者, 外聖至德之學也. 編例, 不限古今中外, 而總括眞粹, 以成兼聖聖眞致世極樂之書焉."

124) 이에 대해 황광욱은 주제를 4가지로 잡을 때는 정신과 도덕이 체體가 되고 심리와 정치는 용用이 되며, 2가지로 좁히면 정신심리가 체體, 도덕정치가 용用이 된다고 보았다.(황광욱, 「서우 전병훈의 생애와 사상」, 『한국 철학논집』 제4집, 한국철학사연구회, 1995, 179쪽)

125) 전병훈은 사람을 精氣神의 상호 연관 속에서 규정하므로, 精·氣·神을 나누

滅하는 것으로 양정응신養精凝神하는 내단수련을 통해 천天과 합일 할 수 있다고 보았다. '심리'는, 전병훈의 설명에 의하면, 기본적으로 '정신'과 같지만, 정신은 '수양의 내공'[修養之內功]에 대해 말한 것이라면 심리는 '인사人事'에 대해 말한 것이다.[127] '도덕'과 '정치'는 현재 우리가 사용하는 의미와 크게 다르지 않다. 다만 '도덕'에 대한 전병훈의 입장은, "마음 속에 있는 '정신'과 '심리'가 바깥으로 발동한 것인데, (이를) 일상생활에서 잘 실천하여 지극한 선에 이르도록 하는 것이 대도大道며 정덕正德"이라고 규정한 점이나, 도덕이 천天에 근원한다던가, 도덕의 근원에 '천리天理의 공公'이라는 개념을 개입시킨 점[128]

어 설명하기도 하고 精氣神을 하나로 인식하기도 한다.(황광욱, 「서우 전병훈의 생애와 사상」, 188쪽)

126) "天地가 나눠지기 이전에는 단지 混沌의 一氣만이 있었다. 이것이 元氣이다. ⋯ 천지가 生하면 陰陽의 元精이 모여 日月星辰을 이룬다. ⋯ 陰陽五行의 元氣가 流行 升降하면서 溫暖和蒸을 이룬다. 그 風氣 속에 主宰하는 元神이 있어 만물을 낳고 기른다. 여기에서 인간과 만물이 생성되는데, 정精·기氣·신神의 가장 신령스럽고 우수함을 얻어 생성된 것이 인간이다.(謹案天地未判, 只混沌一氣, 此氣卽元氣. ⋯ 方生天地, 則陰陽之元精, 聚以爲日月星辰 ⋯ 陰陽五行之元氣, 流行升降, 溫暖和蒸. 其風氣中有主宰之元神, 以造化焉. 於是人物乃生, 得精·氣·神之最靈秀者爲人. 『精神哲學通編(全)』, 42쪽.)"

127) 『精神哲學通編(全)』, 91쪽 : "心理原天也. 精神卽心理, 卽道也. 道之在人, 以之養精凝神, 則爲住命成眞之學, 以之窮理盡性, 則爲經世入聖之學也. 若是乎精神心理, 何可區分乎? 然余所以分作兩篇者, 精神專於修養之內功, 而心理篇則統內外合聖眞日用人事而言也.". 황광욱은 이에 대해 '정신'과 '심리'를 체용體用 관계로 파악하는 의도이거나, 한편으로 유가나 서양철학은 「정신철학」편에서 별로 다루지 않았다가 「심리철학」편에서 본격적으로 다루어 동서철학의 절충을 염두에 둔 것이라고 추측하였다.(황광욱, 「서우 전병훈의 생애와 사상」, 190쪽)

84

등을 볼 때 전통적인 성리학적 세계관에 서서 도덕을 설명하고 있음을 알 수 있다.

다시 말해서 『정신철학통편』의 구성과 주요내용을 살펴보면, 「정신철학」편과 「심리철학」편에서 수양론과 심성론을 통해 내적 자기수양의 방법과 원리를 제시하고 있는데, 이 원리는 「도덕철학」과 「정치철학」편에서 경세론의 이론적 근거로 적용된다. 이 둘이 연결 또는 소통되는 과정에 대해서는 이규성의 분석을 참고할 만하다. 그는 「정신철학」편의 내단수련과정과 「천부경」주해의 내용에 대해서, "연금술적 자기단련에서 경험되는 우주적 소통성을 유가의 인과 연결하여 그것을 사회적으로 확장시키는 계기를 마련했다. 그 소통성은 모든 차별적 경계를 용해시키고 대동의 정치적 이상(공익, 홍익)을 가능하게 하는 인성론적 원리이다."[129]라고 분석했는데, 이는 「정신철학」과 「정치철학」이 연결되는 과정을 명확하게 설명한 것이라고 할 수 있다. 이와 함께 이규성은 「심리철학」편 서언緖言에 관해, "인간의 우주적 본성에 대한 자각에서 만유와의 본질적 동일성을 실천적 원리로 인식하게 된다. … 우주적 연대성이 윤리적 실천의 근본원리이다."[130]라고 분석했는데, 이 또한 「심리철학」과 「도덕철학」의 연결과정에 대한 매우 적절한 설명이라고 할 수 있다. 아울러 그는 "전병훈은 이러

---

128) 『精神哲學通編(全)』, 153쪽 : "道德, 原天也. 精神心理之存於中者發於外, 踐行之於日用人事以至至善者, 卽大道也, 正德也. 然所以感動之者, 不由天理之公, 而或涉於人欲之私, 則流入功利之途矣. 非所謂原天之道德也."

129) 이규성, 『한국현대철학사론 - 세계상실과 자유의 이념』, 이화여대출판부, 2012, 203쪽.

130) 이규성, 『한국현대철학사론 - 세계상실과 자유의 이념』, 이화여대출판부, 2012, 204쪽.

한 자연주의적 도덕을 민주대동의 원리로 본다. … 전병훈의 민주 대동사회는 개체의 생태론적 생명을 긍정하는 '겸성철리'의 정치이념이었다"[131]라고 하여 「도덕철학」이 어떻게 「정치철학」으로 연결되는지 명확히 분석하였다.[132]

2) 『정신철학통편』의 문제의식과 그 특징

앞서 언급했듯이 근대전환기 도교전통에서 전병훈과 연관시킬 수 있는 맥락은 유儒·불佛·도道 삼교의 합일의 전통, 내적인 합일의 전통, 민족주의적 전통, 현대사상과의 합일 전통이다. 그리고 이는 전병훈의 생애와 학문적 배경 속에서도 짐작할 수 있는 부분이다.

그런데 이러한 작업 전에 먼저 짚고 넘어가야 할 다음과 같은, 일종의 '가치평가'적 논의가 있다. 즉 우리는 삼교 혹은 여러 사상의 '만남'·'합일'에 대해 'syncretism'이라는 개념을 적용시키며, '혼효주의'나 '절충주의'라는 부정적 시각을 개입시킬 때가 종종 있다.

삼교 혹은 여러 사상의 '만남'을 긍정적인 시각으로 이끌어가려면, '합일'의 결과 어떤 이론적 성과를 만들어냈는가에 대해 만족할 만한 답변을 제시해내야 한다. 다시 말해서 각각의 혼합된 이론내적인 논리적 모순을 극복해낸, 성공적인 만남이나 합일이라고 할 수 있는가? 그리고 단순한 혼합인가 혹은 새로운 이론 체계를 만들어 냈는가?

---

131) 이규성, 『한국현대철학사론 – 세계상실과 자유의 이념』, 이화여대출판부, 2012, 208쪽.

132) 한정길 역시 전병훈의 '정신철학'이 하늘에 근본한 '정신 – 심리 – 도덕 – 정치 철학의 통일체계'임을 분석하였다.(한정길, 「서우 전병훈의 『정신철학통편』에 나타난 동서 철학 접변 양상」, 『동서 사상의 회통』, 동과서, 2019, 85~89쪽)

그것이 만들어 낸 것이 '새로운' 이론체계라면, 혼합한 요소들로부터 얼마만큼이나 '완전히' 분리·독립되어 있으며, 어느 정도의 '창조성'·'창의성'을 가지고 있는가? 무엇보다도 그 '창의성'은 철학사적 흐름에 부합하는가, 역행하는가, 혹은 새로운 흐름을 추동하는가? 여러 사상의 '만남'에 대한 가치평가는 항상 이러한, 어쩌면 강박적으로 보일지 모르는, 질문 앞에 설 수밖에 없다. 그리고 전병훈의 철학도 이러한 질문 앞에 자유롭지 못하다. 물론 보다 근본적으로 이상의 질문은 'syncretism' 또는 '혼효'와 '절충'이라는 용어에서부터 비중립적(비판적) 시각을 담고 있으며, 이미 정해진 'originality' – 모든 주류 사상체계들이 자부하지만, 실은 어느 누구도 자신하기 어려운 – 를 전제하고 있다는 점에서 공정하지 못하다는 점을 지적할 수도 있다.

그러나 본고에서는 이 점에 대해 깊이 천착하지 않을 것이다. 왜냐하면 본 연구에서 전병훈의 '합일' 또는 '절충'작업에서 주목하고자 하는 지점은 'originality'나 '결과'가 아니라, 그의 '당대적當代的' 문제의식이 어떻게 드러나는가 하는 지점이기 때문이다. 더욱이 이미 태생부터 다양한 사상과 문화의 이합집산을 거쳐 '잡이다단雜而多端'하다고 평가받는 도교전통의 경우, 이러한 질문에서 상대적으로 자유롭다. 물론 그 때문에 도교 자체가 철학계에서도 종교계에서도 인정받지 못하는 경우도 종종 있었지만, 도교적 '혼효'와 '절충'은 그만큼 민중의 삶 속에서 부딪치는 여러 문제들에 대해 현실적이고 실용적인 역할과 기능을 해왔다는 점에서 의미를 찾을 수 있다. 다만 또한 그것이 지니고 있는 '당대적當代的 문제의식'에 따라 그들의 처방 – 예를 들어 오두미도의 의사義舍 등이 가지는 공공성, 기복祈福과 숙명론적 태도 – 역시 순기능으로 평가받을 수도 있고, 역기능으로 평가받을 수도 있다는 점도 잊지 말아야 할 것이다.

다음은 전병훈의 『정신철학통편』에서 보이는 유儒·불佛·도道·조선·서양철학의 관계에 대해 각 편의 주제를 중심으로 분석하고, 동서고금東西古今의 사상에 대한 그의 입장을 통해 전병훈의 '당대적 문제의식'을 검토할 것이다.

(1) 유·불·도·서학 회통의 이론적 토대 : 「정신철학」과 「심리철학」

먼저 금장태가 지적했듯이, 『정신철학통편』의 가장 핵심을 이루는 「정신철학」에서는 주로 도교의 이론에 기초하여 그의 철학을 전개하였지만, 「심리철학」에서는 유·불·도 3교의 심성론心性論과 서양철학의 심리학·인식론의 이론들을 균형 있게 다루고 있다.[133]

이 중 「정신철학」편은 특히 처음 수편首篇에 「천부경」을 싣고 있는데, 이는 「천부경」에 대한 최초의 해제이자 주해라는 점[134]에서도 의

---

133) 금장태, 「서우 전병훈의 사상」, 『철학과 현실』 15권, 철학문화연구소, 1992, 174쪽.
134) 『천부경』의 진위 여부에 대한 논란은 상당히 많고, 『천부경』의 최초 주석본이 어떤 것인지에 대해서도 이견이 있다. 이에 관해서는 임채우의 다음과 같은 견해를 수용했다. "1979년 세상에 공개된 『환단고기』 중의 『태백일사』에도 수록되어있으며 최근에는 고려말 두문동 72현賢 중의 한사람인 민안부閔安富의 저술인 농은農隱의 유집遺集 속에서 발견되었다고 하는 소위 갑골문천부경이 있다. 두 가지 판본 모두 그 진위여부를 두고 논란이 있다. … 한편 최근에 공개된 『환단고기』의 『太白逸史』에도 1899년 계연수가 천부경에 주석을 달았다는 내용이 실려 있다. 계연수는 〈天符經要解 跋〉에서 『太白逸史』에 들어있는 〈天符經〉에 주석을 달아 단행본으로 발간했다고 했다. 이 내용이 사실이라면 1899년 이전에 계연수는 이미 천부경을 알고 있었을 뿐 아니라 주석까지 달 정도로 깊이 연구했다고 할 수 있다. 그렇다면 계연수가 묘향산의 석벽에서 1916년 발견했다는 천부경과 계연수에 의해 1899년에 쓰

미가 있지만, 단군을 황제黃帝와 함께 인류 최고의 경지에 도달한 '겸
성兼聖'이라고 규정하고 있다는 점에서도 중요하다. 겸성兼聖은 '성진
겸성成眞兼聖'으로 쓰이기도 하는데 '성진成眞'이 도교적 수련을 통해
참 또는 참된 나[진아眞我]를 완성하여 신선이 되는 것을 가리킨다면,
'겸성兼聖'은 이런 도교적 신선의 내성內聖의 도道와 아울러 유교적
성인聖人의 외왕外王의 도道까지 겸했다는 의미이다. 즉 앞서 『정신철
학통편』의 범례에서도 언급했듯이,135) 겸성兼聖은 전병훈이 지향하는
가장 이상적인 경지를 의미한다. 그런데 그는 세계 철학사를 통틀어
여기에 도달한 사람으로 단군·황제·기자·노자만을 지목하고 있
다.136) 다시 말해서 개인의 구원과 세계의 구제를 통합하는 '정신철
학'의 대표적인 내용으로, 단군이래의 선도仙道를 제시하였다는 점에
서 전병훈의 민족주의적 의식을 확인할 수 있다.137)

여진 천부경주석의 존재는 양립 불가능하다. 이미 계연수가 묘향산 석벽에서
발견하기 20년 전에 천부경을 알고 있었다는 것이 되기 때문이다. 앞으로 이
시간상의 오차문제는 앞으로 보다 세밀한 연구가 진행되어야 할 것이다. 논란
이 되는 계연수 주석본의 존재 문제를 제외해놓고 본다면 북경에서 1920년
발간한 전병훈全秉薰의 주석이 최초의 주석본이자, 세상에 처음으로 공표된
천부경 본이다."(임채우, 「전병훈의 천부경 주석이 갖는 선도수련의 의미」,
74~76쪽)

135) 『精神哲學通編(全)』 「精神哲學通篇凡例」, 명문당, 10쪽 : "一 精神心理爲修
養成眞內聖之學, 而道德政治, 幷禮治, 期以刑措者, 外聖至德之學也. 編例,
不限古今中外, 而總括眞粹, 以成兼聖聖眞致世極樂之書焉."

136) 『精神哲學通編(全)』, 50쪽 : "惟此玄牝之內, 凝神住命之哲理, 則獨檀黃箕
老兼有之."

137) 이규성은 전병훈의 『천부경』해석에 드러난 이러한 정신이 대종교의 민족해
방운동과 사회운동의 기저에서 작용했다고 평가했다.(이규성, 『한국현대철학
사론 - 세계상실과 자유의 이념』, 이화여대출판부, 2012, 189쪽)

한편 「정신철학」편의 핵심 주제는 '정신精神'개념이다. 이것은 앞에서도 살펴보았듯이, 수련도교 전통에 기반하고 있는 것이라고 볼 수 있다. 전병훈의 경우 더 나아가 이 개념을 유교와 서양철학과도 연관시켜 비교설명하고 있다는 점 또한 주목할 만하다. 먼저 정신철학의 도교적 수양의 측면에 관하여 전병훈은 다음과 같이 설명하고 있다.

"사람의 몸에 지니고 있는 정신은 성명性命 - 정精은 곧 명命이고, 신神은 곧 성性 - 이라고 한다. 그런 까닭으로 장차 성性을 다하고 명命을 안주하려고 한다면 반드시 먼저 정精을 기르고 신神을 응취하여야 하며, 정을 기르고 신을 응취하게 하는 학문은 참으로 성명을 쌍수하는 길이니, 곧 삼대 이전의 사람들이 모두 배웠던 것으로써 이른바 정신에 관한 전문적 학문이다."138)

김학권의 지적처럼, 전병훈은 신神과 정精을 성性과 명命에 연결시키고 '정신精神'을 다시 성명性命과 일치시키고 있는데, 이는 도교의 전통적인 성명쌍수론性命雙修論을 계승하면서 동시에 유교의 성명론性命論과의 통합을 위한 시도에서 비롯된 것이다.139) 물론 성명쌍수론은 당송대 이후 도교의 삼교합일적 수양론에 많이 사용되던 개념이므로, 여기에서도 당연히 다른 영역의 학문과 합일하기 위한 맥락으로 제시되었을 것이다. 그런데 '정신'을 이런 성명쌍수로 이해하는 관점에서 볼 때, 유학이나 서양철학 모두 공통적으로 결여된 부분이 있다

---

138) 『精神哲學通編(全)』, 21쪽 : "人身之精神爲性命 - 精是命, 神是性 -, 顧將欲盡性住命, 則必先養精凝神, 養精凝神之學, 眞性命雙修之道, 卽三代以上人人皆學, 所謂精神專學也."
139) 김학권, 「曙宇 全秉薰의 철학방법 고찰」, 7쪽.

는 것이 전병훈의 주장이다.

> "삼대 이전에는 도로써 학문을 삼았으니 비단 이윤伊尹만이 그러
> 했을 뿐만이 아니고 그때의 임금과 정승들도 모두 다 여러 해를 장
> 구하게 살았으며, 나라를 잘 다스려 융성하게 한 것은 진실로 이 신
> 화神化의 도道를 이용했기 때문이다. 그러나 이후부터 공자·노자·
> 부처·서양의 철학자들이 모두 다 하늘과 사람의 근원을 통달하고
> 교리를 세웠지만, 오직 이 현빈의 안에서 신神을 모으고 명命을 안
> 주安住하는 철리哲理에 대해서는 유독 단군·황제·기자·노자만이
> 겸유兼有하였다."[140]

앞에서는 내성과 외왕의 두 측면만 이야기했는데, 여기에서는 내성
의 자기 수양론에 대해서도 다시 두 측면으로 나누어 이야기하고 있
다. 위의 성명쌍수의 관점에서 보면, '천天과 인人의 근원'은 성性의
영역일 것이고, '신화神化의 도道'라고도 표현하는 '응신주명凝神住命
의 철리哲理'는 명命의 영역일 것이다. 그런데 위의 인용문에서 노자
이후로 이 영역의 수양공부는 끊어졌다는 점[141]과 함께 더욱 주목할

---

140) 『精神哲學通編(全)』, 49~50쪽 : "謹案三代以上, 以道爲學, 非但任聖如是,
而其時君相, 皆歷年長久, 治理隆盛者, 良此神化之道故也. 然自後, 孔子
與老佛西哲, 皆洞貫天人之源而立教, 惟此玄牝之內, 凝神住命之哲理, 則獨
檀黃箕老兼有之."

141) 전병훈은 이에 대해 다음과 같이 언급했다. "그러나 동양철학을 닦는 제가들
은 노자를 가리켜서 순정철학이라 간주하고 그 금단철학의 측면을 연구하지
않았으니 정신에 대해 본 바가 역시 서양의 철학과 같게 된 것이다. … 경전
가운데 정신을 말하는 부분이 없으니 애석하게도 정신에 대한 학설이 폐지된
지 이미 오래이다.(『精神哲學通編(全)』, 21~22쪽 : 然東哲諸家, 指老子以爲
純正哲學, 而未究其爲金丹哲學, 則精神上所見, 亦與西哲同焉耳. … 經傳
中未有言精神處, 惜精神學廢已久矣.)"

만한 지점은 서양철학과 유교가 공통적으로 성性 영역의 수양론에만 집중하고 명命 영역의 수양론은 결여되어 있다는 것이다. 이는 다음과 같은 그의 진술에서 보다 명확히 드러난다.

> "서양철학자 플라톤은 말했다. ' … 우리의 정신은 마땅히 세계의 위대한 정신과 더불어 그 성격을 함께 할 것이고 두루 불멸에 속하게 됨을 의심하지 않을 것이다.'
> 아! 서양 철학자들의 통명通明한 지식이 이와 같도다. 참으로 우리 유림儒林이 리理를 불멸하다고 여긴 것과 같으니 말이 극히 정박精博하여 깊이 감복할 만하다 하겠다. 그러나 다만 현빈玄牝과 성진成眞의 도는 아직 통하지 못하였다."[142]

여기에서 짚고 넘어가야 할 것은 서양철학에 대한 전병훈의 태도이다. 서양철학에 대해 비록 도교의 이상적 경지보다는 부족하겠지만, 적어도 (삼대 이후의) 유교와 동일한 위상을 부여했다는 점에서 볼 때, 당시까지의 동도서기론, 중체서용론 등의 논의와 다른 지점이 있음을 파악할 수 있다.

한편 「심리철학」편에서는 『서경』의 '인심도심설人心道心說'에서 연원한 유가의 심학心學 전통을 강조하면서 유가의 도심道心과 도교의 원신元神을 하나로 묶어 설명하며 유儒·도道의 회통을 시도하고 있다.[143]

---

142) 『精神哲學通編(全)』, 51~52쪽 : "西哲栢拉圖曰, … 吾人精神, 當與世界之大精神, 同其性而同屬不滅, 無疑也. ; 烏乎! 西哲通明之識, 如是哉! 誠與吾儒以理爲不滅者同, 而言極精博可佩. 但玄牝成眞之道, 亦尙未透."
143) 김학권, 「曙宇 全秉薰의 철학방법 고찰」, 10쪽.

"뇌 속의 '원신元神'에서 발發한 것은 순수하고 온전한 천리天理이니, 도심道心이고, 몸 덩어리의 '식신識神'에서 발發한 것은 형기形氣의 사욕私慾이니, 인심人心이다. … 그러나 신神에 원신元神·식신識神의 구별이 있는 것은 중中·서西의 여러 학문에서도 깨닫지 못한 것으로 오직 도가와 요순만이 이를 드러내어 밝혔다. 배우는 자들은 먼저 원신과 식신의 구별을 밝게 알게 되면, 그런 후에 인심과 도심의 용을 정밀하게 살필 수 있다. 그러나 서양철학의 심리설은 아직 여기에는 미치지 못하니, 마음을 다하지 않을 수 있겠는가! 아! 우리 동아시아의 심리학은 또「천부경」을 얻은 이후에 뇌신도심腦神道心의 이치가 더욱 정밀하고 훌륭하고 명백하게 되었다."144)

그는 이를 보다 명확히 설명하기 위하여 그림을 이용하여 4단과 7정을 각각 '원천源天'과 '도심道心'으로 배속시키며 성리학적 논의를 도교의 영역으로 끌어들이고 있다. 다만 앞에서도 말했듯이 삼대三代 이후의 유학은 이미 성명쌍수性命雙修의 도를 상실한 것으로 간주하는 것이 전병훈의 기본적인 관점이다. 따라서 조선의 성리학 논변에 대해서 상당히 칭송하면서도, 그들 논변의 한계로 "원신元神과 식신識神을 모르는 데에서 비롯됨"145)을 지적했다. 이러한 그의 기본적인 입장이 한편으로 중국과 조선의 고대철학으로의 복귀를 지향하는 것으로 보일 수도 있지만, 실질적인 지향은 오히려 서양 당대 철학의

---

144) 『精神哲學通編(全)』, 96쪽 : "腦中元神者, 純全天理卽道心, 肉團識神者, 形氣私慾卽人心. … 然神有元神識神之別者, 乃中西諸學之所不透也, 而惟道家堯舜發明之也. 學人苟能先明乎元神識神之別, 然後乃能精察人心道心之用矣. 然西哲心理學說, 尙未見及於此也, 可不盡心乎! 嗟! 我東亞心理學, 又得天符以後, 腦神道心之理, 愈臻精美明白耳."

145) 『精神哲學通編(全)』, 113~114쪽 : "愚謂心性理氣之辯論, 由不識元神識神之故也."

성과물에 대해 적극적으로 받아들여야 한다는 쪽에 가깝다.[146]

(2) 도덕이론에 기반한 경세론적 지향 : 「도덕철학」

전병훈의 「도덕철학」은 기본적으로 그의 「정치철학」과 긴밀하게 연결되어 있다. 도덕철학은 정치철학의 본체적인 측면이고, 정치철학은 도덕철학의 작용적인 측면을 의미한다는 사실은 이미 여러 선행연구에서 밝혀져 있다.[147] 따라서 「도덕철학」은 「정치철학」과 함께 그의 경세론에서 중요한 두 축을 형성하고 있으며, 또한 우리는 「도덕철학」을 통해 전병훈이 근대전환기의 현실 속에서 가지고 있는 문제의식이 유儒·불佛·도道·조선·서양철학의 관계 속에서 어떻게 표출되는지 보다 역동적으로 파악할 수 있게 된다.

먼저 도덕철학의 진화순서에 대해[148] 유가는 『주역』-『서경』-주공-공자-주희로, 도가는 노자-장량-이필-유기로, 한국은 단군-기자-왕인-세종-조광조로 설명한다. 그리고 서양의 경우 이러한 이론적 진화는 설명하지 않고 고대철학과 근대철학으로 나누어 철학자의 이론을 소개한다.

이 과정에서 그는 유가가 중국인만의 철학이 아니며, 예禮라는 기

---

146) 그는 「심리철학총결론心理哲學總結論」에서 다음과 같이 말했다. "우리의 학문은 마땅히 서양의 정신관·우주관 및 신경조직의 작용에 관한 지식을 받아들여 하나로 합할 때 하늘에 근거한 심리학이 비로소 원만하고 완미하게 될 것이다"(『精神哲學通編(全)』, 150쪽)

147) 황광욱, 「서우 전병훈의 생애와 사상」, 175쪽 ; 조남호, 「전병훈 도덕철학연구 -전통과 현대의 관점에서-」, 148쪽.

148) 조남호, 「전병훈 도덕철학연구-전통과 현대의 관점에서-」, 149~157쪽.

준에 따라 중화中華와 이적夷狄을 구분해야 한다고 주장한다. 그리고 이러한 유가의 보편성이 비롯되는 지점을 '도덕을 하늘에 근원하는 것으로 천명하는 것'으로 보았다. 또한 '도덕이 하늘에 근원하는 것'이라는 유가의 이러한 사유를 가지고 "서양에서 도덕을 공리로 보는 경우"를 보완할 수 있다고 주장하였다. 도교의 경우, 은둔隱遁이나 피세避世의 사상이 아니라, 적극적으로 세상을 구제하려는 경세經世의 철학임을 강조하고 있다. 한국의 경우, 포은과 정암 이래 도덕이 극도로 발달했다는 자긍심을 드러내고 있는데, 이와 함께 한편으로는 정주程朱 일색으로 치우쳐 문약해지고 도교, 서양철학, 과학 등을 받아들이지 못했다고 평가하였다. 또 이러한 점 때문에 국가를 보존하지 못하게 되었다는 안타까움을 토로하면서도, 장래 세계가 대동大同의 시기를 맞이하여 물질문명과 만나게 될 때, 조선의 예치禮治 문명이 장차 큰 역할을 할 수 있으리라는 기대와 진단을 내놓는다.149) 서양의 도덕철학150)은 그리스의 세 철학자의 경우에는 유가의 도덕과 유사하지만 '하늘에 근원하는 도덕'에까지 이르지는 못했다고 비평한다. 근세에는 몽테스키외의 '공덕公德'과 민주적 제도를 긍정적으로 평가한다. 또한 칸트의 철학은 전병훈이 가장 높게 평가하는 경우로, 실천이성을 중심으로 유·불·도 삼교와 일치점을 찾고 있다. 전병훈은 서

---

149) 『精神哲學通編(全)』, 208~212쪽 : "謹案東韓之哲理道學, 自圃隱靜菴以至退栗兩先生, 大闡之以後通國之學問道德, 極其發達, … 然專尙程朱之學, 可謂已甚. 苟於斯, 若加以道哲幷新思想, 以兼致焉, 則可成圓德矣. 噫! 亦晚矣, 何哉! … 謹案 … 將於五洲大同之日, 安知不取作模範乎! … 烏乎物質文明之會, 韓惟獨行禮治文明者, 詎非東周以後之一大可驗者乎! 信乎檀箕兼聖之風氣, 久而不渝者如是哉! 噫!"

150) 조남호, 「전병훈 도덕철학연구 - 전통과 현대의 관점에서 - 」, 156~163쪽.

양철학자 가운데 주로 칸트를 통해 공리주의를 비판하기 위한 강력한 이론적 근거를 찾는다. 전병훈이 서양근대 철학자에 대한 평가에서 주로 공덕公德과 사덕私德의 문제를 논의하며, 공리주의를 비판하고 있다는 조남호의 분석은 매우 적절해 보인다. 공리주의에 대한 전병훈의 문제의식은 상당히 진지하고 심각하다. 왜냐하면 조선이 국권을 상실하고 동아시아가 전쟁의 수렁에서 고통받는 모든 불행이 패권주의에서 유래했고, 이러한 패권주의는 공리주의와 연관되어 있으며, 이는 다시 사회진화론으로부터 비롯된다고 보았기 때문이다.

> "자연선택(natural selection)과 강자[적자]생존·자연도태의 이론은 비록 학계의 환영을 받았지만 내 생각에는 이것은 공리주의와 패권주의로 점차 인도하는 것이다."[151]

이러한 공리주의와 패권주의를 막고 올바른 「도덕철학」과 「정치철학」을 수립·이행하기 위해서 전병훈이 제안하는 것은 동서양 학문의 융섭이다. 동서양 도덕철학의 융섭의 필요성을 역설하는 그의 주장 속에 그의 정치적 이상이 담겨 있다.

> "세계가 바야흐로 점차 문명·심리·도덕의 학문이 날마다 정밀하게 되어 이처럼 성대해지고 있는데, … 그러므로 양측이 서로 상호 융섭[조제調劑]한 다음에야 비로소 원만함에 이르게 되는 것이다. 세계가 장차 영구평화와 정치통일[연맹]하는 정책은 이러한 조제調劑하여 원만한 최상의 도덕을 쓰지 않으면, 어찌 그런 날이 오

---

151) 『精神哲學通編(全)』, 246쪽 : "天擇物競, 優勝劣敗之說, 雖爲學界之歡迎, 而愚見則此啓功利强權之漸也."

겠는가!"152)

　전병훈의 이러한 정치적 이상은 '대동大同'이라는 개념으로 표현되기도 하지만, 『정신철학통편』에서도 보이듯이 칸트의 『영구 평화를 위하여Zum ewign Frieden』(1795)의 영향이 크다고 볼 수 있다. 다시 말해서 전쟁을 종식시키고 패권주의를 없애며 세계 정부를 구성하여 세계 영구평화를 만들기 위해서 필요한 것은, 지금까지 인류 문명 발전에서 가장 진화된 최상의 도덕철학을 만들어내야 한다는 것이 전병훈의 정치적 이상이다.

　또한 이를 위해 전병훈은 '조제調劑'라는 용어를 자주 사용하고 있다. 그는 동서양 도덕철학의 조제調劑의 방식에 대해서 다음과 같이 설명한다.

　　"이른바 '조제調劑'라는 것은, 서양철학은 마땅히 하늘에 근원하는 이치를 가지고 하학下學·효친孝親의 절도에 더욱 힘쓰고, 우리는 단결과 사회공익과 물질의 사용에 더욱 힘써야 비로소 원만·통창하다고 말할 수 있다."153)

　여기서 '조제調劑'를 이해하기 위해서, 관점에 따라 조화, 절충, 융섭, 동도서기 등 다양한 개념과 용어들을 찾아낼 수 있을 것이다. 그러

---

152) 『精神哲學通編(全)』, 「道德哲學總結論」, 242쪽 : "烏乎世界方漸文明心理道德之學, 日臻精密如彼其盛, … 故亦有兩相調劑, 然後始臻圓滿者焉. 世界將永久平和統一政治之策, 苟不用此調劑圓滿無上之道德焉, 則寧有其日乎!"

153) 『精神哲學通編(全)』, 243쪽 : "所謂調劑者, 則西哲當加勉以原天之理, 下學孝親之節, 而吾則益勉團結社會公益物質之用, 始可謂圓滿通暢矣."

나, 그가 굳이 '조제'라는 용어를 선택한 의도에서도 알 수 있듯이, 단순히 이론적인 측면에서 동서양 철학의 적절하고 이상적인 절충을 시도하는 차원으로 받아들여야 할 것이 아니라, 동서양 철학의 융섭을 통하여 세계에 만연한 질병을 치료하기 위한, 약의 처방과 같은 현실적이고 절실한 맥락임을 확인할 수 있다.154)

전병훈의 구상 속에 '조제調劑'라는 방식을 통해서 동서양이 만나야 할 지점에 대해서는 다음과 같이 이야기할 수 있다. 서양은 외적으로 객관화되고 대상화된 자연과 대상을 탐구하는 지점에 서 있다면, 동양은 내면적인 심성의 세계에서 우주적 초월을 탐색하는 지점에 서 있다고 할 수 있다. 그런데 이 둘이 각자 서 있는 지점에서 벗어나 상호 조제調劑한다는 것이 구체적으로 무엇을 의미하는지, 그리고 그 결과 실질적으로 어떤 화학적 결합을 가져올 수 있을지에 대해서는 섣불리 상상하기는 쉽지 않다.155) 이규성이 제시했던 '내외합일內外合

---

154) 이러한 맥락에 대해서는 이 글의 논평을 맡아주신 정세근 교수의 다음과 같은 지적에서 도움을 받았다. "전병훈은 병들어 일어서지 못하는 조국을 위해서 동서양의 모든 처방이 들어간 명약을 조제하고자 했다. 그가 굳이 여러 단어 가운데 동양과 서양의 '조제'라는 용어를 쓴 것은 그러한 관점을 드러내준다."(정세근, 「나의 공동체, 너의 공동체」, 조선대학교 우리철학연구소 학술대회, 2016.7.1. 논평문 중)

155) 앞서 살펴 보았듯이 이를 이규성은 "현실과 관계하는 실천적 인식과 자연에 관한 탐구의 길을 모색하는" '충실성'과 "우주적 심성의 세계를 추구하는 내적 '성실성'"으로 규정하고(이규성, 『한국현대철학사론 – 세계상실과 자유의 이념』, 이화여대출판부, 2012, 35쪽), 19세기 이래 "서민적 지성이 시대의 조류에 맞서 자신들의 주체적 자각에 의거 백성과 나라의 자주성을 고민하고 확립"했으며 특히 동학과 대종교의 철학은 동양 전통철학을 자유와 희망에 구도에서 변형시켜 시대적 현실에 적용했다고 주장한다.(이규성, 『한국현대철학사론 – 세계상실과 자유의 이념』, 이화여대출판부, 2012, 24~26쪽)

一'의 구도에 대한 '일관성 결여'라는 이병수의 비판에도 불구하고, 또한 전병훈의 '조제調劑' 시도가 올바른지, 유의미한지, 성공적인지 등의 여부도 차치하고, 우리는 여기서 근대전환기 도교전통에 속한 지식인의 '당대적當代的 문제의식'과 시도[사상적 모색] 그 자체에 먼저 집중할 필요가 있다.

(3) 경세론의 실제 :「정치철학」

『정신철학통편』의 각 편의 첫 문장은 '하늘에 근원한다[原天]'라는 구절로 시작하는데 비해156) 「정치철학」의 첫 문장은 "도덕은 하늘에 근원하는 것이고, 정치제도는 땅에 근원하는 것이다"157)라는 문장으로 시작한다. 즉 앞의 세 장이 주로 내성외왕內聖外王의 이론적 영역에 속한다고 볼 수 있다면, 이 장의 내용은 주로 외왕의 실제 제도를 다루고 있다는 것을 의미한다. 따라서 「정치철학」편에서는 주로 민주제, 공화제 등 서양의 정치제도를 이상적인 준거로 삼아, 3대 이전의 동아시아에도 예컨대『주례』에 기반한 예치禮治와 같이 훌륭한 정치 이념과 정치제도가 존재했음을 역설하고 있다.

> "오직 동아시아의 정치제도는 요순으로부터 하나라 상나라를 거쳐 주나라에 이르기까지, 비로소 찬란하고 위대하게 구비되었으니, 모두 민의民意를 위주로 하였다. 비록 '민주제'라고 해도 안될 것이

---

156) 즉 「정신철학」의 첫 문장은 "정신은 하늘에 근원한다" 「심리철학」의 첫 문장은 "심리는 하늘에 근원한다" 「도덕철학」의 첫 문장은 "도덕은 하늘에 근원한다"로 시작한다.

157) 『精神哲學通編(全)』, 249쪽 : "道德原於天, 政制本乎地也."

없을 것이다. 서구는 로마 민주제로부터 근세에 점차 민주 정치를
이룬 것까지 또한 이와 같으니, 어찌 천의天意가 아니겠는가!"158)

로마의 민주제로부터 서구 근세의 완성된 민주제도를 예로 들면서,
고대 동아시아에도 민의民意를 위주로 한 민주제가 있었다는 것이 전
병훈의 주장인데, 사실 이 주장을 받아들이려면 소박한 형태부터 더
발전된 혹은 완성된 형태의 민주제도를 염두에 두어야 할 것이다. 물
론 전병훈의 목적이, 과거 동양에도 서양의 발전된 제도가 있었다는
식의 논의에 고착되어 만족하는 것에 있는 것 같지는 않다. 왜냐하면
「정치철학」편에서 고대 동양과 당대 서양의 정치제도를 비교 고찰하
면서, 역시 이 둘의 상호 '조제調劑'를 통해 궁극적이고 이상적인 정치
이념과 정치제도를 구성할 것을 제안하고 있기 때문이다. 또한 민주
제에 대해서 '하늘의 뜻[天意]'이라고 절대적 긍정을 보내고 있는 점에
주목한다면, 이규성이 지적했던 19세기 이래 '서민적 지성'의 의식을
엿볼 수 있고, 더욱이 낙관적인 역사발전론의 흔적도 살펴볼 수 있다.
무엇보다 민의民意를 천의天意로 연결시키는 것은 『서경』, 『맹자』 이
래 유교나 도교 등 동아시아의 전통적인 사유라고 할 수 있다.

"동서양의 초창기를 거슬러 살펴보면, 군주나 황제라는 명칭이
있었더라도 민주가 아니면 무엇이겠는가? 처음에 가족으로부터 부
락추장까지, 추장으로부터 군주나 황제에 이르기까지 반드시 한 사
람이 사람들의 여러 의해議諧를 따라서 추대함으로써 이루어진 것

158) 『精神哲學通編(全)』, 250쪽 : "惟東亞之政治制度, 自堯舜歷夏商而至周, 始
乃粲然大備, 皆以民意爲主, 雖謂之民主制, 恐無不可也. 歐西之自羅馬民主
制, 以及近世寢成民主之治者, 亦猶是焉, 詎非天意乎!"

이니, 민주라고 말할 수 있다. 결코 정벌 전쟁이나 투쟁으로 즉위한 것이 아니다. … 중국의 희화씨·신농씨·요·순·동한의 단군·동명은 백성에 의해 추대되어 즉위한 자이다."159)

사실 전병훈의 이러한 주장에 대해서 오류를 지적하는 일은 어렵지 않다. 예컨대 정벌 전쟁이나 투쟁으로 뽑힌 게 아니라고 해서, 그가 반드시 '민의民意'를 대변한다고 볼 수는 없기 때문이다. 다시 말해서 '민의'로 뽑힌 것이 아니라, 다른 종류의 힘에 의해서 그 자리를 차지한 경우도 있을 수 있다. 또는 선거에 의해 선발되었다 하더라도 그 구체적인 제도 면에서 다양한 논의가 제기될 수도 있다. 다만 여기서 전병훈의 소박한 주장에 이의를 제기하기 전에, 앞의 인용문에 이어 그가 민주제로 주장하는 근거인 '민의'라는 개념에 주목할 필요가 있다. 즉 민주제의 제도는 시대별로 변천하며 후대로 갈수록 더욱 훌륭하게 진화해왔다는 것160)이 전병훈의 관점이지만, 그가 생각하는 민주제의 핵심은 '민의'에서 찾을 수 있다는 점이 중요하다.

"어떤 이는 요순 삼대를 군주정치(제도)라고 하지만, 요·순·주공이 모두 백성의 의견을 들어서 정치를 하였으니, 그럼으로써 공화헌법의 예치를 세웠으며, 만세의 도덕문명의 원류[祖法]을 열었다는 점을 모르는 것이다. … - 요와 주공의 시대에 아직 공화헌법이라는

---

159) 『精神哲學通編(全)』, 250쪽: "烏乎! 溯究東西草剏之世, 雖有君皇之名稱, 而罔非民主者何哉? 始初自家族而部落酋長, 自酋長而立爲君皇者, 必也. 一從人羣之議諧, 推戴以成, 故曰可名爲民主也. 決非征戰爭鬪而立矣. … 中之義農堯舜, 東韓之檀君東明, 爲民推立者."
160) 『精神哲學通編(全)』, 251쪽: "凡天下古今之制度, 後出者愈精愈美, 其亦天道人事之宜然."

이름은 없었지만 그 실제 정황은 이미 행해지고 있었다. - "[161]

다시 말해서 절차상 또는 형식상의 민주제도는 계속 변화 발전하는 것이므로, 그 제도 자체 보다 중요한 것이 있다고 보았는데, 그것은 바로 '민의'를 받들고 천하를 '공公'적인 것으로 여기는 민주공화제의 이상(지향)을 지키는 것이라는 게 전병훈의 입장이다. 물론 고대 중국에 이러한 이상(지향)이 존재했다고 해서 계속 과거(고대)에 머물러 있어서는 안되며, 당연히 더 진화된 제도를 받아들여야 한다는 것이며, 따라서 전병훈은 고대 중국에 존재했던 이상과 함께 당대 서구의 정치제도를 병렬하면서 비교하고 있다. 예를 들어 요와 순이 서로 선양禪讓한 것은 천하를 공公적으로 여긴 마음이라고 간주하여, '공화共和'의 기반을 닦은 것으로 규정하였고 이를 서구의 국회선거법과 비교하였다. 또한『주례周禮』에서 "나라에 큰 일이 있으면 서민들이 논의하고 선비들이 토론한다(國有大事, 則庶民議之, 士論之)"는 것을 '헌법'보다 먼저 기치를 수립한 것이라고 평가하며, 이를 서구의 의원입법議院立法 및 육법六法과 비교하였다. 그리고 그 결과 동양은 반드시 서양의 정치제도를 취해야 한다는 결론으로 귀결시켰다.[162]

그런데, 고대 동아시아의 훌륭한 정치 이상(지향)에도 불구하고, 왜

---

161) 『精神哲學通編(全)』, 251쪽 : "或以堯舜三代, 指爲君主之治, 殊不知堯舜周公皆聽民爲政, 以立共和憲法之禮治, 啓萬世之道德文明之祖法者也. … - 堯周之時, 未有共和憲法之名, 而其實情則已行矣."

162) 『精神哲學通編(全)』, 251쪽 : "堯舜之相禪, 是公天下之心, 可謂共和開基者, 而今歐西之國會選擧法, 可謂條理悉備, 愈進愈美者也. 如周禮, 國有大事, 則庶民議之, 士論之, 可謂憲法之先豎幟者, 而今歐西之議院立法, 六法以建邦, 治民之規, 亦可謂條理悉備, 愈進精美者也. 東必取西, 不亦宜乎!"

동양은 서양처럼 훌륭한 정치제도로 발전하지 못한 것일까? 여기에 대해 전병훈은 두 가지 원인을 이야기하고 있다.

"사람됨이 현명하지 않다 하더라도 만들어진 제도를 준수하기만 해도 또한 충분히 다스릴 수 있었다. … 현명한 사람이 있어도 정치에 이르기 어려웠다. 이것이 바로 주대 이래 3천년 동안 슬프게도 우리 동반구에 지치至治(지극히 잘 다스려진 이상적인 정치)가 보이지 않았던 까닭이다."163)

고대 동아시아에 '민의'에 기반을 두고 현명한 사람을 선출했던 훌륭한 정치제도가 존재했다는 전제 하에, 일단 제도가 정비되자 현자賢者가 아니더라도 제도를 준수하여 다스릴 수 있게 되고, 또한 역으로 현자라도 정치참여가 어렵게 되었다고 주장하고 있다. 사실 이런 논리는 요순의 선양禪讓과 우禹의 세습에 대해 천명天命을 이야기하며 해명했던 맹자의 이야기164) 속에서도 유사하게 발견할 수 있다. 다만

---

163) 『精神哲學通編(全)』, 250~251쪽: "雖然, 爲治之制度, 克善克備焉, 則後之繼治者, 人(雖)非賢, 而只遵守成規, 亦足以爲治也. 苟或反是, 則雖有賢者, 而難以致治. 此所以成周以降三千載間, 噫我東球, 未見至治者也."

164) 『맹자』「만장 상」6장: "萬章問曰 人有言 至於禹而德衰 不傳於賢而傳於子 有諸 孟子曰不 不然也 天與賢則與賢 天與子則與子 昔者舜薦禹於天十有七年 舜崩 三年之喪畢 禹避舜之子於陽城 天下之民 從之 若堯崩之後 不從堯之子而從舜也 禹薦益於天七年 禹崩 三年之喪畢 益避禹之子於箕山之陰 朝覲訟獄者 不之益而之啓曰吾君之子也 謳歌者 不謳歌益而謳歌啓曰吾君之子也 丹朱之不肖 舜之子亦不肖 舜之相堯 禹之相舜也 歷年多 施澤於民 久 啓賢能敬承繼禹之道 益之相禹也 歷年少 施澤於民 未久 舜禹益相去 久遠 其子之賢不肖 皆天也 非人之所能爲也 莫之爲而爲者 天也 莫之致而至者 命也 匹夫而有天下者 德必若舜禹而又有天子薦之者 故仲尼不有天下

맹자의 경우 상황을 중립적 (또는 긍정적)으로 수용하는 입장이지만, 전병훈은 정반대의 지점에서 비판적으로 바라보고 있다는 점에 주의해야 한다. 삼대三代 이후 동아시아 정치(제도)가 발전하지 못한 또 하나의 이유는 다음과 같다.

> "그러나 동아시아의 정치학은 오직 『서경』과 『주례』를 제외하면, 전문적인 서적이 없고, 경전 중에 혼잡하게 말하고 있어서 배우는 사람들이 요령을 얻기 어렵다."165)

즉, 삼대 이후 동아시아에는 정치 제도에 대해 연구한 전문 정치학 서적이 없다는 점을 지적하고 있다. 이 점은 삼대 이후 동아시아에 실질적으로 정치학이라고 할 만한 것이 없었다는 회의懷疑로까지 연결된다.

> "동아시아의 정치학은 복희씨와 황제와 요·순으로부터 주공의 주례에 이르기까지는 앞에서 서술한 바와 같으니, 이는 바로 경험적 사실이다. 공맹의 정치학의 경우에는 이론적 가르침이니, 이른바 (실제) 경험한 것이 아니다. 그렇지만 맹자로부터 지금에 이르기 까지 비록 정치학이 없다고 말해도 지나친 말이 아닐 것이다. 왜 그런

繼世以有天下 天之所廢 必若桀紂者也 故益伊尹周公 不有天下 伊尹相湯 以王於天下 湯崩 太丁未立 外丙二年 仲壬四年 太甲顚覆湯之典刑 伊尹放 之於桐三年 太甲悔過 自怨自艾 於桐處仁遷義三年 以聽伊尹之訓己也 復 歸于亳 周公之不有天下 猶益之於夏 伊尹之於殷也 孔子曰 唐虞禪 夏后殷 周繼 其義一也"을 참조.
165) 『精神哲學通編(全)』, 249쪽: "然東亞政治之學, 惟尙書周禮外, 未有專書, 而經傳中混雜說去, 故學人難得要領也."

가? 진시황의 전제 정권의 폐해가 생민生民들에게 수 천 년 동안 폐해를 끼쳤다."[166]

맹자 이후로는 정치 제도에 관한 올바른 이론도 없었고 또 제대로된 실천이나 실험도 진행되지 못했으며, 오로지 수천 년 동안 전제정권만 유지되었고, 이 때문에 동아시아의 백성들은 조상들의 민주정치를 오랫동안 잊어버리게 되었다는 것이다. 이와 달리 서양의 경우중세까지는 비슷한 경로를 거치다가, 칸트와 몽테스키외와 같은 위대한 정치가가 출현하여 헌법, 공화, 삼권분립 등 정치도덕의 이론을제창하여 사람들의 사고방식을 바꾸었고 여러 나라들이 이것을 시험하고 실행했다는 것이다.[167]

그렇다면 동아시아 근대 사람들은 이제 어떻게 해야 할까? 정치제도의 면에서 근본적인 이상(지향)은 당대의 서구에서 찾아야 함을 주장하면서도,[168] 또 한편으로 앞에서와 같이 고대 동양과 근대 서양의

---

166) 『精神哲學通編(全)』, 294~295쪽 : "東亞之政治學, 自羲黃堯舜, 以至周公之禮, 則如上所述, 是乃經驗之事實也. 至若孔孟之政治學, 則理論之垂訓者, 非所謂經驗者也. 雖然, 自孟子以至于今, 雖謂之無政治學, 恐非過論也. 何以然哉? 秦政專制之弊害, 流毒生民, 數千載."

167) 『精神哲學通編(全)』, 295쪽 : "觀夫歐西之政治, 亦多相類者, 向自部落酋長而至爲邦國民主, 經封建貴族,市政,專制諸般政治, 然後有若康德孟德斯鳩之大政治家者, 先後鼓唱憲法共和, 三政鼎立, 法治道德之論, 故能改革人之腦思也. 於是列國試驗而實行之. 克復民主公理之良法, 詎非哲學諸大家之心力所濟者耶! 嗟乎! 東亞之民, 反茫昧於祖先民主之治, 久矣."

168) 『精神哲學通編(全)』, 「再識」, 252쪽 : "論世之士, 引伸春秋三世之義, 由亂世以至昇平世,太平世, 而終以大同之說者, 謂今歐西戰告終, 和議聯盟, 實啓大同之萌芽. 然愚見, 尙未到其時也. 如海牙會之設, 陽託公理, 陰植強權, 究竟何補於世哉! 惟美總統, 主張人道正義, 其能成就世界之永久和平大同

'조제調劑'를 제안하고 있다.

　　"새로운 것[근대 서양]과 옛 것[고대 동양]을 조제하여, 민의를 법으로 다스리고 - 지방자치 -, 균전과 예치를 더함으로써 인도人道의 공리公理를 지극히 한다."[169]

　　"우리는 지금 구미歐美의 정치政治·헌법憲法·이재理財·공상工商과 각종 과학을 취하여 우리의 결점을 보완하고, 서양은 우리의 정제井制·균산均産·예치禮治·조례條例를 반드시 취하여 각기 원만한 발전을 기하며, 한결같이 하늘에 근원하고 백성을 소중히 여김을 임무로 삼아야 한다. 세계의 영락화평대동일통永樂和平大同一統의 기본이 여기에 있지 않겠는가?"[170]

　　여기에서 전병훈이 가리키는 '조제'의 실질적인 내용과 요소들은 무엇일까? 김학권에 의하면,[171] 전병훈이 지향하는 이상적인 정치형태는 민주제와 공화제가 동시에 성취되는 것으로, 이를 『예기禮記』「예운禮運」편에서 말하는 대동大同세계로 이해하고 있다. 대동大同 세계는 요堯·순舜·주공周公이 행한 지치至治이며, 화평和平의 실현으로

至治否? 苟非聖雄至德, 孰能廓掃世界惡氛, 太平極樂之致治, 有如康德所謂造化之妙用者乎? 噫!"

169) 『精神哲學通編(全)』, 295쪽 : "將調劑新舊而治法民意 - 地方自治 - 加以均田禮治, 以極人道之公理."

170) 『精神哲學通編(全)』, 340쪽 : "若夫政治則尤多加以損益, 補吾缺點者, 如今歐美之政治·憲法·理財·工商各科學是也. 然 西則必取我井制·均産·禮治·條例, 以各進充分圓滿, 而一以體天重民, 爲職志焉. 則宇內之永樂和平大同一統之基本, 顧不在此乎!"

171) 김학권, 「曙宇 全秉薰의 철학방법 고찰」, 16~17쪽.

이른바 "칸트가 말한 세계가 하나의 중앙정부를 세워 병력은 줄이고 화목을 도모하여 영원토록 즐겁고 평화로운 세상을 이루자는 주장"[172]과 같다는 것이다.

여기에 아울러 루소의 민약론民約論과 몽테스키외의 삼권분립론과 같은 서구 최신의 제도와 이론을 적극적으로 받아들일 필요가 있다. 전병훈은 특히 그 가운데에서도 칸트의 영구평화론에 주목하면서 이것이 자신의 이상세계와 같은 맥락에 서 있음을 강조하였다.[173]

이와 함께 고대 동양의 제도 중에도 당시 서양이 받아들여할 요소들이 분명히 있다고 역설하였다.

> "오직 서양은 정전제와 예치의 제도에 오히려 어두우니, 이것은 동양에서 취하여 하나의 화로에서 섞어 불릴 수 있으니, 이와 같이 '조제調劑'하면 세계의 정치가 장차 겸성兼聖 일통一統 평화平和 대동大同의 태평시대에 이르게 되어, 형벌을 사용하지 않고 지극한 덕의 서광이 비치며, 세상의 해야 할 일을 모두 끝마치게 됨을 다시 보게 될 것이다. 오호! … - 진시황의 전제정권의 폐해가 끼친 독이 다시는 세상에 용납되지 않을 것이니, 지금 죄목을 들춰내어 죽 늘어놓지는 않는다. 러시아나 독일 같은 제국帝國으로서 강권强權을 숭상하여 침략하기를 좋아하는 자들이 경계로 삼을 만하지 않은가! - "[174]

---

172) 『精神哲學通編(全)』, 284쪽 : "大道之治, 極其至公也. 世界大同, 民主共和 … 是乃至治之世, 和平之樂也. 堯舜周公至治之化, 何以加此乎! 然此則聖人所以有望於來世者, 卽康德所謂世界設一中央政府, 寢兵輯和永樂和平之論, 亦此意也."

173) 『精神哲學通編(全)』, 331쪽 : "… 秉薰謹案康氏此論, 乃啓世界永樂和平人享歡樂之至善聖心也"

174) 『精神哲學通編(全)』, 251~252쪽 : "惟西則尙昧井田禮治之制, 此可以取東

서양 정치제도의 위험성에 대한 전병훈의 분석은, 그것이 공리주의로 연관되어 패권주의, 특히 러시아나 독일 같은 제국주의에 빠질 위험성이 있다는 것이며, 이것을 막기 위해서는 동양의 도덕정치이론과 제도를 받아들일 필요가 있다는 것이다. 이를 위해 전병훈이 거론하는 것들은 다음과 같다. 먼저 주대의 예치禮治를 통해 백성들이 부끄러움을 자각하여 형벌을 사용하지 않게 되는 것을 목표로 하는 것[175)]이며, 이러한 목표를 이루기 위해 『주례』에 있는 '독법'이라는 제도를 예로 들고 있다. 독법讀法은 본래 매년 정월에 세시歲時에 따른 절일節日이나 길일吉日을 선택하여 사람들을 모아놓고, 마을의 장[州長]이나 학교의 장[黨正]이 중앙에서 만들어진 법령을 읽어 들려주던 제도인데,[176)] 전병훈은 이에 대해 「독법규칙구조讀法規則九條」를 지어 9가지 조목으로 그 내용을 설명했다. 즉 먼저 5가구를 비比로 하고, 5비比를 려閭로 하고, 5려閭를 리里로 하고, 5리里를 방坊으로 하고 5방坊을 향鄕으로 하여 각 단위 별로 나이가 많고 현명한 사람을 선출한다. 매월

以合治一爐, 如是調劑, 則宇內之政治, 將臻乎兼聖一統和平大同之郅隆, 復見刑措不用, 至德之曙光, 天地之能事畢矣. 烏乎! … - 秦始專制之弊害流毒, 更不容於覆載之間矣, 今不論列也. 帝國如俄德之尙强權, 好侵掠者, 破消, 可不爲鑒乎! - "

175) 『논어』 「위정」 : "道之以政, 齊之以刑, 民免而無恥. 道之以德, 齊之以禮, 有恥且格."

176) 독법과 관련하여 『근사록집해』에는 정이程頤의 다음과 같은 설명이 있다. "독법讀法은 주州의 우두머리가 정월 초하루와 세시歲時와 제사祭祀 때에 각각 그 주州의 백성들을 모아 법法을 읽은 다음 덕행德行과 도예道藝를 살펴 권면하고 과실過失과 악행惡行을 규찰하여 경계하는 것이 이것이다." (讀法, 如州長, 於正月之吉及歲時祭祀, 各屬其州之民而讀法, 以攷其德行道藝而勸之, 以糾其過惡而戒之, 是也)

삭망에 비比·려閭·리里·방坊·향鄕에 백성들이 모두 한 곳에 모여 서로 읍揖하고 좌정坐定한다. 그런 뒤에 낭독을 잘 하는 사람 한 사람이 정부에서 나누어 준 홀기笏記 – 홀기笏記에는 덕행 30조목과 죄악 29조목이 적혀 있다 – 를 낭독하며, 서로 덕행과 도의를 권면하고 잘못이나 범죄를 서로 경계한다. 지방관들은 이를 적극 장려하여 형벌을 사용할 필요가 없는 공동체를 만들도록 노력해야 한다고 주장했다.[177] 전병훈은 이를 예치의 대표적인 제도로 간주하였으며, 또한 일종의 지방자치제도와 연결시키기도 하였다.

이외에도 전병훈이 제시하는 고대 동아시아 정치제도의 미덕 중하나가 『맹자』의 정전제井田制이다. 그러나 황광욱이 지적했듯이[178] 정전제의 실제 이행을 주장했던 것은 아니고, 정전제가 가지고 있던 민산民産과 균산均産의 의미를 취할 것을 주장했다고 보는게 더욱 타당하다. 즉 물질문명으로 대변되는 서구 자본주의의 경제적 불평등을 염두에 둔 주장으로 볼 수 있다.

또한 전병훈이 기본적으로 도교전통에 속해 있다는 점을 고려할 때, 그의 「정치철학」 속에서도 이 점에 대해 주목할 필요가 있다.

"대도지치大道至治의 정신은 한결같이 주공·공자·칸트의 '전쟁을 종식시키고 모아서 화합함'·'세상을 통일하여 대동大同이 됨'·'형벌을 사용하지 않는 다스림'과 같은 의미이지만, 장생구시長生久視와 근원으로 돌아가고 명命으로 돌아가는[歸根復命] 참됨은 도가만이 가지고 있는 독특한 곳이다. 아, 지극하구나! 후세에 반드시 모

---

177) 『精神哲學通編(全)』, 273~278쪽, 「讀法規則」.
178) 황광욱, 「서우 전병훈의 생애와 사상」, 196~197쪽.

범으로 삼을 것이 있구나! …세계가 장차 지극히 다스려지는 날, 반박 귀진하여 승천하여 신선이 되고, 복희·신농·황제·단군·기자와 같은 겸성兼聖들이 출현한 다음에야 사람들이 반드시 (도가철학을) 믿고 따르겠구나! 그러나 겸성兼聖이 세상에 이르는 즐거운 세상이 어찌 멀겠는가!"[179]

이 구절에 대해 김성철은 "노자의 정치철학은 반전평화, 세계통일과 대동, 형벌이 사라진 덕치를 추구하는 취지에서 주공·공자·칸트의 철학과 궤를 같이한다. 하지만 도가는 한발 더 나아가, 장생구시와 목숨을 돌이키는 몸철학의 철리를 설파했다고 한다. 전병훈은 거기에서 도가철학의 특별한 미래가치를 찾았다."[180]라고 부연하였다. 앞의 「정신철학」편에서도 성진成眞과 겸성兼聖을 나란히 언급했듯이, 이곳에서도 겸성兼聖이라는 개념을 통해 도가의 정치철학과 함께 도교적 수양을 이야기하고 있다는 점을 살펴볼 만하다. 다시 말해서 자기 수양, 또는 개인적 구원을 의미하는 내성內聖과 사회적 구제를 의미하는 외왕外王의 도道를 병행할 것을 이야기하고 있다. 다만, 여기에서 수양 특히 도교적 수련이 경세론적 견지에서 어떤 역할을 하게 될지에 관해서 명확하게 드러나지는 않는다. 그러나 앞에서 이규성이 전병훈의 「천부경」해설을 "위생학적이고 연금술적인 자기 수련을 통해 우주

---

179) 『精神哲學通編(全)』, 307쪽 : "夫大道至治之精神, 一與周公·孔子·康德之息兵輯和, 統世大同, 刑措之治, 同趣也, 而長生久視·歸根復命之眞諦, 則道家獨擅而孤詣者也. 烏乎, 至哉! 後必有取法者乎! … 世將至治之日, 返眞昇仙, 有如羲農黃帝檀箕之兼聖者背出, 然後, 人必信服乎! 然兼聖造世之樂世, 何遠乎哉!"

180) 김성철, 「다투지 않는 공화」, 483쪽.

적 연대성과 자유를 얻고, 밖으로는 그 소통적 자유를 정치적 실천원리로 삼는 겸성의 철학"181)이라고 규정했던 것을 고려해볼 때, 온전한 이상정치가 펼쳐지는 지치至治의 시절[순간]에 도교적 정신精神수련이 결여되어 있다면 과연 그것을 '온전한' 행복이라고 할 수 있을까라는 질문을 던져주고 있다.

4 전병훈 『정신철학통편』의 사상사적 의미

이상으로 근대전환기 한국 도교의 흐름과 특징을 검토하며 특히 전병훈(全秉薰, 1857~1927)의 『정신철학통편』에 보이는 근대적 문제의식과 모색에 주목하였다. 먼저 근대전환기 도교의 전개양상 및 특징을 개괄하고 이러한 맥락 속에서 전병훈의 세계관과 정치관에 대해 고찰하였다. 즉 19세기 이래 도교전통에 주목하여, 즉 삼교합일의 전통, 내적인 합일의 전통, 체제비판적 경향, 민족주의적 전통, 현대사상과의 합일 전통이라는 맥락에서 전병훈의 『정신철학통편』에 보이는 근대적 문제의식을 고찰하였다. 그 결과 전병훈 역시 유·불·도 삼교 사상 및 윤리의식의 합일, 단군을 중심으로 한 민족의식, 서학(현대사상)과의 결합, 내면적인 집중을 통해 천天과의 합일을 꾀하고 있음을 확인하였다.

『정신철학통편』에서 드러난 문제의식은 '자유' 또는 '천天·원천原天'이라는 키워드로 귀결시킬 수 있는데, 문제는 이 둘을 어떻게 연결

---

181) 이규성, 『한국현대철학사론 - 세계상실과 자유의 이념』, 이화여대출판부, 2012, 206쪽.

시킬 것인가라는 점과 그것의 사상사적 의미를 어떻게 평가할 수 있는가라는 점이다. 먼저『정신철학통편』의 핵심개념에 대해서는 기존 대부분의 선행연구들도 거의 동일하게 지적하고 있다. 사실 매 편의 첫머리에 진정한 '자유'에 대한 개념정의와 함께, 또 바로 그 다음에 '하늘에 근원한다[原天]'는 규정이 등장하고 있는 점[182]을 보더라도, 이 책의 핵심 개념을 찾는 것은 그리 어려운 일이 아니다. 그러면 첫째, 이 둘 - '자유'라는 서구적 또는 근대적 관념과 '천天 · 원천原天'이라는 동양 전통적 관념 - 을 어떻게 연결시킬 것인가라는 문제가 남는데, 이 점에 대해서도 이미 선행연구에서 밝혀졌다. 예를 들어, 이규성은 국권상실과 역사상실 앞에서 자유라는 이념을 중심에 두고 '내외합일內外合一'의 구도로 설명하였는데, 이러한 구도는 오래전 김낙필이 분석했던 "개인적 소요에 그치는 것이 아니라 동 · 서양의 정신 도덕을 종합하여 이상사회를 건설하는 데까지 외연이 확장된 그런 자

---

182) 「정신철학통편서론(精神哲學通編緒論)」에서는 "인간의 자유(自由)는 신(神)을 길러 진인(眞人)이 되는 것보다 좋은 것이 없다."(人之自由, 莫如養神成眞者) "정신은 천天에 근원한다"(精神, 原天也)(『精神哲學通編(全)』, 19쪽)고 하였고, 「심리철학서언(心理哲學緒言)」에서는 "인간의 자유自由는 이치에 통달하여 성인의 위치에 도달하는 것보다 좋은 것이 없다."(人之自由莫如通理位聖者) "심리는 천天에 근원한다"(心理, 原天也.)(『精神哲學通編(全)』, 91쪽)고 하였으며, 「도덕철학서언(道德哲學緒言)」에서는 "인간의 자유(自由)는 도(道)를 이루고 덕(德)을 갖추는 것보다 좋은 것이 없다."(人之自由莫如道凝德備者) "도덕은 천天에 근원한다"(道德, 原天也.)(『精神哲學通編(全)』, 153쪽)고 하고, 「정치철학서론(政治哲學緒論)」에서는 "인간의 자유(自由)는 진아(眞我)를 이루고 겸성(兼聖)을 성취하여 세상을 다스림이 하늘에 합하는 것보다 좋은 것이 없다."(人之自由莫大於眞我兼聖造世合天者) "도덕은 천(天)에 근원하고 정치제도는 땅에 근본한다.(道德, 原於天 ; 政制. 本乎地也)"(『精神哲學通編(全)』, 249쪽)고 말하고 있다.

유."[183]라는 규명 속에서도 찾아볼 수 있다. 또한 더 근본적으로는 내성內聖·외왕外王과 수기修己·안인安人이라는 동양철학의 오래된 구도에서도 그 맥락을 읽을 수 있다. 전병훈의 구도 또는 문제의식 자체는, 이규성도 분석했듯이, 천天과의 합일合一을 통해 진정한 '자유自由'를 획득하고 이것이 내성內聖과 외왕外王의 영역에서 통합된다는 귀결이라고 할 수 있다.[184]

둘째, 그렇다면 그 철학적 의의는 무엇일까. 어쩌면 전병훈의 시도는 '자유自由'라는 근현대적 개념을 등장시킨 점이 특이할 뿐, 그 나머지는 전통적인 관점으로 볼 때 그다지 새로운 것이 아니라고 할 수도 있다. 그런데 그가 이야기했던 '자유'라는 개념 속에는 서구에서 일본으로, 다시 양계초를 거쳐 수입되어 온 사회진화론적 맥락의 함의와, 제국주의·강권주의를 거부하며 공화와 도덕을 강조했던 맥락의 함의와, 천인합일과 포월包越을 통해 개인과 사회의 구원을 꿈꿨던 동양전통 맥락의 함의가 동시에 포함되어 있었던 것으로 보인다. 앞서 살펴보았듯이 공리주의·패권주의·제국주의에 대한 경계, 서구 정치사상

---

183) 金洛必, 「曙宇 全秉薰의 道敎思想」, 『道敎文化硏究』 제21집, 韓國道敎文化學會, 120쪽.

184) 한정길은 "당대의 현실로부터 전병훈이 읽어낸 철학적 과제는 '주명성진(住命成眞)'과 '겸성(盡性)'으로 요약될 수 있다. 그의 정신철학은 바로 이 과제에 대한 응답으로 제시된 것이다"(한정길, 「서우 전병훈의 『정신철학통편』에 나타난 동서 철학 접변 양상」, 『동서 사상의 회통』, 동과서, 2019, 77쪽)라고 주장하며, 이에 대해 "이 과제는 '개인의 목숨 보존[住命]'과 '참나의 실현[成眞]'이라는 말로 표현된다."(한정길, 76쪽)라고 설명하였다. 그런데 이 역시 천(天)과의 합일(合一)을 통한 내성(內聖)·외왕(外王)이라는 중국철학의 전통적 구도로 귀결시킬 수 있다.

과 제도에 대한 이해, 유교의 역대 정치사 및 도교에 대한 그의 이해 등을 볼 때 전병훈 스스로 이 세 영역의 차이에 대하여 충분히 인지하고 있었음에도, 오히려 의도적으로 세 맥락을 그의 철학 속에서 '융합' 하려 했다고 볼 수 있다. 그리고 전병훈은 이에 대해 환자에게 약을 처방하듯이 아픈 세상을 구제하기 위한 '조제調劑'로 표현하고 있다. 전병훈 사상의 철학적 의의는 이러한 '조제'를 통한 '구세救世'에서 찾을 수 있다.[185] 특히 그의 근대적 문제의식이 한국 도교 전통을 중심으로 수많은 종류의 만남을 통해 전개[조제調劑]되고 있다는 점 자체에서 그 의의를 찾을 수 있다. 즉 '천天'과의 합일을 통해 '자유'를 만끽하고 이것이 내적인 개인 구원과 외적인 사회 구제 영역에서 '통합적'으로 구현된다는 전병훈의 사유는 기본적으로 도교를 기반으로 하면서, 동양전통과 서구근대의 만남, 유·불·도·서양철학의 만남, 영적 구원과 세속적 구원의 통합 등을 통해 근대가 가져온 여러 모순에 대해 실질적인 처방인 '조제調劑'에 대한 적극적 모색이라고 할 수 있다.

물론 전병훈의 모색은 전통적인 관점에서 볼 때 동도서기·중체서용·화혼양재와 같은 일종의 동서절충론의 틀에 속한다. 따라서 철학자로서 전병훈의 또는 그의 『정신철학통편』 이론의 탁월성 여부를

---

185) 김성환은 전병훈의 사상에 대해 기본적으로 도교 내단학을 토대로 동서양 철학의 통합을 시도했다고 규정하면서, 그가 20세기 초 서양철학을 처음 수용한 조선 지식인의 한 사람으로서 근대의 이념을 그대로 받아들이지 않고 '조제'라는 광대하고 능동적인 구세(救世)의 철학으로 부활시켰다고 평가하였다. (김성환, 『우주의 정오 - 서우 전병훈과 만나는 철학 그리고 문명의 시간』, 소나무, 2016, 1194~1219쪽)

판단하기 위해서, 무엇을 '어떻게' 절충할 것인가라는 그의 '조제調劑' 처방의 내용과 그 속에 담긴 그의 문제의식을 살펴보았다. 다시 말해서 본 연구에서는 전병훈은 자신이 살던 당시의 시대적 과제에 대해 얼마나 민감하고 명료하게 인식했으며, 얼마나 타당하고 적절한 답안을 내었는가를 찾아내고자 하였다.

그런데 전병훈이 속해있는 동서절충론에서 오늘날까지 해결되지 않은 문제는 여전히 '무엇을 어떻게' 절충할 것인가이다. 특히 절충해야 할 '무엇'은 도대체 무엇인가, 다시 말해서 '동양'과 '서양', '전통'과 '근대'를 각각 어떻게 규정할 것인가? 이에 대해서는 시대적 조건과 역사적 상황에 따라 다르게 답을 꾸려올 수밖에 없었는데, 이는 문제의 맥락 자체가 늘 변화해왔기 때문일 것이다. 동아시아라는 '특수'와 글로벌이라는 '보편' 속에서, 또한 19세기 과거에서 21세기 현재에 이르기까지, 절충해야 할 '무엇'에 대해서 다양한 맥락 속에서 답안을 규정할 수 있을 것이다. 또한 절충을 통해 이루고자 하는 '궁극적인 목표'에 대해서도 우리에게는 아직 구체적이고 세부적인 논의가 필요할 것 같다. 어쩌면 이러한 과정 속에서 '절충' 자체가 불필요한 것이라는 회의가 제기될 수도 있다. 따라서 전병훈의 동서절충론 속에 나타난 답안에 대한 판단은 보류해야 할지도 모르겠다. 그보다는 오히려 그의 문제의식 그 자체에 주목할 필요가 있다. 특히 동양과 서양, 전통과 현대, 전근대와 근대(성)와 탈근대, 로컬과 글로벌, 민족주의 nationalism와 초국가주의transnationalism(그리고 세계주의cosmopolitanism) 등의 문제를 해결하지 못하고 있는 오늘날에도, 전병훈이 지녔던 문제의식은 여전히 지속될 필요가 있음을 성찰할 필요가 있다. 김성환의 통찰과 같이 전병훈의 "경계를 넘나드는 철학적 모험"186)은 여전히 유효할 뿐만 아니라 반드시 필요한 것이라고 볼 수 있다.

물론 근대의 여러 문제점들에 대한 전병훈의 처방[조제調劑](의 내용)에 대해 어떻게 평가를 내려야 할지 판단하기는 쉽지 않다. 처방의 '유효성'에 대해서는 역사적 또는 사회과학적인 평가가 가능하지만, 그 '진리성'의 여부에 대해서는 평가하기 어렵기 때문이다. 여기서는 그가 제시한, '자유'라는 이념을 중심으로 한 '내외합일' 즉 내성內聖·외왕外王 또는 수기修己·안인安人이라는 구도가 올바른가라는 문제에 대한 평가는 일단 보류할 것이다. '자유'나 '내외합일'이 전병훈과 당시의 시대적 조건 속에서 (또한 보편적으로도) 중요한 개념일 수 있지만, 이들이 그 자체로 궁극적인 진리인지 쉽게 입증할 수 없으며, 따라서 한편으로는 일종의 가치판단의 문제에 속할 수 있기 때문이다.

다만 전병훈의 처방[조제調劑] 중 중요한 개념인 천天의 속성(그리고 '하늘에 근원함[原天]')에 대해서는, 그의 이론 전반에 대한 검토와 함께 깊이 있게 천착해볼 만 하다.187) '천天'을 어떻게 볼 것인가라는

---

186) 김성환은 도교·유교·불교·서양철학까지 동서고금에 두루 걸쳐 있는 전병훈을 경계를 넘나드는 철학적 모험가이며 한국지성사에서 보기 드문 지적 재창조(re-creat) 유형의 사상가라고 평하였다. (김성환, 『우주의 정오 – 서우 전병훈과 만나는 철학 그리고 문명의 시간』, 소나무, 2016, 1206~1215쪽)

187) 한정길은 "전병훈 철학에서 무엇보다 중요한 것은 그가 동·서 철학을 '회통'하고 '조제'할 수 있었던 그 근본 바탕을 규명하는 일이다. 전병훈에게서 동서철학을 융회시킬 수 있었던 토대는 바로 생명의 근원으로서의 '정신'이었다. 천에 관통하는 생명주체의 정신 심리가 진인이 되고 겸하여 성인이 되는 존재론적 근거로 설정된다. … 하늘에 근원을 둔 정신은 인간 생명에 내재되어 심리가 된다. … 정신의 심리가 마음속에 보존되어 있다가 바깥으로 드러나서 일상생활 속에서 실천되어 지선에 이르는 것이 바로 대도이고 정덕이다. 나아

질문에 대해서는 우선 앞에서 살펴보았던, 근대전환기 한국 도교 전통을 다시 상기해 볼 수 있다. 즉 전병훈이 합일을 지향했던, 근원으로서의 천天의 속성은 내면적인 집중을 통해 신과의 합일을 꾀했던, 혹은 초월(자)에 대한 직접적 일체화를 추구했던 근대전환기 한국도교 전통의 한 측면과 연관될 수 있다.

그런데 이 '천天'이 참된 자유의 근거가 되며, 이로 인해 개인과 사회의 구원이 성립될 수 있다는 점에서 간혹 오해의 소지가 발생할 수도 있다. 다시 말해서 전병훈의 '천天'은 천주교의 상제上帝와 같은 인격신이나 성리학의 '이법理法'과 같은 개념으로 보아서는 안된다는 것이다. 이규성은 이와 관련하여, "주자학적 교양을 가진 전병훈이 단군의 '정신철학'을 형이상학으로 해석하는 경향이 있었던 데에 비해, 당시 대종교인들은 태극이라는 창조적 생산력을 발휘하는 하느님을 초월적 인격신으로 숭앙하는 종교적 자세를 갖고 있었다"[188]라고

가 천지의 도덕을 체득한 이가 권력을 잡아 사람들을 독려하여 세계의 통일과 공화의 사업을 이루어나가는 것이 바로 정치이다. 전병훈은 하늘에 근원을 둔 '정신'철학의 관점에서 동양과 서양철학을 회통하고 조제하여 융회시킨다."(한정길, 「서우 전병훈의 『정신철학통편』에 나타난 동서 철학 접변 양상」, 『동서 사상의 회통』, 동과서, 2019, 121쪽~122쪽)라고 하였다. 이 분석은 전병훈의 정신철학-심리철학-도덕철학-정치철학의 체계를 일관되고 정합적으로 관통한 훌륭한 통찰이라고 할 수 있다. 그러나 본 연구에서는 앞서 언급했듯이 정신-심리-도덕-정치의 근본을 관통하는 개념이 '하늘에 근원한다[原天]'는 것이라고 보았다. 사실 전병훈의 철학 속에서 천天=정신=심리=도덕=정치가 근본적인 차원에서 분리될 수 없는 범주라고 보아야 정확할 것이고, 한정길의 통찰이나 필자의 분석의 차이도 크게 보았을 때는 별 차이가 없는 것일 수도 있다. 하지만 한정길이 지적했듯이 "그 근본 바탕을 규명"하기 위해서 어떤 개념-'정신' 또는 '천(天)'-에 집중해야 하는가의 문제는 연구자의 입장에서 가볍지 않은 차이일 수 있다.

비교하였다. 또한 조남호는 "현상 차원에서의 도덕성을 평가할 수 있는 형이상학적 근거로서 천天이라는 개념"[189] "전병훈은 천天이라는 형이상학적인 최고 본체 개념으로부터 인간의 자유를 이야기"[190]했다고 분석했다. 기본적으로 이러한 이해방식에 동의하지만, 조금 더 섬세히 접근해보면 '형이상학 (본체)'라는 말을 적용할 수 있을지 조심스럽다. 이들이 이 용어를 그리 심각한 의미로 사용한 것은 아닌 것으로 보인다. 화서학파에 속하는 '주자학적' 교양을 감안했다던가, 전병훈의 「도덕철학」만을 연구대상으로 삼고 '도덕 형이상학' 또는 도덕의 '형이상학적 근거'를 찾는 과정에서 이런 용어를 사용했을 것으로 보인다. 실제로 이런 맥락에서는 적절한 설명이라고 납득하고 수긍할 수 있다. 그러나 좀 더 넓은 범위에서 본다면 '형이상학'에만 국한시킬 수 없는 것이라고 판단된다. 이것은 전병훈의 수양론에서 수련도교적 전통을 어떤 방식으로 개입시킬 것인가라는 질문과도 연관이 된다. 앞서 이규성은 대종교의 흐름에 대해 소개하며 "이러한 심성론적 자기 인식은 심층에서 우주적 생명 원리와 접속된다. 삼라만상의 다양한 세계는 하나의 본체적 생명원리의 표현이다."[191]고 했는데, 여기서 '생명'이라는 좀 더 폭넓은 이해를 만날 수 있지만, 이 역시 기본적으로 신유학적 개념과 체계를 염두에 둔 것으로 보인다.

---

188) 이규성, 『한국현대철학사론 – 세계상실과 자유의 이념』, 이화여대출판부, 2012, 195쪽.

189) 조남호, 「전병훈 도덕철학연구 – 전통과 현대의 관점에서 – 」, 166쪽.

190) 조남호, 「전병훈 도덕철학연구 – 전통과 현대의 관점에서 – 」, 164쪽.

191) 이규성, 『한국현대철학사론 – 세계상실과 자유의 이념』, 이화여대출판부, 2012, 185쪽.

그런데 전병훈의 경우, 정신철학과 심리철학이 하나일 수도 있고 떨어질 수도 있지만, 정신철학은 기본적으로 수련도교의 내단학적 전통이 많이 포함되어 있는 것으로 볼 수 있다. 다시 말해서 내성과 외왕의 구도에서, 전병훈의 내성內聖은 다시 심성론적 마음 수양론과 수련도교의 정精·기氣·신神 수양론으로 구분할 수 있다. 이를 성명쌍수性命雙修로 표현한다면, 명命의 영역192)의 공부에 해당될 수 있는데, 여기에 '형이상학'이나 '본체'라는 용어를 적용시키는 것은 약간 미흡한 감이 있다. 그러므로 필자는 전병훈이 합일을 지향했던, 근원으로서의 천天의 속성에 대해, 좀 더 도교 혹은 도가적 해석에 접근할 필요를 느낀다. 즉 형이상학적 본체보다는 좀 더 '개인주의적이고, 자연주의적이고, 생태주의적인'193) 원리로 해석할 필요가 있다. 다시 말해서 전병훈의 천天은, 내면적인 집중을 통해 신神과의 합일을 꾀했던, 혹은 초월(자)에 대한 직접적 일체화를 추구했던 근대전환기 한국도교 전통의 한 측면과 연관된 것으로 보는 것이 보다 타당할 것이다.

---

192) 玄牝成眞之道, 玄牝之內, 凝神住命之哲理, 長生久視 등

193) 전병훈의 천天의 속성에 대한 이 관점은 이 글의 논평을 맡아주신 정세근 교수의 지적으로부터 도움을 받아 보다 명료하게 구성될 수 있었다. 정세근 교수는 아울러 "당시의 사상가들을 절충 또는 혼효주의(syncretism)라고 보는 것은 오히려 우리의 시각이 그것에 해당될 때가 많아, 그들의 분명한 문제의식과 해결책을 (삼교/사교)합일이라는 말로 얼버무리는 것은 아닐까?"라는 질문을 제기하였다.(정세근, 「나의 공동체, 너의 공동체」, 조선대학교 우리철학연구소 학술대회, 2016.7.1.논평문 중) 가르침에 거듭 감사를 표한다.

제**3**장

근대전환기 한국불교의 모순 인식과 반응[1]

1 근대전환기 한국불교 연구의 방향

본 연구에서는 구한말 개항기로부터 일제 강점기에 이르는 시기 동안 한국불교가 만났던 시대적 모순과 그에 대한 한국불교의 인식 및 반응 양상을 연구 분석하였고, 이를 통해 친일 – 항일의 구도와 함께 종교와 정치권력, 출세간적 진리와 세간적 국가라는 분석틀을 제시하며 당시 불교인들이 느꼈던 중층적이고 다면적인 딜레마 상황을 조망하고자 하였다.

근대전환기라는 현실 속에 봉건질서(전근대)의 모순과 제국주의 외세의 침략이라는 모순은 반봉건(근대화)와 반외세(민족주의)라는

---

1) 이 글의 제1절과 제2절은 '우리철학 어떻게 할 것인가?'의 프로젝트를 진행하는 과정에 발표한 「개항기 한국불교의 모순 인식과 반응」(『인문학연구』 제54집, 조선대학교 인문학연구원, 2017)의 내용을 중심으로 보충하였고, 제3절은 「근대전환기 한국불교 교단의 지향 : 국가권력의 '외호'에서 자립으로」(『동양철학』 제47호, 한국동양철학회, 2017)의 내용을 중심으로 수정 보완하였으며, 제4절의 내용은 추가로 작성하였다.

시대적 과제를 던져주었는데, 이런 가운데 한국불교계에는 한국불교 전통과 불교교단(승단)을 수립·유지해야 한다는 불교적 과제[호법護法]도 함께 주어졌다. 이는 불교 안에 내재되어 있던, 그러나 그동안 진지하게 인식하지 못했던 출세간-세간, 성-속, 종교-정치권력 간의 딜레마와도 맞물려 있었다. 다시 말하면, 근대전환기라는 시대적 상황에 의해 한국 불교가 만났던 모순은 두 측면으로 바라볼 수 있다. 첫째 당시 다른 모든 종교·사상·학술·문화계에서 동일하게 맞부딪친 시대적 모순이기도 했지만, 둘째 시대적 모순을 계기로 하여 드러난 동아시아(한국) 불교 또는 불교 자체에 내재하고 있던 모순일 수도 있다. 예를 들면 '호국불교'나 '통불교' 등과 같이 동아시아 불교의 (정체성) 문제, 그리고 성-속, 출세간-세간의 불교 자체의 문제를 의미한다. 그러므로 반봉건과 반외세(반제국주의)라는 시대적 과제를 불교계에서 언제부터 어떻게 인식하기 시작했는지 그리고 그 모순에 반응하는 과정에서 출세간-세간 및 호법護法-호국護國(그리고 호민護民)의 논리는 어떤 형태로 개입하여 어떠한 영향을 끼치며, 각자의 처신 및 노선을 정당화해나갔는지를 살펴볼 것이다. 또한 이러한 시대적 모순과 불교 내의 딜레마가 드러난 급박하고 복잡한 현실 속에서 시대적 과제와 불교적 과제에 대해 현실적인 해결의 방향을 정하고 이에 대해 이론적으로 어떻게 정당화해나가고 있는지에 대해서도 분석할 것이다.

즉 이 연구의 목적은 근대전환기 시대적 모순에 대해 불교적 관점으로 인식하는 방법, 반응하는 양태를 고찰하는 것이다. 기존의 연구들처럼 결론은 항일-친일로 귀결될 수 있겠지만, 항일-친일이라는 결론에 도달하기 위해 불교적 맥락에서 어떤 이론과 근거를 가지고 어떻게 정당화하는지 과정에 주목하고자 한다.

1) 연구 동향 검토

근대 전환기 불교에 관한 연구는 1993년 임혜봉의 『친일불교론』이후로 본격적으로 많은 양을 축적해왔다.[2] 특히 불교사나 국사학계에서 많은 연구가 나오고 있으며 종교학계에서도 상당한 연구가 진행되고 있다. 이 글은 이 가운데 방법론적 측면에서 강돈구와 조성택의 연구에서 영감을 받았다. 강돈구[3]는 그의 박사학위논문에서 근대의 종교운동들이 지니고 있는 민족주의적 성격에 주목하여 종교민족주의라는 개념을 제시하였다. 그는 당시 사회적 영향력과 역사적 중요성을 고려하여 선택한 9종의 종교들을 대상으로, 민족의 '개별성(정체성)'과 '통합성', 그리고 그 시대 민족주의의 과제라고 할 수 있는 '반외세'를 주요 인식틀로 삼아 종교민족주의의 내용을 분석하였다. 다만 이 글이 시작 단계에서부터 그의 연구로부터 실질적으로 많은 영

---

2) 물론 그 이전에도 근현대에 관한 연구가 없었다는 것은 아니다. 이 글에 대해 심사를 진행해주신 분이 지적해주신 것처럼 남도영, 우정상, 신국주, 이기영, 서경수, 목정배, 정광호 등의 연구가 있었던 것이 사실이다. 또한 임혜봉의 책이 연구서라기보다는 자료집 성격이 강하다는 지적도 타당하다. 그렇지만 양적인 면과 질적인 면에서 볼 때 본격적인 연구가 진행된 것은 임혜봉의 저서 이후로 판단된다. 지적해주신 것처럼 과거의 연구는 "부분적인 연구"가 많았으며, 또한 임혜봉의 이 책이 자료집 성격이 강하기 때문에 오히려 이후에 더욱 본격적인 연구-찬·반 어느 쪽의 입장으로든-가 진행된 것으로 생각된다.
3) 강돈구, 「한국 근대 종교운동과 민족주의의 관계에 대한 연구-종교민족주의의 구조적 다양성을 중심으로-」, 서울대학교 대학원 종교학과 박사학위논문, 1990.

감을 받은 것은 사실이지만 아쉬운 점도 있다. 즉 이 글의 문제의식에 입각하여 볼 때, 근대의 종교운동이 만날 수밖에 없는 또 하나의 문제인 '근대화(반봉건)'에 대해서는 분석하지 않은 점은 아쉬울 수밖에 없다.

시대적 과제에 대한 인식과 반응이라는 차원에서 근대 불교의 스승들의 성향을 몇 가지 유형으로 분류하는 작업은 일찍부터 시도되었다. 예컨대 여익구는 근대불교의 흐름을 첫째, 개화승 이동인적 인식 둘째, 이회광류의 권승 계통의 인식, 그리고 셋째, 현실 참여 없이 신비적 선정 속에서 세상을 내려다보았던 청담류의 경허 선사적 인식으로 구분하였다.[4] 강돈구는 근대불교의 흐름을 첫째, 친일불교 둘째, 전통불교의 고수 또는 혁신, 그리고 셋째로 민족운동 또는 독립운동의 측면으로 분류하였다.[5] 심재룡은 네 가지 유형으로 분류하면서 전통주의자 경허, 개혁주의자 백용성, 개혁주의자 박한영, 혁명주의자 한용운(또는 극보수적 전통주의자인 경허, 두 온건개혁파인 백용성과 박한영, 극진보적 개혁주의자인 한용운)을 거론하였다.[6] 이병욱은 사회참여를 기준으로 3가지 유형으로 구분하였는데 첫째 사회참여를 지향하는 한용운의 사상, 둘째 불교계 개혁 또는 변화에 앞장선 박한영과 백용성의 사상 셋째 전통을 계승하는 방한암의 사상이다.[7] 조을

---

4) 여익구, 「한국 근대불교의 전개와 그 역사적 전개」, 불교사회문화연구소 편, 『현대한국불교론』, 여래, 1983, 39쪽
5) 강돈구, 「한국 근대 종교운동과 민족주의의 관계에 대한 연구 - 종교민족주의의 구조적 다양성을 중심으로 - 」, 서울대학교 대학원 종교학과 박사학위논문, 1990, 95쪽
6) 심재룡, 「근대 한국 불교의 네 가지 반응 유형에 대하여 - 論 : 한국 근대 불교의 四大 思想家」, 『철학사상』 16, 2003

규는 수행회복형(경허,만공) 불교유신형(한용운, 이영재) 원융적개혁형(백용성, 박한영, 백학명) 불교학근대형(이능화 권상로)과 같이 넷으로 분류하였다.[8] 이상과 같이 근대 불교사상가를 분류할 때 빠지지 않고 들어가는 것이 개혁 혹은 혁명이며, 이들은 '개혁'이건 '혁신'이건 '혁명'이건 '유신'이건 반드시 '근대'에 대한 화두를 가지고 있을 수밖에 없었다. 특히 불교의 교육, 제도, 포교, 종단, 학술 등 실제적인 제도를 포함하여, 불교 전체가 (국가·사회와 연관되어) 지향해야 할 방향에 대해서 고민할 때 '근대성'을 염두에 둘 수밖에 없었다. 그런데, '근대'를 대표하는 문예·학술·사상은 거의 대부분 일본이라는 필터를 거쳐서 한국에 들어왔다고 할 수 있다. 그렇다면 이들 불교지도층들은 불교민족주의를 중심으로 반외세(반제)의 모순에 대한 명확한 인식과 함께, 불교근대화를 중심으로 반봉건(근대화)에 대해서도 분명한 생각을 가지고 있었다고 할 수 있다.

반봉건(근대화)라는 측면에서 본 논문과 유사한 문제의식을 제기한 것은 조성택이다. 그는 항일 또는 친일의 구도가 근대 한국 불교의 다양한 측면들을 보다 섬세하게 포착하는 것을 방해할 뿐만 아니라, 조계종단의 성립을 근대 한국 불교의 완성으로 기술함으로써 식민지 시기 동안 펼친 한국 불교의 다양한 근대화 노력들에 대한 정당한 역사적 평가를 도외시하는 결과를 낳는다고 보았다. 따라서 그는 "이제 근대 한국 불교사에 대한 '민족주의적 역사 기술'을 대신할 새로운

---

7) 이병욱, 「한국근대불교사상의 세 가지 유형 – 근대적 종교상황에 대응하는 새로운 종교활동이라는 관점에서」, 『신종교연구』 제20집, 한국신종교학회, 2009.

8) 조을규, 「한국 근대불교개혁운동 유형에 대한 연구」, 서울대학교 대학원 석사학위논문, 2010.

내러티브라 필요한 시점"이며 "항일 – 친일이라는 이분법적 접근의 한계와 현재 중심주의적인 역사 기술의 오류를 벗어나, 새로운 내러티브의 가능성을 모색하는 한 시도로 '딜레마'라는 관점을 통해 근대 한국 불교를 조망해보고자" 노력하였다. 구체적으로 한국 불교가 겪어야 했던 딜레마의 원천을 식민자의 종교가 불교라는 사실, 그리고 당시 일본 불교의 선진성으로 지적하며, 이러한 딜레마의 경험을 일본 불교와의 관계 설정의 곤란함에서 비롯되는 정체성의 문제와 한국의 계몽적 민족주의 지식인들의 한국 불교에 대한 '양가적兩價的 인식'에서 비롯하는 문제라는 두 측면에서 접근하였다.9) 그러나 그의 관점에는 친일 – 항일의 구도만으로는 시대적 모순이나 성 – 속의 모순에 대한 다양하고 다면적인 인식과 반응을 다 담아내기 어렵다는 점, 그리고 '딜레마'라는 개념을 도입했다는 점에서만 동의할 수 있을 뿐이다. 왜냐하면 기본적으로 친일 – 항일의 구도를 포함하여 다양한 맥락에서 살펴보고자 하는 것이지, 친일 – 항일의 구도를 폐기해버릴 경우 결국 친일의 긍정과 허용이라는 또다른 오독으로 흐를 수 있기 때문이다. 즉 '친일 – 항일'라는 민족모순의 문제는 '근대화 – 전근대'라는 계급모순의 문제와 함께 고찰해야 할 뿐만 아니라, 이와 함께 불교의 수호라는 '호법'의 문제도 함께 고려해야 한다. 이러한 관점에서 불교의 본의에서 본 '한국불교전통'의 문제, 승단의 외호 – 자립과 관련된 '정교분리' 문제, 교리나 제도의 '개혁 – 계승·유지' 문제 등 다양한 문제와 해법들이 각각 어떤 입장에 서 있으며, 어떤 맥락을 적용시켜 바라보는지 연구해야 한다. 불교가 발을 딛고 있는 근대전

---

9) 조성택, 『불교와 불교학 : 불교의 역사적 이해』, 파주 : 돌베개, 2012, 238~244쪽.

환기의 현실 속에서 근대와 전근대는 모순적 현실이었던 것처럼, 그리고 불교의 근대화논의(개혁론)와 조선 이래 억불책이 모순적 현실이었던 것처럼, 친일과 항일은 분명히 엄존하던 모순적 현실이었다. 현실을 제외하고 이념적 측면에서만 본다면 근대화 - 전근대, 항일 - 친일이 불교의 이론 속에서는 상호모순되지 않는다고 설명할 지도 모른다. 그렇다면 당시 한국불교의 근대화, 한국불교전통 수립, 불교 교리의 계승 등의 문제도 불교의 이론 속에서는 불필요한 노력이었다고 할 수 있을까? 주지하다시피 피할 수 없는 모순적 현실 속에서 어느 편도 들지 않고 모든 것을 포용한다거나 정치적 중립을 지킨다는 논리는 결국 순조로운 생존을 위해 강자의 편을 선택하는 정치적 입장과 같다. 이론은 양자의 모순을 포용할 수 있지만 구체적인 실천은 분명한 선택으로 나타나기 때문이다. 또한 불교의 이론은 불교 안에서는 진리성이 항상 인정되지만, 세속의 국가나 민족 공동체에서는 항상 그런 것은 아닐 수도 있다. 예컨대 단순히 친일 - 항일 구도를 폐기하고, 국가와 민족을 뛰어넘는 불교의 보편적 진리성만을 긍정하는 입장에서, 다시 말해서 불교 이론과 전통의 수호라는 호법의 입장에서만 서서 당시 현실적인 친일은 불교 전통을 수호하기 위해서 불가피했다는 결론으로 귀결될 수도 있다. 그런 경우라면 민족 또는 국가 공동체의 입장에서는 당연히 불교의 이론과 전통을 배격하게 될 것이고, 구제할 중생이 없는 부처, 태어나 생장할 수 없는 부처와 같이 성 - 속(숲 - 마을)의 딜레마에 빠지게 될 것이다. 따라서 불교 이론, 제도, 교단 등의 존속을 포함한 현실의 불교계를 위해서도 친일 - 항일의 구도는 폐기하지 않는 것이 유익할 것이다.

근대전환기 한국불교의 반응에 대해서는 크게 두 가지 측면에서 접근할 수 있다. 모순에 대한 인식과 함께 그에 대한 외적인 반응(대응)과 내적인 반응(대응)이다. 즉 모순을 어떻게 어떤 측면에서 인식하느냐에 따라 제도의 변화, 실제 사회적 활동과 같은 실천적 반응의 측면과 불교 이론에 근거한 이론적·사상적 반응의 측면으로 나눌 수 있다. 외적인 반응은, 순수한 또는 깊이 있는 불교 이론이나 철학적인 내용보다는 제도나 종교운동 같은 실천적 측면을 주로 다룰 수 있고, 내적인 반응은 근대전환기 불교사상가들의 불교 이론 그 자체를 대상으로 교리적 천착을 통해 사상적 구조와 내용을 분석하는 데 집중할 수 있다. 불교의 교리가 본래 이론과 실천 두 측면에 모두 걸쳐있듯이, 이 두 측면은 당연히 서로 긴밀하게 연관되어 있으며 따라서 함께 다루어져야 하는 것이 분명한 사실이다. 다만 분량이나 논지전개상 편의를 위하여, 먼저 이 중 첫 번째 측면, 즉 근대전환기 모순에 대한 한국불교의 외적인 반응을 다루고, 그 다음으로 내적인 반응 즉 한국불교의 이론적·철학적 반응에 대해 다루도록 하겠다.

2) 호국불교에 관한 논의
: 호법護法과 호국護國, 그리고 호민護民의 길

근대전환기의 위기상황 속에서 한국불교가 경험했던 중요한 사건과 선택을 고찰하기 전에, 우리는 보다 근본적인 질문을 던질 필요가 있다. 만일 불교의 교리가 보편성을 지니고 있는 진리라고 전제한다면, 불교의 입장에서 일본 제국주의의 침략을 어떻게 다루어야 할까? 근대전환기 불승 또는 불교인들이 만나게 되는 시대적 모순과 그 반응양상의 기저에 이러한 근본적인 질문이 제기될 수밖에 없다. 강돈

구는 이에 대해 종교민족주의라는 개념을 제시하며 보편성과 특수성의 문제를 다루고 있다.[10]

이러한 보편성과 특수성의 문제는 현실 속에서 종교적 진리를 추구하는 수도자가 세속과 또한 세속적 권력과 어떻게 관계 맺을 것인가라는 문제로도 나타날 수 있다. 기본적으로 인도사상이나 초기불교에 聖과 俗, 열반의 '피안彼岸'과 탐貪・진瞋・치痴로 얼룩진 세속의 '차안此岸'은 서로 모순대립 지양되면서도 동시에 서로 뗄 수 없는 관계[11]이다. 이와 관하여 권오민은 세속의 마을(grāma)과 숲(vana, 혹은 산), 차별의 세계와 무차별의 세계, 현상과 실재, 변화와 부동, 허위와 진실, 세속과 열반으로 구분하고, 인도철학과 초기불교에서 이렇게 서로 대립된 이원의 세계로 드러나는 양자의 관계가 만나는 방식을 세 가지로 설명하고 있다.[12] 聖과 俗의 관계, 숲과 마을의 관계가 둘

---

10) 강돈구, 「한국 근대 종교운동과 민족주의의 관계에 대한 연구 – 종교민족주의의 구조적 다양성을 중심으로 – 」, 서울대학교 대학원 종교학과 박사학위논문, 1990, 3쪽 : "모든 종교는 인간과 사회를 구원하려는 보편주의적 이상을 함유하고 있다. 그러나 이러한 보편주의적 이상은 구체적인 시대와 사회적인 여건속에서, 민족에 의해 실현될 수 있는 것이기 때문에 언제든지 역사적 특수성의 옷을 입고 나타난다."

11) 최연식은 이를 "대립 속에 공존하는 변증법적 관계"라고 규정하였다.(최연식, 「聖과 俗의 대립 – 조선초기의 유불논쟁」, 2005, 36쪽)

12) 첫 번째는 양자의 모순을 철저히 극대화시켜 어느 한편의 입장을 부정하고 다른 한편을 긍정하는 것이고, 『베다』의 찬가와 『브라흐마나』와 『아란야카』와 『우파니샤드』가 여기에 해당한다. 두 번째는 양자를 절충 통합하는 것으로, 『마누법전』이나 『마하바라타』에 나오는 삶의 과정 이야기, 욕망이나 의도, 결과에 집착함이 없이 행위할 때 세속의 행위가 해탈의 도로 된다는 『바가바드기타』의 논리 등이 여기에 해당한다. 세 번째는 양자를 통일하거나 양자의 구도자체를 지양 극복하는 관점이다. 대승불교와 힌두교(베단타)에서는 '生死가

이 아니[不二]라면, 종교와 정치의 관계는 어떻게 규정되어야 할까. 상가僧伽(samgha)는 교단유지를 위해서는 세속으로부터 물질적 지원을 받아야 하므로, 불교교단은 이념적으로는 세속을 지양했지만, 동시에 현실적으로는 세속사회의 지원에 의존하지 않을 수 없었다.

다만 초기의 불교도들은 정치의 권위보다는 교단의 권위를 강조했다.[13] 즉 초기불교에서 붓다가 설정한 불교와 정치권력 간의 관계는, 불교 교단이 정치권력과 유착되는 것을 금지하는 것이었다. 왕권과 교권은 정교분리를 원칙으로 하여, 서로 협력하고 지원하는 공생적인 관계를 유지하는 것이었다. 따라서 교단은 왕권을 비롯한 정치권력을 비판하거나 부정하지 않았으며 왕권은 법적 경제적 측면에서 교단을 지원하였다.[14]

중국에서도 남조南朝 불교에서는 혜원慧遠(334~416)의『사문불경왕 자론沙門不敬王者論』등 정치권력의 지배로부터 일정정도 독립성을 지키려는 노력이 있었으나, 북조北朝 불교에서는 왕의 정치권력을 위해 봉사하거나, 부처와 국왕을 동일시하기 시작했다.[15] 북조불교의

바로 열반'이며 '번뇌가 바로 보리(깨달음)' 不二의 입장이며, 이러한 숲과 마을의 통일[不二論]적 모색은 동아시아에 와서는 더욱 절정에 달하여 숲[眞]과 마을[俗]의 이원성이 파기된 원융의 세계가 제시된다. (권오민,『인도철학과 불교』, 민족사, 2004, 25쪽, 464~479쪽)

13) 최연식,「聖과 俗의 대립 – 조선초기의 유불논쟁」, 2005, 36~37쪽.

14) 윤종갑,「불교와 정치권력 – 정교분리에 관한 붓다의 관점을 중심으로」, 동아시아불교문화학회,『동아시아불교문화』8권, 2011, 249~250쪽.

15) "법과는 매번 말하길 "'태조(도무제道武帝)는 총명하고 불도를 좋아하는 군주로서, 곧 현재의 여래이니, 사문은 마땅히 예를 다하여야 한다'라고 하며 마침내 항상 절을 하였다. (그리고) 사람들에게 '능히 도를 넓히는 자는 군주이다. 나는 천자에게 절을 하는 게 아니라 곧 부처에게 절하는 것일 뿐이다'라고 하

'왕즉불王卽佛'사상은 삼국시대와 고려로 전파되었고, 출세간의 문제

였다.(『魏書』(二) 권114, 「釋老志」: 法果每言, 太祖明叡好道, 卽是當今如
來, 沙門宜應盡禮, 遂常致拜. 謂人曰, 能鴻道者, 人主也, 我非拜天子, 乃是
禮佛耳.)"라는 북조의 법과(法果)의 언행을 살펴보면 남조 혜원의 『사문불경
왕자론』과 명확히 상반된 태도를 보이고 있다는 것을 알 수 있다. 또한 뒷 구절
을 보면 왕즉불(王卽佛) 사상이 나오게 되는 배경까지 짐작할 수 있다.
  이에 대해 최연식은 다음과 같이 설명하고 있다. 중국 남조의 불교교단이 정치
권력의 지배로부터 독립성을 지킬 수 있었던 또 하나의 이유는, 남조가 동진의
지배 하에서 상대적으로 정치적 안정을 구가했기 때문이라는 것이다. 반면 "북
조에서는 5호의 16국이 난립하며 전쟁이 끊이지 않았고, … 따라서 북조의 불
교교단 지도자들은 불교를 효율적으로 전파하기 위하여 정치권력의 후원과
보호가 반드시 필요하다고 판단했다. 승려 도안(道安, 312~385)의 표현대로
당시는 흉흉한 시대였으므로 국왕에게 의지하지 않고서는 불사를 일으키기
어려운 상황이었다.(鎌田茂雄, 章輝玉 譯, 『中國佛教史 1 : 初傳期의 불교』,
장승, 1992, 399쪽) 따라서 북조의 승려들은 정치권력의 후원을 얻기 위해 정
치, 외교, 군사 문제에 관한 국왕의 고문으로 활약했고, 불도징(佛圖澄,
232-348)이나 담무참(曇無讖)과 같은 승려들은 자신들의 주술적 능력을 활용
하여 국왕들에게 봉사해야 했다.(케네스 첸, 박해당 옮김, 『중국불교』, 민족사,
1991, 93~94쪽; 102~103쪽) 특히 승조(僧肇, 374-414)는 전진의 부견과 후진의
요흥을 부처에 비유하여 처음으로 부처와 국왕을 동일시하기 시작했으며, 중
국불교 최초의 승관(僧官)이었던 법과(法果)는 북위의 도무제(道武帝)를 현
재의 여래라고 칭하면서 국왕에 대한 예경을 강조했다.(鎌田茂雄, 『中國佛教
史 1』, 22~23쪽). 그 결과 북조에서는 불교가 정치권력에 일방적으로 압도되었
고, 국왕이 곧 부처라는 '왕즉불(王卽佛)'사상이 보편화되었다. '교주왕종(敎
主王從)'을 지향하는 인도불교와 달리 '왕주교종(王主敎從)'을 지향하는 북조
불교의 전통은 그 후 남북조를 통일한 수(隋)왕조에 계승되어 중국 불교의 가
장 큰 특색으로 자리잡았다. "(최연식, 「聖과 俗의 대립 - 조선초기의 유불논
쟁」, 2005, 39쪽)
  남조불교와 북조불교의 기본적 입장의 차이에 대해서는 이외에도 신동하,
「'불교와 국가'연구론」(『동덕여대 인문과학연구』 5, 동덕여대 인문과학연구소,
1999, 4쪽)을 참조할 수 있다. 또한 윤세원은 전륜성왕 관념이 중국에 전래
및 변용되는 과정을 중심으로, 북조에서 형성·전개된 '왕즉불王卽佛'사상에

보다 세간의 문제에, 개인의 문제보다 사회(국가)의 문제에 더 많은 관심을 기울이는 호국불교護國佛敎의 성격을 띠게 되었다.16)

그렇다면 숲[眞]과 마을[俗]의 관계라는 시각17)으로 보았을 때, 호국불교는 어떻게 이해될 수 있을까?

조국이 침략당하는 것을 보고도 두 차례 설득으로 퇴각시켰으나 세번째는 끝내 망하는 것을 지켜볼 수밖에 없었다는 석가모니의 이야기18)를 비롯하여, 일단 불교에서는 전쟁의 폭력, 국가의 폭력 자체를 반대하고 있다. 또한 불교에서 모든 생명을 소중히 여기고 같은 맥락에서 민족을 함부로 대하지는 않지만, 궁극적으로는 그 이상의, 그

대해 흥미로운 분석을 제기하였다. 그는 강남으로 밀려난 한족들이 세운 왕조인 '남조'와 비교하여 중원에 자리 잡은 '북조'가 동북변경의 이민족들로 구성된 호족胡族왕조였다는 점에 착안하였다. 따라서 북조 왕조에게는 중원 문화에 대한 변방 출신들의 콤플렉스와 중원의 통일적 지배를 꿈꾸는 입장에서 '왕즉불'의 제왕관이 요구되었을 것이라고 판단하였다. (윤세원, 「전륜성왕의 개념형성과 수용과정에 관한 연구」, 『동양사회사상』, 2008, 183~186쪽.)

16) 최연식, 「聖과 俗의 대립 – 조선초기의 유불논쟁」, 2005, 39쪽.

17) 권오민, 『인도철학과 불교』, 민족사, 2004, 25쪽, 464~479쪽.

18) 『증일아함경』 제26권 「등견품」: 是時, 世尊聞此語已, 卽往, 逆流離王, 便在一枯樹下, 無有枝葉. 於中結加趺坐. 是時, 流離王遙見世尊在樹下坐, 卽下車, 至世尊所, 頭面禮足, 在一面立. 爾時, 流離王白世尊言: "更有好樹, 枝葉繁茂, 尼拘留之等. 何故此枯樹下坐?" 世尊告曰: "親族之蔭故勝外人." … 爾時, 世尊聞此語已, 卽以神足, 往在道側, 在一樹下坐. 時, 流離王遙見世尊在樹下坐, 卽下車, 至世尊所, 頭面禮足, 在一面立. 爾時, 流離王白世尊言: "更有好樹, 不在彼坐, 世尊今日何故在此枯樹下坐?" 世尊告曰: "親族之蔭勝外人也." … 佛告目連: "汝今還就本位. 釋種今日宿緣已熟, 今當受報."

132

너머의 보편성을 추구하기 때문에, 불교의 진리 또는 지향은 '민족'이나 '국가'라는 틀로 한정되지 않는다.

다만 동아시아에서 대승보살의 이념으로 확장되었을 때 하화중생下化衆生이라는 측면에서 호국護國=호민護民=호법護法이 성립할 수 있는 여지가 생긴다. 물론 '하화중생下化衆生'에서 '중생'이 국가의 백성에만 국한된 것이 아니며, '화化' 즉 구원의 의미 역시 중생의 삶이나 생명을 구원하는 것에 국한된 것이 아니라 생사生死를 뛰어넘는 올바른 진리로 이끌어주는 것을 의미한다. 하지만 중앙집권적 통치체제가 일찍부터 자리 잡은 동아시아의 정치환경 속에서, 불교는 평상시에는 중생의 구제를 목적으로 한 정신적인 위로와 함께 왕실의 안녕을 기원하며 왕조·왕권의 정당화를 통해 평화로운 질서유지를 도왔으며, 전쟁시에는 백성을 보호하는 국가(왕실, 왕조)의 수호에 일익을 담당하기 위해 승병(또는 의승군)으로 전쟁에 참여하기도 하였다. 따라서 불법을 외호[호법]하는 왕조나 왕실을 수호[호국]하기 위해 전쟁에 참여하는 것은 국가의 보호를 필요로 하는 백성을 위한 것[호민]이 될 수 있었다.[19] 이러한 생각은 임진왜란 때 의승군義僧軍을 이끌었던 사명대사의 상소문에도 다음과 같이 잘 드러나 있다.

---

19) 중앙집권적 통치체제 속에서 숲[眞]과 마을[俗]의 관계라는 관점에서 보았을 때 이러한 입장의 변화는 불가피한 것이었을지도 모른다. 다만 석가모니 당시와 정치·사회 환경이 변화했기 때문에 세속과 교단(승단), 왕권과 교권의 관계 맺는 방식이 석가모니 생전과 달라진 것인데, 이를 현재적 시각으로 보았을 때 계율에 대한 불교 특유의 '방편'론적 이해에 따라 받아들일 것인지 불교의 본의를 저버린 것으로 받아들일 것인지에 대해서는 각각 입론이 가능하다.

"신의 나이가 지금 벌써 51세입니다. 지나간 세월이 모두 성명聖明의 은택이니, 어찌 감히 치류緇流(승려)라고 스스로 소외시키며 한 끼 밥을 먹는 동안인들 군부君父를 잊었겠습니까. 비통하게도 독사와 전갈 같은 이 왜적이 우리나라에 독기를 부려 생민生民이 어육魚肉이 된 것은 본디 말할 것도 없습니다만, 종사宗社가 몽진蒙塵하고 승여乘輿(大駕)가 파월播越하였으니, 혈기를 지닌 자라면 팔뚝을 걷고 분개하지 않는 자가 없습니다. 그런데 더구나 행동은 미록麋鹿(고라니와 사슴)과 같아도, 조금 지각이 있는 신의 경우야 더 말할 나위가 있겠습니까. 난리가 처음 일어났을 때 신은 강원도 개골산皆骨山에 있었습니다. 이 큰 변란이 일어났다는 말을 듣고는 두 번이나 적중에 들어가서 적과 문답을 하였으며, … 신은 본래 고라니와 사슴과 짝하는 몸이라서 병가兵家의 일은 알지 못합니다. 그러나 왜적을 하나라도 죽여서 성상의 망극한 은혜를 갚고 싶어 하는 마음이야 어찌 의관衣冠들보다 뒤질 리가 있겠습니까. … 그렇게 하지 않고 방휼蚌鷸(조개와 황새)처럼 서로 버티기만 하면서 오늘도 이와 같이 하고 내일도 이와 같이 한다면, 무정한 세월만 한바탕 꿈속에 나는 듯 지나가고, 하루살이 같은 생민生民은 한순간에 죄다 없어져서 2백 년을 내려온 예악禮樂과 문물文物의 나라가 그냥 초목만이 우거진 여우와 토끼의 놀이터가 되고 말 것이니, 아무리 후회한들 무슨 소용이 있겠습니까."[20]

---

20) 『송운대사분충서난록松雲大師奮忠紓難錄』「甲午九月馳進京師上疏言討賊保民事疏」: 過去歲月. 皆是聖明之澤. 敢以緇流自外. 忘君父於一飯之頃哉. 痛此虺蝎. 肆毒大邦. 生民魚肉. 固不足說. 宗社蒙塵. 乘輿播越. 凡有血氣. 莫不扼腕. 況臣雖行同麋鹿. 粗有知覺者乎. 亂初. 臣在江原道皆骨山. 逢此大變. 再入賊中. 與賊問答. … 臣本以麋鹿之身. 不識兵家之事. 然而欲殺一賊. 以報聖上罔極之恩. 則豈有下於衣冠哉. … 不然而蚌鷸相持. 今日也如此. 明日也如此. 無情歲月. 一夢中飛過. 蜉蝣生民. 一瞬間澌盡. 二百年禮樂文物之邦. 坐成草樹狐兔之場耳.

이 상소에 보이는 호국불교의 논리, 즉 호국=호민=호법의 구도에서는 왕조 또는 왕실을 중심으로 한 국가공동체에 대한 보은報恩의 의미로서 군주에 대한 충성이라는 측면, 조선이라는 예악과 문물의 나라[문명세계]가 유지되는 속에서 보장받을 수 있는 생민生民들의 삶을 지켜야 한다는 측면을 찾아볼 수 있다. 이는 당시까지 불교가 왕조나 조정의 외호를 받아왔던 점 때문이기도 하지만, 무엇보다도 왕조와 신민의 삶을 분리해서 생각할 수 없었던 시대적·역사적 상황 때문일 것이다.

그런데 이러한 맥락의 호국불교는 급박한 전란 상황 속에서 불교교단(승단)이 발딛고 있는 세속을 저버릴 수 없다는 현실적 딜레마, 즉 숲과 마을, 성과 속의 관계 속에서 그것을 어느 정도 불교 교리 안에서 – 그것이 대승불교의 이념이든, 불교 특유의 방편론이든 간에 – 용납할 수 있는 여지가 보인다. 물론 전란 중에 침략군에게 살생을 저지르고 계율을 어긴 것 자체를 긍정적으로 용인하는 것은 아니다. 오히려 불가피성과 부득이함 속에 그것이 계율을 범하는 행위임을 자각하면서도 '내가 아니면 누가 지옥에 가랴'라는 마음으로 실천한 것이다.[21] 그런데 이러한 호국=호민=호법의 논리에서 사명대사의 상소문

---

21) 이 점에 대해서는 조기룡의 다음과 같은 언급도 참고할 만하다. "임진왜란기 의승군에 대한 초기 선행연구들은 주로 의승군의 활동을 勤王思想에 입각한 護國佛敎로 정립하여왔다. 하지만 근래에 들어서는 의승군의 전란을 두고 불살생계를 범한 犯戒행위냐 불교교단을 지키기 위한 護敎행위냐가 보다 더 논의의 중심에 서 있었는데, 호교적 호국활동으로 정리가 되어가는 상황이다. 의승군의 전란 참여를 숭유억불의 시대적 상황 하에서 승려들이 불교교단을 지켜내기 위하여 불가피하게 범계를 행한 국가보호활동으로 인식해가고 있는 것이다."(조기룡, 「청허휴정과 의승군의 활동과 역할에 대한 재조명」, 『원불교

을 볼 때, 언뜻 보기에는 단순히 불교를 외호해주는 조정과 왕실을 지켜야겠다는 호국의 정신이 더 강해보이지만, 사실은 (호법의 주체로서의) 호국 자체보다는 국가가 무너졌을 때 가장 먼저 그리고 가장 가혹하게 고통받는 민초들을 지켜야겠다는 간절한 마음에서 범계犯戒를 행한 것으로 보인다. 이는 사명대사가 일본에 여러 차례 드나들면서 포로로 잡혀간 조선백성들을 생환시키기 위하여 노력했던 과정에서도 잘 드러난다. 그가 조선백성의 생환을 위해 일본정부측과의 논의뿐만 아니라 원광圓光·승태承兌·현소玄蘇·숙로宿蘆 등 일본의 유명한 불승들을 통하여 간절히 부탁하고 선물까지 동봉한 편지 글이 『송운대사분충서난록松雲大師奮忠紓難錄』에 보인다.22) 이 편지글에 드러난 백성을 생환시키려는 간절한 마음은 단순히 국가의 임무를 성실히 수행하는 마음을 넘어 전란으로 고통받은 조선 기층민중들을 구원하기 위해 범계犯戒를 시작으로 온갖 방법을 도모하는 실천으로 연계되었다. 또 한편으로 이와 같이 숲과 마을, 종교와 세속공동체 사이의 딜레마 속에서 전란으로 인한 범계犯戒의 불가피성과 부득이

사상과 종교문화』 69, 원광대학교 원불교사상연구원, 2016, 359쪽)

22) 『송운대사분충서난록』 「원광 원길 장로에게 준 글」: "제도(諸島)의 생령을 도탈(度脫)…나의 본원(本願)은 오직 적자(赤子)를 모두 쇄환하여 생령을 널리 구제하라는 선사의 가르침에 부응하려고 했던 것인데, 그 소원을 이루지 못한 채 빈손으로 돌아왔으니 섭섭한 심정을 가눌 수가 없습니다.…오직 형께서는 본래의 뜻을 어기는 일이 없이, 응당 중생을 구제하는 소원을 가지고 대장군에게 나아가 고함으로써 생령을 모두 쇄환하여 전날의 맹약을 저버리지 않으시면, 매우 다행이겠습니다.(度脫諸島生靈 … 余之本願. 只要盡刷赤子. 以副先師普濟生靈之訣. 願莫之遂. 空手而還. 無任缺然. … 惟兄無違本志. 當以度生願. 前告大將軍. 盡刷生靈. 無冷舊盟幸甚.)"

함을 분명히 인식한 사명대사 본인의 강력하고 단호한 의지에도 불구하고, 생명이 죽고 죽이는 광경을 보는 마음아픔과 또 한편으로 교단(승단)의 피폐해짐을 보는 가슴아픔은 그의 시나 주고받은 편지글 곳곳에서 발견할 수 있다. 한편, 이 당시에도 무기를 들고 나서 왜적을 죽이는 것이 급한지[호국], 산 속에서 수행하며 불교의 법통을 이어나가는 것이 승려의 본분인지[호법] 우선순위에 대해서는 입장이 달랐던 것 같다. 서산대사와 부휴선사, 사명대사와 정관일선靜觀一禪(1533-1608)이 각각 호국과 호법이라는 입장의 차이를 보이고 있었다. 공교롭게도 서산대사와 부휴선사는 같은 스승인 부용영관芙蓉靈觀의 동문同門제자였고, 정관일선 역시 사명대사와 동문으로 서산대사의 상수제자이자, 사명대사의 사형이었다. 같은 일문一門이어서인지 혹은 모두 깨달은 자로서 걸림이 없는 마음 때문인지, 서로의 입장으로 인한 모순이나 갈등 보다는 서로에 대한 걱정·근심, 존경과 당부 등을 표현하고 있을 뿐이며, 부휴의 수제자 벽암 각성碧巖覺性은 사명대사를 뒤이어 8도도총섭(승군대장)이 되기도 했다. 화엄의 이사무애理事無礙의 논리처럼 불교적인 깨달음으로 숲과 마을, 승僧과 속俗의 딜레마를 지양하거나 포용한 것인지 알 수 없지만, 적어도 호국을 위한 살생이 자연스럽거나 당연한 명제인 것은 아니었던 것이 분명하다.

물론 동아시아의 호국 불교 전체를 부정적으로 볼 수 있다. 김상영의 연구가 대표적인데, 그는 한국·중국·일본 등 국가를 중심으로 발달한 동북아시아권 불교를 '국가불교'로 규정하며, "지나치게 국가권력의 향배에 의존하게 되었다는 점은 결코 긍정적으로 평가할 수 없는 부분이다"[23]라고 평가하였다. 중국과 한국의 불교가 국가 불교적 성향을 띠게 된 것을 초기불교와 비교하여 입증한 그의 연구에 대해서 본고에서도 기본적으로 동의하는 입장이다. 그러나 그가 제시한 '국가불교'라는 개념은 자칫하면 '국가주의'를 지지하는 불교로 지나치게 확대 해석될 여지가 있다. 중국과 한국의 불교 전통은 이런 성향이나 색채를 띠고 있는 것은 사실이며 이는 분명히 극복해야할 지점이기도 하지만, 일본 근대 불교와 비교했을 때 전적으로 국가주의적 불교라고 보기는 어려운 점이 있다.[24)

한국이나 중국의 호국불교 전통과는 달리, 근대 일본 불교에서 충군애국忠君愛國을 주장하며 불교교리를 원용하여 국가주의를 옹호하고 강화시켰던 것은 일본 제국주의의 속성에서 유래한 불교의 명백한 오도 또는 변질이라고 할 수 있다.[25) 당시 만해 한용운 역시 일본불교

---

23) 김상영, 「韓國佛敎 千年, 그 回顧와 反省 - 宗派佛敎, 國家佛敎, 結社運動의 역사를 중심으로」, 『석림』 제33집, 동국대학교 석림회, 1999, 61쪽.

24) 이 때문에 그 스스로도 국가불교라는 개념 정립에 대해 조심스러운 태도를 보이고 있으며, 논문의 호국불교 항목에서도 일본을 제외한 중국과 한국의 불교만을 다루고 있었다. "'국가불교'의 개념 정립은 상당히 어려운 과제에 속한다. 동북아시아 불교의 특성이 국가불교적 성향을 띠고 있다는 점은 많은 학자들이 공통적으로 지적하고 있는 사항이지만, 정작 그 개념의 문제에 대해서는 본격적 연구가 부족한 실정이기 때문이다. 여기서는 일단 '국가권력과의 관계가 지나치게 밀접한 형태의 불교'로 보고자 한다.(김상영, 「韓國佛敎 千年, 그 回顧와 反省 - 宗派佛敎, 國家佛敎, 結社運動의 역사를 중심으로」, 『석림』 제33집, 동국대학교 석림회, 1999, 61쪽 각주 14)번 참조)

25) 이러한 국가주의적 오도는 일본의 다른 종교에서도 쉽게 발견된다. 심지어 기독교 무교회주의를 주장하는 비교적 진보적 지식인에 가까운 우찌무라 간조조차도 '두 개의 J(Japan, Jesus)가 같다, 만날 수 있다'고 주장하였다. 우찌무라 간조의 영향을 받은 함석헌은 처음 그 이야기를 들었을 때 드디어 기독교와 민족주의계 독립운동의 만남·화해의 가능성을 발견하고 감격했다고 고백한다. 그러나 함석헌은 지금 현실로서는 민족이 중요하긴 하지만 결국 궁극적으로 더 큰 보편성[전체,씨올]이 민족의 희생을 요구하는 경우가 생기면 기꺼이

에 대해 충군애국忠君愛國을 강조하는 국가주의적 성격에 문제가 있다고 여겼다.[26] 따라서 우리나라 불교의 특징을 호국불교라고 규정짓는 것은 잘못이며, 이는 일제 때 일본정부와 일본불교의 오염 때문이라는 점[27]을 적지 않은 학자들이 주장하기도 했다.

본고에서는 한국불교의 정체성을 호국불교로 규정할 수 없다는 주장에 기본적으로는 동의하면서도, 우리의 호국불교는 근대일본이 정의한 '호국불교'와는 근본적인 기반에서 차이점을 보인다는 점을 지적하고 싶다. 일본의 국가주의나 제국주의를 대승불교 하화중생下化衆生의 이념과 연결시켜 호국護國 = 호민護民 = 호법護法으로 해석할 수 있는 여지는 없기 때문이다. 근본적인 측면에서 본다면 종교적 진리의 보편성에 관한 것이 하나의 국가만을 위한 국가주의로 전락할 수 없으며, 더군다나 대승불교의 이념에 비추어본다면 식민지 조선의

희생할 수 있어야 한다고 보았다. '호법'과 '호국'의 구도를 적용시켜본다면 우찌무라 간조는 '호국=호법·호교'를 명분으로 했지만 실질적으로는 '호국⊃호법'일 수 있겠고 함석헌은 '호법⊃호국'일 수 있겠다.

26) 『佛敎』 88호, 1932년 10월 1일;『한용운전집』 2권, 237쪽,「中國 佛敎의 現象」: "… 일본의 불교는「일본 불교」, 즉 불교와 국가를 연결하려는 가장 협의적(狹意的)인 국가주의적 불교를 형성하고 있다. 일본 불교는 국가주의를 고조하는 정치적 일부분의 책무를 하고 있는 충군(忠君) 애국적 윤리화한 것이라고 볼 수밖에 없다."

27) 심지어 1930년대 지원병제도와 징병제 실시에 대한 발표가 있자 조선불교계에서는 환영하는 입장을 표명하며, 불교계는 파시즘 체제 하에서 교리를 전시체제 수행에 적합하도록 조작하였다. 당시 불교계 학승이었던 권상로는 침략전쟁을 교리로 합리화시켜주기 위해서 『임전의 조선불교』(卍商會, 1943)라는 책을 발간하였는데 이 책은 '成佛은 戰勝이다'·'戒는 戰鬪訓이다'·'持戒는 국방이다.'·'殺生의 範圍' 등 20절로 구성되어 있다. (김순석, 『일제시대 조선총독부의 불교정책과 불교계의 대응』, 서울 : 景仁文化社, 2003. 214~215쪽)

상황 속에서 제국주의 침략자들의 핍박과 억압과 고통을 가장 극심하게 받는, 수탈의 대상인 기층민중[식민지 백성]이 구제의 대상일 것이다. 즉 오히려 수탈을 하는 침략자에 맞서야 하는 것이 보살도에 해당할 수 있기 때문이다. 이후 통감부시기와 한일합방을 거치며 외호의 주체였던 왕실과 조정에 대한 '호국'과 불교전통수호라는 '호법'에 균열이 발생하게 되고, 또한 이미 반외세(반제)라는 민족 모순을 자각하게 된 민족의식은 특히 비폭력운동인 3.1운동을 겪으며 더욱 선명해지게 된다. 근대적 독립국가의 주체가 민중 또는 민족임을 자각하게 되고, 따라서 이후 한국불교계의 행보는 '기층민중과 민족을 위한 하화중생下化衆生'이라는 측면 - 예컨대 한용운의 경우 - 과 '한국불교 전통 수호'라는 측면 - 예컨대 이종욱의 경우 - 이라는 두 반응양상으로 나타나게 된다. 기본적으로 호법=호민을 받아들이게 되면서도 임진왜란 때처럼 호민과 호법의 우선순위에 대해서는 입장의 차이가 보이는 것이다.

우리에게 주어진 문제는 이러한 두 가지 방향, 즉 '한국불교 전통 수호'와 '피압박 민중을 위한 보살도 이념'이 불교 교리의 보편주의라는 측면에서 각각 어떻게 해석될 수 있는가라는 점이다. 먼저 한국불교의 전통 수호와 피압박 민중을 위한 보살도 이념이 석가모니의 교리와 일치하는가 혹은 어떻게 해석될 수 있는가라는 문제가 있다. 나아가 '한국 고유의 불교 전통'을 불교적 진리, 민족주의, 근대화라는 세 측면에서 어떻게 이해할 것인가라는 문제도 남는다.

2 개항기 한국불교의 인식과 반응
   : 일본불교의 침투와 불교관련 정책의 변화

근대 시기의 불교를 다루는 경우 일반적으로 개화기에서 해방 이전을 대상으로 할 때가 많다. 그런데 최병헌은 이를 3단계로 분류하고 있는데, 개항~1910년 합방 이전이 1단계로 일본불교가 식민지침략의 첨병 역할을 하며 조선불교를 흡수하던 때이다. 2단계는 1910년 3.1운동이후 문화정치, 분할통제방식이 등장했던 시기이다. 3단계는 1930년대 후반 일제가 전시총동원체제를 구축하면서, 통합종단 총본사가 등장하던 때이다.[28] 여기에서는 최병헌의 분류방식을 따르면 1단계에 해당하는 한일합방 이전을 먼저 다룰 것이다. 2단계 한일합방을 거치면서 이미 반외세(반제)를 중심으로 한 민족의식은 선명해지며, 특히 3.1운동을 경험하며 반봉건과 반외세의 모순에 대한 인식과 반응할 맥락을 비교적 명확해졌다고 할 수 있다. 즉 3.1운동 이전에는 불교이건 유교이건 혹은 크리스트교이건 엘리트 지도층을 중심으로 반봉건과 반외세의 역사적·시대적 모순 속에서 몸부림치고 있었다면, 3.1운동을 기점으로는 반봉건과 반외세의 모순대립을 직접적으로 인식하게 되었다. 모순에 대한 직시를 거친 이후에는 이에 대해 어떤 식의 해석을 통해서든 그 모순이 해결되어가는 과정, 즉 현실의 실천 [반응] 속에서는 친일－항일이라는 선택의 귀결점을 찾아가는 과정이었던 것으로 보인다. 거칠게 말하면 어느 단계이건 여전히 봉건적 사유에 빠져 있는 사람도 있고, 친일에 경도된 사람도 있었을 것이다.

---

28) 최병헌, 「일제 침략과 식민지불교」, 『한국 불교사 연구 입문 하』, 2008.

그러나 적어도 2단계 시점부터는 반외세와 반봉건이라는 시대적 과제에 대해 인지하고 입장을 선택한 것이며, 다만 자신의 선택에 대해 이념적으로 (불교건, 사회주의건, 유교건) 정당화하고 합리화하기로 한 것이다.

특히 불교의 경우 한일합방 이전 개항기에는 아직 많은 사람이 시대적 모순에 대해 제대로 인식하지는 못한 상태이며 하지만 동시에 딜레마에 빠져있는 상황이라고 볼 수 있다. 이러한 시점에, '불교'라는 스펙트럼을 통해 어떻게 모순을 감지하고 받아들이며 어떻게 반응하는지 그리고 그 과정에서 발견되는 불교에 내재된 모순은 어떻게 처리하는지 분석할 것이다.

1) 불교인들의 자각과 행동 : 거사불교와 결사운동

근대전환기 한국불교가 맞았던 첫 번째 모순은 일본의 강압에 의해 1876년 조일수호조교朝日修好條規[강화도조약江華島條約]을 체결하고 문호를 개방하게 되는 사건으로부터 시작된다. 뒤이어 1904년 한일의정서, 제1차 한일협약, 1905년 을사늑약 등을 거치며 외교권을 박탈당하고 통감부가 설치되며, 이후 군대 해산과 사법권 및 행정권을 차례로 일본에 빼앗기며 결국 1910년 경술국치를 맞이하게 된다.

이러한 구한말의 위기상황에 대한 불교 교단의 인식과 반응양상을 분석하는 것은 쉽지 않다. 김경집이 지적했듯이, 오랜 기간에 걸친 그리고 강력한 억불정책으로 인해 당시 불교는 이미 사회적 역할을 상당부분 상실했으며 산중시대山中時代 또는 무종산승시대無宗山僧時代라는 한계적 상황에 처해있었기 때문에, 교단적 차원에서 본다면 불교의 활동자체가 미약하였기 때문이다.[29] 다만 당시 일반 불교신자들과 각각의 불승 및 사찰을 중심으로 살펴본다면 거사居士 중심 불교활동과 신앙결사운동을 이야기할 수 있다. 이 두 가지에 대해서는 김경집이 그의 박사학위논문에서 거사들의 불교신앙으로 월창거사月窓居士 김대현金大鉉(?~1870)의 신앙활동, 한성漢城의 거사들이 관음신앙을 중심으로 형성했던 묘련사妙蓮社(1872 형성)를 제시했고, 또한 불교에 관심이 있지만 깊은 이해가 없는 대중적 신앙유형으로 건봉사乾鳳寺를 중심으로 행해졌던 사찰단위의 신앙결사운동인 만일염불회萬日念佛會[30]를 지적하였다.[31]

구한말의 위기상황과 시대적 모순 속에서 불교계 거사불교와 결사운동의 역할은 무엇이며 그 의의는 어디에서 찾을 수 있을까?

김경집의 평가[32]처럼, 불교의 교세가 쇠약해졌을 시기 기층민중과

---

29) 김경집, 「조선불교 개화기 교단사 연구」, 동국대학교 대학원 박사학위논문, 1996, 8쪽, 17쪽.

30) 19세기 이래 전개된 건봉사의 만일염불결사는 1802년(순조 2년), 1851년(철종 2년), 1881년(고종 18년), 1908년(대한융희 2년)에 개설되었다.(한보광, 「건봉사의 만일염불결사(萬日念佛結社)」, 『불교학보』 33, 1996)

31) 김경집, 「조선불교 개화기 교단사 연구」, 동국대학교 대학원 박사학위논문, 1996, 9~22쪽. 한보광은 한편 건봉사 뿐만 아니라, 19세기에는 신계사, 미황사, 유점사, 장소미상의 동명선사 주도 결사, 범어사, 옥천사, 대승사의 만일염불결사와 20세기에는 흥국사, 불영사, 화계사, 봉원사, 개운사, 운문사, 해인사, 통도사, 망월사, 금강산 신계사, 소림사, 봉은사, 1974년 해인사 수산스님 등의 만일염불결사에 대해 소개하고 있다. (한보광, 「최근세의 만일념불결사(万日念佛結社)」, 『불교학보』 34, 1997, 79~110쪽)

32) 김경집은 만일염불회의 시대적·사상적 배경과 의의에 대하여 다음과 같이 네 가지 측면에서 분석하였다. : 불교계가 처한 시대적 모순을 없애고자 하는 의지가 있었음, 시대에 대한 부정적 견해와 함께 그 시대의 모순에서 벗어나고자

불교지식인층을 중심으로 불교신앙이 지속되었다는 점에서 상당한 역할과 의의를 찾을 수 있을 것이다. 그러나 달리 말하면 그것은 주로 불교적 입장에서 보았을 때에만 한정되는 좁은 역할과 의의라고 할 수 있다. 물론 실질적으로 조선 불교의 종단宗團이 무력화된 상태라면, 불교신자들의 신앙과 힘만으로 당시 시대적 모순과 과제에 대해 불교를 대표하여 주도적으로 대응하기 어렵다는 한계가 분명하다. 따라서 월창거사 김대현의 신앙활동이나 만일염불회 등은 위기상황에서 각자의 구원을 모색하였을 뿐, 국난극복이라던가 혹은 더 나아가 반봉건·반외세와 같은 명확한 지향이나 이를 실천하기 위한 구체적 대안을 제시할 수 없었다. 더군다나 묘련사妙蓮社의 경우에는 불교와 도교, 선종과 정토종 등이 습합된 것으로, 기본적으로 관음신앙을 위주로 한 불교라고도 볼 수 있겠지만 그 안에는 민간도교적 색채도 상당부분 가지고 있었다.33)

하는 의지가 있었음, 무종단시대(無宗團時代)에 승풍(僧風)을 진작시켜 승단의 기강을 확립하고 가람(伽藍)의 수호에 일조하였음, 출가·재가의 구분 없는 동참과 그로 인하여 불교의 대중화에 기여하고 새로운 길을 모색하는 활력소가 되었음.(김경집, 「조선불교 개화기 교단사 연구」, 동국대학교 대학원 박사학위논문, 1996, 20~22쪽)

33) 이에 관한 최초의 연구라 할 수 있는 이능화는 이들을 '선음즐교(善陰騭敎)'라 하여 유교도 불교도 도교도 아닌 종교 조직으로 간주했다.(이능화, 『조선불교통사』 하, 913~914쪽 ; 이능화, 이종은 역 『조선도교사』, 보성문화사, 2000, 303쪽). 묘련사결사에 대해 1988년 이봉춘에 의해 재조명되었는데, 그는 그 성격을 대중적인 관음신앙운동으로 규정지으면서도 묘련사의 집단적 성격에 대한 단언은 어렵다고 다음과 같이 토로했다. "한편 이러한 묘련사결사에 대해 과연 어떤 평가를 내려야 할는지 다소 어려운 문제가 따르는 것도 사실이다. 그들의 결사활동 중심이 관음 신앙인 것은 분명하지만, 그 집단의 활동성격은 다분히 道家的이라고나 할 그런 인상을 주고 있기 때문이다. … 또 이 經(『제중감로』)

이와 같은 한계에도 불구하고, 당시 거사불교와 만일염불결사운동의 의미를 찾는다면, 신앙의 내용보다 오히려 거사와 기층 민중들이 지닌 신앙의 태도 안에서 '평등'·'자발성'·'주체성'과 같은 근대적 요소들을 발견할 수 있다는 점을 주목할 수 있다. 예를 들어 월창거사의 경우, 불교 고승이 아닌 일반불교신자가 『선학입문禪學入門』과 같은 불서佛書를 저술했던 흔치 않은 경우라는 점[34]을 지적할 수 있다. 또한 묘련사의 경우 관음신앙을 통해 개인과 중생의 구제를 추구하되, 신앙의 주체가 일반인 즉 거사居士들에 의해 주도되었다는 점을 지적할 수 있다. 그리고 만일염불회의 경우 사찰을 중심으로 진행되었으며, 궁극적인 목적이 말법 시대 중생들을 제도하여 극락왕생하는 데

이 관음의 降筆로 이루어진 것처럼 그것을 刊行하고자 했을 때는 다시 孚佑帝君 呂純陽이 無相壇에 降臨하여 序文을 지어주었다고도 한다. … 묘련사 결사에 呂純陽이 降臨하여 降筆題序했다는 사실 … 여기에 이르러서는 오히려 道家 내지 샤머니즘的 색채까지도 느껴지는 것이다. 그들은 후에 '陰隲之文', '感應之說'만을 좇아 마침내는 學仙의 道流로 변하고 말았다는데(이능화, 「묘련사법려강필관음(蓮社法侶筆降觀音)·부여순양(附呂純陽)」, 『조선불교통사』, 914~915쪽) 이로 미루어 묘련사결사의 집단적 성격에 대해서는 한 마디로 단언하기 어려움이 없지 않은 것이다"(이봉춘, 「조선시대의 관음신앙」, 『한국 관음신앙연구』, 1988, 189~193쪽) 이 외에도 박소연은 "관음신앙을 중심으로 한 도불 융합적 염불결사 결사인 妙蓮社를 시작으로 여기에서 파생된 도교 조직인 無相壇과 불교 결사인 甘露社"라고 파악했으며, 묘련사 결사에 대한 기존의 연구를 불교로 보는 관점(이봉춘, 김경집, 이효원, 차차석, 이갑봉)과 도교로 보는 관점(김일권, 김윤수, 김윤경)으로 분류하여 정리하였다.(박소연, 「19세기 후반 서울지역 신앙 결사 활동과 특징－불교·도교 결사를 중심으로」, 동국대학교 대학원 사학과 석사학위논문, 2016, 1~3쪽)

34) 李永子, 「근대 거사불교사상」 『한국근대종교사상사』 崇山朴吉眞博士古稀紀念 원광대출판국 1984, 224쪽 ; 李永子, 「月窓居士의 禪學入門에 대하여」 『佛教學報』 제14집 224쪽.

에 있었는데, 우선 말법시대라는 시대적 위기의식을 자각하고 이를 자발적·주도적으로 타개해나가려는 의지를 가지고 있었다는 점은 분명하다. 물론 위기의 근원인 모순에 대한 인식이나, 그에 대한 반응으로서 더욱 적절하고 현실적인 해결방안을 제시하지 못한 점은 아쉬울수 있지만, 중요한 점은 하층계급이 미타신앙彌陀信仰에 의해 평등하게 구제된다는 사상35)을 지녔다는 점 그리고 결사운동에 출가·재가가 구분되지 않고 사부대중四部大衆이 동일한 신앙적 서원을 가지고 동참36)했던 모습 등은 어느 정도 근대적 요소라고 볼 수 있다. 이는 오히려 교단이라고 할 수 있는 세력이 무력화되었기 때문일 수도 있고, 동학東學 이래 민중 중심의 다양한 종교 경험이 있었기 때문일 수도 있다. 중요한 것은 신앙운동에서 승려나 고승 등 종교전문가(엘리트)들이 중심 주체가 되는 것이 아니라, 거사나 일반신자들이 종교활동의 주체가 되었다는 점에서 그 의미를 찾을 수 있다.

특히 구한말에 진행되었던 만일염불결사에 대해서 좀 더 주목해보면37), 만일염불회는 우리나라에만 있는 독특한 수행법38)인데, 여기에

---

35) 陸槇培, 「만일염불회의 의의」『한국정토사상연구』 동국대 불교문화연구원 1985, 280쪽.

36) 김경집, 「조선불교 개화기 교단사 연구」, 동국대학교 대학원 박사학위논문, 1996, 21~22쪽.

37) 구한말에 진행되었던 만일염불결사에 대해서는 한보광과 이종수 등이 집중적으로 연구를 한 바 있다. 목정배, 「만일염불회의 성립과 의미」, 『한국정토사상연구』, 동국대 불교문화연구원, 1985 ; 이종수, 「19세기 건봉사 만일회와 불교사적 의미」, 『동국사학』 49집, 2010 ; 이종수, 「건봉사 제2차 萬日念佛會 재검토」, 『불교학연구』 25호, 2010 ; 한보광, 「조선시대의 만일염불결사(万日念佛結社)」, 『불교학보』 32, 1995 ; 한보광, 「최근세의 만일념불결사(万日念佛結社)」, 『불교학보』 34, 1997 ; 한보광, 「건봉사의 만일염불결사(萬日念佛結社)」,

서는 시대의 위기상황을 의식하고, 민중들이 국가나 교단이 아닌 스스로를 문제 해결의 주체로 일정 정도 자각하고 행동했다는 점에서 의의를 찾을 수 있다. 그러나 구한말의 만일염불회는 신앙의 힘을 빌려 이러한 어려움을 극복하고자 했으며, 자각의 대상인 시대적 과제, 즉 모순 인식과 해결 방안에 대해서는 불명확하고 막연한 구원만을 진지하게 추구했다는 한계가 있다. 물론 한보광은 결사동참비를 통해 염불당의 건립이나 포교당 및 학교의 건립 등 직접적인 활동을 거론하고 있으며, 만일회가 조직적으로 결성되었던 사원에서 독립운동이 활발하였다는 점을 근거로 당시 시대적 상황의 변화에 깊은 관심을 가지고 불교적 대응을 했으며 일제치하에서 독립운동에 깊이 관여했을 것이라고 추측하고 있다.[39]

또 한편으로 이 중 1881~1908년 동안 진행되었던 건봉사 제4차 만일회에도 천착해볼 필요가 있다. 왜냐하면 한국 불교의 신앙결사를 수행 중심의 선정형결사禪定型結社와 정토신앙중심의 염불형결사念佛型結社로 분류할 수 있다면[40] 선禪·교敎·염불念佛 중 염불을 중심으

『불교학보』 33, 1996 ; 한보광, 「신앙결사(信仰結社)의 유형과 그 역할」, 『불교학보』 30, 1993 ; 한보광, 「신앙결사(信仰結社)의 성립배경에 관한 연구」, 『불교학보』 29, 1992.

38) 이종수, 「건봉사 제2차 萬日念佛會재검토」, 『불교학연구』 25호, 2010, 138쪽. 이종수에 의하면, 이러한 신앙결사운동의 형태는 우리나라만의 독특한 정토신앙이며, 우리나라의 만일염불결사가 일본정토신앙에 영향을 미쳐서 일본에서도 조직된 일이 있다고 지적했다.(한보광, 「최근세의 만일념불결사(万日念佛結社)」, 『불교학보』 34, 1997, 79쪽, 113쪽)

39) 한보광, 「최근세의 만일념불결사(万日念佛結社)」, 『불교학보』 34, 1997, 112~113쪽.

40) 한보광, 「최근세의 만일념불결사(万日念佛結社)」, 『불교학보』 34, 1997, 111쪽

로 했던 건봉사 만일염불결사가 경허의 수선사修禪社 운동의 영향을 받아 제4차부터 그 성격이 변화하였다는 지적41)이 있기 때문이다.

경허는 1879년 동학사에서 깨달음을 얻고, 54세가 되던 1899년부터 1903년까지 5년동안 영남과 호남지방(해인사, 화엄사, 범어사 등)을 중심으로 본격적인 결사운동을 펼친다.42) 이 때 1899년은 일본 승려 사노 젠레이의 청에 의해 승려의 도성출입금지령이 해금되었던 해였다. 따라서 김경집은 승려들이 민간에 내려와서 자유로이 홍법弘法할 수 있는 계기가 마련된 시기이며, 우리 승가에서도 산중은거의 불교를 탈피하고자 하는 자각의 움직임을 이해할 수 있는 의의를 지니고 있다43)고 평가하기도 한다. 그런데 경허의 결사운동을 승려의 도성입성해금과 연결시키는 것이 과연 타당한 것인지에 대해서는, 경허의 시대 인식과 관련하여 다시 한 번 고려해볼 필요가 있다. 다시 말해서 당시 시대적 모순에 대해 경허가 어떻게 인식했고 어떻게 반응했는지에 관하여 그의 결사운동, 생애, 사상 등과 연관하여 살펴볼 필요가 있다. 여러 선행연구에서도 지적했듯이 제국주의 외세에 의한 침탈로

---

41) 참선실을 세우고 화엄법회를 여는 등 禪과 敎의 영역에서도 중심이 되어, 청허 휴정과 편양 언기가 제창한 徑截門(禪) 圓頓門(敎) 念佛門의 三門修學의 본산이 되고자 했다는 것이 이종수의 주장이다. 이종수, 「19세기 건봉사 만일회와 불교사적 의미」, 『동국사학』 49집, 2010, 308~312쪽.

42) 경허의 결사운동의 구체적인 활동과정에 대해서는 김경집, 「경허의 생애와 사상」, 『동국사상』 제29집, 1998 ; 김경집, 「조선불교 개화기 교단사 연구」, 동국대학교 대학원 박사학위논문, 1996, 115~150쪽 ; 홍현지, 「鏡虛 惺牛의 '中道不二' 思想 硏究」, 동국대 박사학위논문, 2015, 12~90쪽 ; 김호성, 「경허의 정혜계사에 나타난 수행이념제고」, 『불교학연구』 제33호, 2012 등을 참조할 것.

43) 김경집, 「조선불교 개화기 교단사 연구」, 동국대학교 대학원 박사학위논문, 1996, 117쪽.

고통받는 민중들의 삶44), 그리고 전근대적 봉건제의 억압에 의해 몰락한 불교의 현실45)에 대한 경허의 인식은 여러 곳에서 찾아볼 수 있다.46) 그런데 구한말에서 일제시기에 이르는 시대적 모순에 대한 인식에도 불구하고, 그에 대한 경허의 대응양상은 한마디로 결론내리기 쉽지 않다. 일단 경허의 결사운동의 목적을 살펴보면 인간의 유한성을 지적하고, 스스로 깨닫고 닦아야 함을 일러주며, 정법正法의 교화가 유통되기 위함47)이라고 선언하고 있다. 즉 불과佛果를 얻기 위한 순수한 종교적 목적이라고 볼 수 있지만, 또 한편으로 경허 결사운동의 사상적 특징을 정혜定慧와 미륵사상을 함께 표방하는 현실적 구원사상이라고 본 김경집의 지적48)을 염두에 둔다면, 앞서 살펴본 바와 같이 구한말 이래 시대적 모순에 대한 그의 위기의식과 함께 불교적 대응 양식을 떠올릴 수 있다.

그렇다면 경허의 결사운동의 의의와 한계는 어떻게 규정할 수 있을까. 무엇보다도 먼저 경허가 당시 시대적 모순에 대해 직접적이고 현실적인 측면에서 반응하지 않는다는 점을 지적하지 않을 수 없다. 즉 조선정부의 억불정책이나 일본의 침략에 대해 어떤 정치적 입장을 드러내지 않고, 순수하게 종교적인 측면에서 개인과 중생의 구원을

---

44) 『경허집』 한국불교전서 권11, 622쪽 上「黃麟里 길 위에서 읊음」.
45) 『경허집』 한국불교전서 권11, 608쪽 下~609 上.
46) 김경집, 「경허의 생애와 사상」, 『동국사상』 제29집, 1998, 114~115쪽.
47) 『경허집』 한국불교전서 권11, 601쪽 下~603쪽 下.
48) 김경집은 경허가 주도한 결사의 사상적 특징 중 하나로 정혜를 닦는 가운데에서도 현실적인 구원사상, 즉 도솔상생의 미륵사상을 표방하고 있다는 점을 지적하며, 중생들에게 미래에 대한 희망을 전해주고자 했다고 주장하고 있다. (김경집, 「경허의 생애와 사상」, 『동국사상』 제29집, 1998, 123~129쪽)

추구하고 있다는 점을 거론하는 것이다. 그렇다면 경허의 결사운동에 보이는 종교적인 순수성이 현실에 대한 외면이나 도피인지 혹은 또 다른 의도가 있는 것인지 선행연구들에서는 분명히 밝혀지지 않은 것으로 보인다. 경허의 정치적 입장을 규명하기 위해서 다양한 측면에서 여러 가지 노력이 가해졌지만,[49] 중생과 조선과 세상과 불교에 대한 경허의 근심에도 불구하고, 어떤 선명한 정치적 행위나 선언을 찾기는 쉽지 않기 때문이다.

다만 경허의 결사운동은 선禪, 특히 간화선을 중심으로 한국불교의 전통을 되살리려 했다는 점에서, 즉 '한국불교 전통'의 계승과 수호[호법護法]라는 관점에서 중요한 의미를 지닌다. 이는 이후 일본불교의 침투나 일제 강점기 사찰령에 대항할 수 있는 중요한 기반을 마련해주었기 때문이다. 일본불교의 침략에 맞선 임제종 운동이나 조선총독부의 불교정책에 맞선 선학원 운동이 그 예이며, 실제로 경허의 제

---

49) 예를 들어 홍현지는 그의 박사학위 논문에서 경허의 시를 분석하며 경허의 우국憂國 또는 민족주의적 입장에 대해 강력하게 주장하였다. 또한 "혹 사람들이 큰 도시에 나가서서 교화를 떨치시라고 권하면 곧 나에게 한 가지 서원이 있으니 발이 경성 땅을 밟지 않는 것이다"(한암 중원, 「선사경허화상행장」『경허집』: 或勸揚化於大都, 則曰 "吾有誓願, 足不踏京城之地.")라는 구절을 근거로, 경허가 "일제에 나라를 빼앗긴 선각자로서 … 일제의 부당함과 선지식으로서의 책임감은 어찌할 수 없는 현실 앞에 침묵으로 대항하였다"고 주장하였다. 그리고 경허가 훗날 북방으로 간 것에 대한 부정적 시각을 "무책임하게 일제의 현실과 맞서지 않고 '책임의 회피를 위해 북방으로 도피를 했다'는 부정적이고 왜곡된 시각"이라고 규정하고 "북녘에서 경허가 외형상의 長髮을 선택하여 머리를 기른 것 역시 … 일제의 斷髮令에 대한 경허 그만의 단호한 저항의 몸부림"이라고 주장하였다.(홍현지, 「鏡虛 惺牛의 '中道不二' 思想 硏究」, 동국대 박사학위논문, 2015, 489~495쪽)

자인 송만공宋滿空, 방한암方漢巖, 전수월田水月, 백용성白龍城 등이 주도적으로 여기에 참여했다는 점에서 한국불교 전통의 수호에서 경허의 결사운동이 차지하는 중요성을 입증할 수 있다.

그런데 기존의 연구는 경허의 한국불교전통의 계승·수호[호법護法]에 대해서, 시대적 모순에 대한 경허의 입장으로 연결시키며 이것이 항일 – 친일이나 근대 – 전근대라는 틀 속에서 얼마나 정당성을 가지고 있는지를 분석하기도 했다. 다시 말해서 '한국불교의 전통'을 되살리려 노력했던 경허의 사상과 행위가 얼마나 민족주의적인 것이었는지 혹은 불교근대화에 얼마나 도움이 되는 것이었는지에 관해 규명하려고 시도했다. 그러나 경허의 결사운동이 국가와 민족의 어려움에 대해 그리고 불교 교단·교세의 어려움에 대해, '불교 교리의 보편성'이라는 관점 속에서 어떻게 반응하는지 분석이 더해질 필요가 있다. 만일 (경허와 불교인들의 믿음처럼) 불교 이론의 보편적 진리성이 전제된다면, 다시 말해서 불교 교리에 의해서 시대와 공간을 초월하여 모든 문제에 근원적이고 보편적인 해결책을 제시할 수 있다는 믿음을 받아들인다면, 경허의 결사운동을 통해서 시대적 모순에 얼마나 직접적으로 대처하는지 민족주의와 근대성이 얼마나 효과적으로 달성되는지 여부 자체는 근본적인 문제가 아닐 수 있기 때문이다. 종교 교리의 보편성이 구체적인 시대적 상황 속에서 역사적 특수성의 옷을 입고 드러난다50)는 주장은 일리가 있지만, 이에 대한 선후본말先後本末의 해석 즉 교리의 보편성에 입각하여 시대 상황과 역사적 특수성을

---

50) 강돈구,「한국 근대 종교운동과 민족주의의 관계에 대한 연구 – 종교민족주의의 구조적 다양성을 중심으로 – 」, 서울대학교 대학원 종교학과 박사학위논문, 1990, 3쪽.

어떤 방식으로 해석할 것인가는 각자의 몫일 수 있다. 예컨대 성聖과 속俗, 열반과 세속사회, 교단과 세속권력의 관계에 대해서, 초기불교처럼 상가僧伽(samgha)를 우선시할 수도 있고 대승불교 보살도의 하화중생下化衆生의 이념으로 해석할 수도 있다. 이와 같은 맥락에서 본다면, 당시 반외세와 반봉건이라는 시대적 과제를 수행하기 위해 보편적이고 근원적인 불교의 진리를 지향했던 경허의 결사운동은, 그 (시대적) 문제해결의 효율성에 대한 평가 여부와 무관하게, 불교의 입장에서는 정당한 선택이었다고 할 수도 있다.

2) 선각적 불교개화 그룹 : 개화파와 개화승

시대적 위기의식, 다시 말해서 국난극복의 문제의식과 의지는 일반인 불교신자와 불승이 포함된 선각적 불교개화 그룹에게서도 나타난다. 즉 개화사상에 눈을 뜬 불교재가신자나 또는 이른바 '개화승'으로 불리는 인물이 양반층 청년 엘리트들을 중심으로 한 개화파와 교류하며 영향을 미친 점을 거론할 수 있다. 이봉춘은 "출가인과 재가인이 뜻을 함께해간 근대불교 최초의 선각적 지성활동"으로서, 한의사이던 유홍기劉鴻基(대치大致)·청나라를 내왕하던 역관 오경석吳慶錫·범어사 승려 이동인李東仁·백담사 승려였던 탁정식卓挺植 등을 거론하며 "선각적 불교개화 그룹으로 불러도 좋을 이들 불교인"이라고 명명하였고, 이처럼 중인中人신분의 불교신자들과 소외계층인 승려들이 개화에 선도적 역할을 담당하고 있음에 주목하였다.51)

---

51) 이봉춘, 「한국 불교지성의 연구활동과 근대불교학의 정립」, 『한국 불교사 연구 입문 하』, 2008, 15~16쪽 ; 이봉춘, 「근대 한국불교의 역사와 정체성」, 『회당학

이 중 유홍기(유대치)의 경우, 김옥균金玉均·서광범徐光範·박영효朴泳孝 등 개화파 인사들에게 개화의 필요성과 함께 불교의 중요성을 설파했던 사실이 유명하다. 이능화는 "金苦愚(玉均)·徐葦山(光範) … 등 여러 거사들과 함께 도를 담론하여 한때나마 禪風이 京城에 유행하였다. 김옥균과 서광범은 본래 양반계층의 공자로서 육식을 하는 사람이지만, 禪의 도리를 듣게 되자 智慮가 발휘되어, 동쪽으로 일본에 유람하고 時勢를 크게 견주어보고, 革新을 결의하였으니 … 갑신정변이 그 결과이다."52) 라고 소개하였고, 최남선 역시 "귀족 중의 英俊을 규합하여 方略을 가르치고 志氣를 고무하여 준 … 白衣政丞의 이름을 얻은 劉大致(滿基)가 바로 그 사람이다. 朴泳孝·金玉均·洪英植·徐光範 등의 귀족 자제와 귀족이 아닌 이로 白春培·柳秉夏 등은 모두 유대치 문하의 俊髦이었다. … 박영효·김옥균 등이 일본 교섭의 선두에 선 것도 실상 대치의 지도에서 나온 것이요, 세상이 開化黨으로 지목하는 사람은 대개 유대치의 문인이라"53)라고 평하였다.

즉 이동인李東仁·탁정식卓挺植54)·차홍식車弘植55)·이윤고李允杲56)

보』, 회당학회, 2001, 101~103쪽.

52) 李能和,『朝鮮佛敎通史』, 신문관, 1918, 898~899쪽.

53) 崔南善,『故事通』, 삼중당, 1943, 218쪽.(정영희·김형목,「韓末 佛敎界의 親日化過程에 관한 研究」,『民族文化研究論叢』, 第二輯, 1995, 73쪽에서 재인용)

54) 탁정식은 字는 夢聖, 法名은 覺地, 또는 無不이고, 강원도 百潭寺 출신이다. (이능화『조선불교통사』下, 新文館, 1918, 898~899쪽) 한미수교의 알선을 요청하기 위해 정부의 밀명을 받고 일본에 건너가 청국공사 何如璋을 방문한 일이 있으며, 1883년 김옥균이 차관교섭借款交涉 차 일본에 방문했을 때 동행하였다가 객지인 神戶에서 병사한 사람이다.(이광린,「「개화승 이동인」에 관

등의 승려는 유홍기(유대치)의 주선으로 개화파 인사들과 교분을 쌓으면서 막후에서 개화정책을 추진하였다. 이 중 특히 이동인과 탁정식은 개화파의 요청에 따라 일본으로 건너가 일본의 문물을 시찰하고 정세를 파악하는 한편, 대미수교를 위한 외교활동을 벌이기도 했다.[57]

이동인李東仁의 경우에는 그 생애나 사상에 대해서 알려져 있지는 않지만, 1878년 12월부터 1881년 3월 행방불명되기까지의 행적에 관한 기록이 일부 남아 있다. 1878년 12월 이후 일본 정토진종淨土眞宗 본원사本願寺 부산별원 개교사로 와있던 오쿠무라 엔신[奧村圓心]을 찾아가 도움을 받고 자주 만나 시사時事를 담론하였으며, 일본불교계의 동향과 국제정세에 대한 자문을 구하였다. 1878년 8월 김옥균·박

한 새 사료」, 『동아연구』 제6권서강대동아연구소, 1985, 473쪽 ; 또한 이광린, 『개화당연구』(一潮閣, 1973) 96~100쪽. 그리고 『漢城旬報』 16號(朝鮮開國 493年〈1884〉 3月 1日 刊) 國內私報 참조.)

55) 차홍식은 서울의 화계사華溪寺 출신이다. 김옥균이 일본을 방문하였을 때 수행하였고, 갑신정변이 실패로 돌아가자 피신하지 못하고 관헌에 체포되어 처형되었다.(이광린, 「「개화승 이동인」에 관한 새 사료」, 『동아연구』 제6권서강대동아연구소, 1985, 47쪽)

56) 이윤고의 법명이나 출신 사찰은 알 수 없다.(일설에 의하면 금강산 모사某寺의 승려라 한다) 김옥균이 일본 방문시 동행하였고, 갑신정변이 실패로 돌아가자 일본으로 망명하였다가 김옥균이 일본정부에 의해 小笠原島로 유배되었을 때 그를 수행한 유일한 사람이었다.(이광린, 「「개화승 이동인」에 관한 새 사료」, 『동아연구』 제6권, 서강대동아연구소, 1985, 473쪽)

57) 정영희·김형목, 「韓末 佛敎界의 親日化過程에 관한 硏究」, 『民族文化硏究論叢』, 第二輯, 1995, 73~74쪽 ; 강영한, 「일본불교의 조선침투 과정과 한국의 불교개혁운동」, 『종교연구』 14, 1997, 178~180쪽 ; 김도태, 「奉元寺와 開化派」, 『徐載弼博士自敍傳』, 을유문고, 1972, 60~64쪽, 84쪽.

영효의 후원과 오꾸무라와 마에다 겐키치[前田獻吉]영사의 주선으로 일본에 밀항하였다. 경도京都에 도착한 그는 본원사本願寺(혼간지)의 본산에 머물면서 일본어의 습득과 일본사회의 동향, 신문물의 시찰 등에 열중하며 조선 개화파와 연락을 취하였다. 10개월 후 득도식을 갖고 수계受戒를 받은 후 동경東京으로 거처를 옮겨 역시 본원사本願寺(혼간지)의 아사꾸사[淺草]별원에 머물렀다. 그는 여기에서 스즈끼 세이죠[鈴木惠順]주지의 전폭적인 지원과 배려로 일본 정치가들과 접촉하였고, 1881년 가을 2차 수신사로 일본에 간 김홍집金弘集을 만나 당시 교섭중인 인천개항 문제에 본원사本願寺(혼간지) 측 입장을 조언하기도 했다. 이 일을 계기로 1880년 9월 김홍집과 함께 귀국하여, 민영익에게 천거된 후 국왕을 알현하고 대미교섭에 관해 주일청나라 공사에게 의뢰하는 역할을 맡는 등 대일외교 선봉에서 활약하였다.[58] 또 한편으로 탁정식도 대미수교와 대일차관을 교섭하는데 큰 역할을 하였다.[59]

그런데 유홍기(유대치)와 이동인 등 개화기불교인사의 경우, 우리가 가장 먼저 만나게 되는 난감한 문제는 이들을 어떻게 평가해야 할 것인가라는 점이다. 당시 정치적 현실이나 일본의 정책, 그리고 그로 인해 진행되는 과정과 그 결과를 볼 때, 당시 개화파의 동기가

---

58) 이상 이동인의 행적에 대해서는 김경집, 『한국근대불교사』, 경서원, 1998, 51~65쪽 ; 정영희·김형목, 「韓末 佛敎界의 親日化過程에 관한 硏究」, 『民族文化硏究論叢』, 第二輯, 1995, 74~75쪽 ; 이봉춘, 「근대 한국불교의 역사와 정체성」, 『회당학보』, 회당학회, 2001, 102~103쪽 등을 참고하였다.

59) 이광린, 「卓挺埴論」, 『開化期硏究』, 일조각, 1994, 69~83쪽.(정영희·김형목, 「韓末 佛敎界의 親日化過程에 관한 硏究」, 『民族文化硏究論叢』, 第二輯, 1995, 75쪽에서 재인용)

순수했다고 가정하더라도, 개화파들의 정치적 시도는 일본의 영향력과 의도를 벗어나지 못했으며, 따라서 이른바 '개화승'이나 '선각적 불교개화 그룹'들 역시 조선의 지배를 위한 일본 정부의 다면적 종교침투 전략으로부터 완전히 벗어나지 못했다고 볼 수 있기 때문이다.

최병헌에 의하면, 일본은 군사력을 앞세운 정치적 경제적 침략과 동시에, 지배층 포섭과 민중 교화를 위해 종교를 첨병으로 하는 정신적 문화적 침투정책을 추진하였는데, 일본정부가 대외침략을 시작하는 처음 단계부터 정치와 종교는 '새의 두 날개', 또는 '수레의 두 바퀴' 같은 관계라고 하면서 함께 한반도의 진출을 모색하였으며, 이는 서구 열강의 식민지 침탈에 필수적이었다고 할 수 있는 기독교의 선교사를 앞세운 전례에 따른 것이었다.[60]

그러므로 우리는 개화기 '반봉건'과 '반외세'라는 시대적 과제에 대해 이들 '선각적 불교개화 그룹'의 인식과 반응이 어떠한 것이었는지의 문제에 대해 평가할 필요가 있다. 예컨대 임혜봉은 이동인에 대해 친일 불교인으로 이해하고 있지만[61], 정영희와 김형목은 창씨개명에도 불구하고, 그가 개화정책을 위해 목숨을 걸고 일본에 밀항을 단행한 점을 고려할 때 일본의 정세를 파악하고 이를 개화정책에 이용하고자 했을 뿐이라고 평가하고 그를 친일로 간주해서는 안된다고 평가했다.[62] 그런데 한일합방 이전에 창씨개명을 했다는 점이나 개화를 위해 일본 밀항을 단행했다는 점에 대한 기존의 시각, 즉 '애국'으로

---

60) 최병헌, 「일제 침략과 식민지불교」, 『한국 불교사 연구 입문 하』, 271~272쪽.
61) 임혜봉, 『친일불교론 상』, 민족사, 1993, 49쪽.
62) 정영희·김형목, 「韓末 佛敎界의 親日化過程에 관한 硏究」, 74쪽.

볼 것인지 '매국'으로 볼 것인지의 구도는 쉽게 결정하기 어렵다. 왜냐하면 행적만으로 그들을 평가하기에는 행적에 대한 자료 자체가 부족하기 때문이다. 따라서 이봉춘은 이동인에 대해 "승려로서보다는 개화의 정치적 인물 … 개화의 신념을 지닌 우국지사로서 평가받기에는 충분하지만 개화를 선도한 승려로서도 긍정적으로 평가될 수 있을지는 의문이다. 더구나 그의 현실인식을 선진화된 일본문명에 대한 동경 및 일본에 대한 의존의 행적에서 파악할 때 더욱 그러하다. … 그는 장차 전개될 일본의 한국침략에 대해서는 어떤 예견도 내놓지 않았다는 점도 의아스러운 일이다"[63]라고 평가하였다.

그리고 이러한 곤란은 개화승이나 '선각적 불교개화 그룹', 더 나아가 이들의 영향을 받은 개화파 전체에 대한 평가 문제에서도 동일하게 적용될 수 있다. 이들의 의도와 행위와 그 결과에 대해 '애국'인지 '매국'인지에 대한 평가를 내리는 것도 물론 중요하지만, 개화기~갑신정변까지의 이들의 '의도'가 어떤 것이었는지 단언하기는 쉽지 않다. 이들의 의도가 불분명하다면 (그리고 행위와 그 결과에 대해 평가하는 것도 복잡하다면) 본 연구에서는 그 이전에 당시의 시대적 과제라고 할 수 있는 '반봉건'과 '반외세'에 대해, 불교인으로서 이들이 가졌던 인식이 어떤 것이었는지 그에 대한 반응은 어떻게 나타났는지에 주목하고자 한다. 즉 불교적 관점에서 '반봉건(근대화)'와 '반외세(반제)'라는 양대 과제를 어떻게 인식하고 해결하려 했는지 분석하려고 한다.

우선 정영희·김형목은 "개화파 인사들의 결집에 불교가 긍정적인

---

63) 이봉춘, 「근대 한국불교의 역사와 정체성」, 『회당학보』, 회당학회, 2001, 103쪽.

역할을 한 점은 확인할 수 있지만, 불교의 어떠한 사상체계가 개화사상과 결합될 수 있었는지를 밝히는 과제는 남아 있다."라고 지적하면서도 유홍기(유대치)의 경우 사회개혁을 위해서는 현실과 동떨어져 있는 유교사상보다 불교사상이 개혁이념으로서 가치와 효용성이 더 크다고 인식하고 있었다고 분석했다[64]. 따라서 이봉춘은 개화파 인사들에 대해서도 역시 "그러나 그들이 구체적으로 어떤 불교사상에 접하여 영향을 받고 있었는지는 알 수 없다. 다만 형식적 의례에만 치중하고 있는 유교에 대한 비판과 염증의 반동으로서, 불교의 평등사상 및 선의 현실성에 경도하게 된 것이 아닐까 추측해볼 뿐이다."[65]라고 평하였다. 불교계의 선각적 개화그룹이나 개화파 인사들의 개화사상이 불교와 결합했을 것이라는 가능성 혹은 개연성은, 이들이 일본으로부터 새로운 문물을 받아들이는데 어떤 식으로든 불교의 이론을 이용하였다는 것을 의미한다. 불교적 관점에서 '반봉건'의 논리가 어떤 식으로 진행되었는지는 더욱 연구되어야 할 과제이지만, 문제는 '반외세'의 논리가 발견되지 않는다는 점이다. 이들을 섣불리 '매국'적 '친일'파라고 단언하기는 어렵지만, '애국'이든 '매국'이든 적어도 '친일'적 성향이 강했던 것은 분명하다. 특히 이동인이 자발적으로 방문하여 도움을 받았던 정토진종 본원사 부산별원의 오쿠무라 엔신[奧村圓心]과의 관계는 더욱 문제가 될 수 있다. 뒤에 살펴보겠지만, 오꾸무라 엔신이 속한 정토진종의 오타니파[大谷派]는 메이지시기 초기부터

---

64) 정영희·김형목, 「韓末 佛敎界의 親日化過程에 관한 硏究」, 『民族文化硏究論叢』, 第二輯, 1995, 73쪽.
65) 이봉춘, 「근대 한국불교의 역사와 정체성」, 102쪽.

식민지 개척에 편승하여 해외 포교 즉 조선의 식민화와 종교적인 '개교開敎'의 강한 의지를 종교적 침략활동을 펼쳤으며, 엔신 역시 1884년 갑신정변을 지원하여 정토진종을 '조선의 국교'로 만들고자 했다.[66] 따라서 이들이 정토진종과 엔신의 의도를 간파하지 못했다면 혹은 간파했더라도 무시할 수 있다고 자만했더라면, 현실에 대한 인식과 반외세(반제)라는 시대적 과제에 대한 식견 및 자각이 불충분했던 것이라고 평할 수밖에 없다. 특히 이 점에 관련하여 이동인은 도쿄에 있을 때 오리엔탈리즘에 기반을 두고 문명개화론, 탈아입구론을 강력하게 주장한 후쿠자와 유키치[福澤諭吉]을 만나고 "여러 차례 선생先生의 문門을 들락거렸"[67]으며 직접적으로 배움을 청한 것으로 보인다.[68]

다시 말해서, 시대적 모순 혹은 과제와 연관해서 이들 '선각적 불교개화 그룹'의 의미를 찾아본다면 조심스럽지만 다음과 같은 평가를 시도해볼 수 있다. 이들이 근대화'만'을 문제의식으로 삼았다는 점에서는 분명한 한계가 있지만, 이를 성리학이 아닌 불교의 관점, 불교 교리의 논리 속에서 어떤 식으로든 설명을 제공하려 했다는 점에서 중요한 의미를 발견할 수 있다. 다만 불교의 관점에서 보았을 때, 이들

---

66) 강영한, 「일본불교의 조선침투 과정과 한국의 불교개혁운동」, 『종교연구』 14, 1997, 178~179쪽 ; 최병헌, 「일제 침략과 식민지불교」, 『한국 불교사 연구 입문 하』, 2008, 272~274쪽 ; 本願寺朝鮮開敎監督部, 『朝鮮開敎五十年誌』, 1922, 38~40쪽.

67) 石川幹明, 『福澤諭吉傳』 第3卷(岩波書店, 1932年), 288쪽.

68) 정광호, 「韓末 개화기의 불교」, 불교신문사 편, 『한국불교사의 재조명』, 불교시대사, 1994, 369쪽 ; 쓰키아시 다쓰히코, 「朝鮮開化派와 후쿠자와 유키치(福澤諭吉)」, 『한국학연구』 제26집, 인하대학교한국학연구소, 2012, 313쪽.

이 친일(친외세)의 문제와 근대화의 문제를 정당화하기 위해 동원하는 불교의 교리가 어떤 것인지[69] 보다 깊이 있게 분석하고 평가할 수 없다는 점은 아쉬운 지점이다.

여기에 더하여 강돈구는 또 하나의 한계점을 지적한다. 즉 불교는 기독교와 더불어 서구문물 수입의 통로로서 개화사상 형성에 일정한 영향을 미친 것이 사실이긴 하지만, 당시 개화승들의 불교계에서의 위치가 불교계에서 차지하고 있던 위치가 별로 중요하지 않았으므로, 불교계 전체가 아니라 불교계의 일부의 것으로 보아야 한다는 점이다.[70]

3) 일본불교의 침투 : 일본불교 종파들의 진출과 도성입성해금

앞서 언급했듯이 일제는 개항 이후 일본불교의 승려들을 앞세워 한국침략의 첨병으로 활용하였으며, 일본불교의 각 종파들은 '개교開敎'라는 이름하에 조선 개항 초기단계부터 경쟁적으로 침투하여 정치적·경제적 침략에 적극 협력하면서, 한국불교도 및 한국승려에 대한 친일화 공작을 추진하였다.[71] 김순석에 의하면, 1911년까지 '개교開

---

69) 예컨대 사회진화론에 대한 불교적 관점의 이해 등과 같은 경우를 의미한다. 또한 근대화의 논리에 동원되는 일본 국가 불교의 교리에 대한 이들의 인식도 포함한다.

70) 강돈구, 「한국 근대 종교운동과 민족주의의 관계에 대한 연구 – 종교민족주의의 구조적 다양성을 중심으로 – 」, 서울대학교 대학원 종교학과 박사학위논문, 1990, 92~93쪽.

71) 개항 이후 일본불교들의 침투 양상에 대해서는 이미 적지 않은 연구가 축적되어 있다. 대표적으로 다음의 자료를 참고할 수 있다. 정광호, 「日帝下의 佛敎

敎'를 위해 조선에 진출한 일본 사찰·포교소·별원은 모두 167개소인 것으로 파악되고 있다.72)

잘 알려졌듯이 일본 불교는 이미 메이지 시기 '폐불훼석廢佛毀釋'을 거친 이래로 국가주의적 호도와 왜곡을 거쳤기 때문에, '진호국가鎭護國家' '흥선호국興禪護國' '왕법위본王法爲本' '입정안국立正安國' 등의 교리를 주장하며 식민지 개척에 열성적으로 호응할 수 있었다. 특히 우리나라에 가장 먼저 들어온 일본의 정토진종은, 호법과 호국을 일체화하는 '진속이제론眞俗二諦論' 또는 호국護國·호법護法·방사放邪[반反 기독교]의 삼위일체설을 주장하기도 했다.73)

界 動向」,『정신문화연구』2(3), 한국학중앙연구원, 1979, 35~36쪽 ; 정광호, 「韓末 개화기의 불교」, 불교신문사 편,『한국불교사의 재조명』, 불교시대사, 1994, 367~376쪽 ; 정광호,「韓末 개화기의 불교」, 불교신문사 편,『한국불교사의 재조명』, 불교시대사, 1994, 369쪽 ; 정영희,김형목,「韓末 佛敎界의 親日化過程에 관한 硏究」,『民族文化硏究論叢』, 第二輯, 1995, 75~76쪽 ; 강영한, 「일본불교의 조선침투 과정과 한국의 불교개혁운동」,『종교연구』14, 1997, 178~182쪽 ; 정광호,『일본침략시기의 한일불교관계사』, 아름다운세상, 2001, 17~136쪽 ; 김순석,『일제시대 조선총독부의 불교정책과 불교계의 대응』, 서울 : 景仁文化社, 2003. 15~40쪽 ; 최병헌,「일제 침략과 식민지불교」,『한국 불교사 연구 입문 하』, 2008, 271~279쪽 ; 김순석,「근대불교종단 성립」,『한국 불교사 연구 입문 하』, 2008, 319~322쪽.

72) 김순석,「개항기 일본불교 종파들의 한국침투」,『한국독립운동사연구』8, 1994, 146쪽 ; 정영희,김형목,「韓末 佛敎界의 親日化過程에 관한 硏究」,『民族文化硏究論叢』, 第二輯, 1995, 76쪽 ; 高橋亨,『李朝佛敎』, 901쪽 ; 조선개교감독부,『朝鮮開敎五十年誌』, 9쪽, 64~67쪽, 440쪽 ; 불교사학회편,『근대한국불교사론』, 민족사, 1988, 313쪽.

73) 메이지불교의 국가주의적 성격에 대해서는 다음 자료를 참고할 것. 카시와하라 유센, 원영상 등 역,『일본불교사 근대』, 동국대출판부, 2008, 39~42쪽 ; 정광호,『일본침략시기의 한·일 불교관계사』, 아름다운세상, 2001, 45~96쪽 ; 조성

일본 불교의 침투를 통해 달성하고자 했던 문제는 결국 불교를 통한 친일화 공작과 함께 불교를 통한 국가주의의 전파라고 할 수 있다. 이 중 시기적으로 보아 친일화 공작은 주로 한일합방 이전에 집중되었다면, 국가주의·군국주의의 전파는 주로 합방 이후에 강조되었다. 개화파를 선도하면서 또한 근대화된 일본불교의 포교 등을 내세우면서 '근대화(반봉건)'의 기치 아래, 여전히 남아 있던 정부·향반 계층의 불교에 대한 억압이나 악습에 저항할 수 있는 계기를 불러일으킬 수 있었던 것이 일본 불교의 친일화의 성과였다. 물론 이 와중에 당연하게도 '반외세(반제)'라는 시대적 과제는 묻혀지고 '친외세(친일)'가 그 자리를 대신하게 되었다. 일본 불교에 대한 호감을 급상승시켜 준 것은 무엇보다 1895년 4월 일련종의 관장대리의 자격으로 한국에 온 승려 사노 젠레이(佐野前勵)[74]의 주선에 의해 이루어진 승려의 도성출

택, 『불교와 불교학 : 불교의 역사적 이해』, 파주 : 돌베개, 2012, 240~241쪽 ; 최병헌, 「한국 불교사의 체계적 인식과 이해방법론」, 『한국 불교사 연구 입문 상』, 94~95쪽 김용태, 「조선 중기 의승군 전통에 대한 재고 - 호국불교의 조선적 발현」, 『동국사학』 61집, 2016, 89~92쪽 ; 이시이 코세이, 최연식 역, 「화엄철학은 어떻게 일본의 정치이데올로기가 되었는가」, 『불교평론』 6, 2001(「大東亞共營圈の合理化と華嚴哲學(1) - 紀平正美の役割を中心として」, 『佛敎學』 42, 日本佛敎思想學會, 2001 번역) ; 허남린, 「일본에 있어서 불교와 불교학의 근대화 - 반기독교주의, 가족국가, 그리고 불교의 문화정치학」, 『종교문화비평』 8, 한국종교문화연구소, 2005, 48~50쪽 ; 강영한, 「일본불교의 조선침투 과정과 한국의 불교개혁운동」, 『종교연구』 14, 1997, 178~179쪽 (일본 정토진종의 오꾸무라 등이 조선에 왔을 때 관사 영구임대 등 일본정부에게서 받은 지원에 대해서는 한석희 저, 김승태 역, 『일제의 종교침략사』, 서울 : 기독교문사, 1990, 28쪽. 그 밖에 원조를 받은 사실은 本願寺朝鮮開敎監督部, 『朝鮮開敎五十年誌』(1922). 38~40쪽을 참조할 것.)
74) 최병헌에 의하면 이 때 사노 젠레이와 동행 입국했던 노가 호리(堀日溫), 시부

입금지령의 해제조치였다. 사노는 신앙의 자유를 내세워 승려의 '도성출입금지'령은 마땅히 해제되어야 한다고 주장하며 '승려도성출입금지' 해금에 대한 건백서를 올렸다.[75] 일본공사관과의 긴밀한 제휴 아래 당시의 총리대신이었던 김홍집 등 친일내각을 설득하여 고종 23년(1895년) 4월 드디어 승려의 도성출입금지령이 해제되었다.[76]

일본 승려인 사노의 노력으로 도성출입금지령이 해제되었다는 역사적 사실史實을 둘러싸고 여러 가지 사건과 논의가 전개되는데, 본 연구에서는 이 지점에 특히 주목해볼만하다고 판단하였다. 근대전환기 한국불교가 맞이한 모순이 비교적 분명하게 드러나고 그에 대한 인식과 반응의 양상을 발견할 수 있기 때문이다. 구체적으로는 오랜 숭유억불의 역사적 경험 속에서 '낙후된 한승韓僧의 지위를 향상시켜 놓아야 한다'는 기치를 내세우며, 한국 승려[韓僧]의 사회적 지위를 향상시키기 위하여 조직적으로 적극적으로 '도성출입해금운동都城出入解禁運動'을 실행·시킨 주체가 일본 불교계였다는 사실에서 불교의 체계·이념을 지켜야 한다는 '호법'의 가치와 국가를 지켜야 한다는 '호국'의 가치 사이에 간극이 발견되게 되었다는 점이다.

여기서 우리가 검토해볼 근본적인 문제는 다음과 같다. 종교적 진

다니 후미에이(澁谷文英) 중 시부다니는 그해 10월 명성황후가 시해되는 을미사변에 관여했던 인물이다.(최병헌, 「일제 침략과 식민지불교」, 『한국 불교사 연구 입문 하』, 2008, 275쪽) 또한 조동종의 포교사 다케다 한시(武田範之) 역시 명성황후 시해 사건에 가담했다.(최병헌, 280~281쪽)

75) 高橋亨, 『李朝佛敎』,동경 : 보문관, 1929, 894~896쪽.
76) 사노가 조선에 도착하여 도성해금 조치를 이끌어내기까지의 활동에 대해서는 윤기엽, 「개화기(開化期) 일본불교의 포교 양상과 추이」, 『원불교사상과 종교 문화』 54집, 2012, 264~267쪽을 참조할 수 있다.

리인 '불교'체계에 대한 수호[護法]와 세속권력인 '국가'에 대한 수호[護國]가 일치하지 않을 때, 어떤 가치를 선택할 것이고, 그것을 어떻게 정당화할 것인가. 무엇보다 양자 간의 불일치를 어떤 맥락으로 인식하고 반응하였는가.

그리고 이와 연관하여 살펴볼 구체적인 사건은 다음과 같다. 일본 승려에 의해 해금이 되고나서 한국불교계의 반응은 어떠했으며, 이에 대해 이후 (오늘날까지) 어떤 시각으로 해석해야 할 것인가. 여기에서는 반봉건과 반외세의 딜레마, 종교와 국가의 딜레마에 대하여 다룰 수 있을 것이다.

도성출입금지해제를 이끌어낸 것은 일본불교계의 힘이기는 하지만, 물론 일본이 진정 '한승韓僧의 사회적 지위 향상'을 위한 순수한 동기에서 이러한 일을 진행한 것은 아니다.[77] 더 나아가 진정한 의미에서 승려의 도성출입금지해제와 사회적 지위향상을 이끌어낸 주체가 과연 일본이라고 할 수 있을지에 대해서는 현재까지도 논의가 분분하다.[78] 예컨대 박희승은 자생, 자주적인 입장에서 해제령이 나왔음[79]을 강조하였고, 김경집 역시 시대적 분위기에 힘입어 해금되었다고 주장하였다.[80] 즉 해금이 일본승려 사노 젠레이의 노력에 의한 것

---

77) 사노의 이러한 노력 이면에는 당연히 한국 승려의 개종, 일련종의 한국불교 지배, 일본불교의 한국불교 지배, 일본의 조선 지배라는 의도가 깔려있었다.(高橋亨, 『이조불교』, 동경 : 보문관, 1929, 893~894쪽을 참조)
78) 김광식, 「근대 불교사 연구의 성찰-회고와 전망」, 『민족문화연구』 제45호, 2006, 50쪽.
79) 박희승, 『이제, 승려의 입성을 許함이 어떻는지요』, 들녁, 1999.
80) 김경집, 「근대 도성출입 해금과 그 추이」, 『한국불교학』 24, 1998.

이라는 전통적인 해석과는 달리 우리 불교계의 건의·추동 등 자주적 노력의 결과라는 해석이 등장하였다. 구체적인 근거로는 불자들이 주축이 된 개화파들의 활동과 박영효의 건의를 지적하기도 한다. 또한 개항기에 개신교가 포교의 자유를 얻어 불교계도 이전보다 자유로운 분위기를 접하였으며 당시 여러 가지 상황들을 볼 때 도성해금은 사노의 건의가 아니더라도 해제될 상황이었다는 김순석의 지적[81]도 있다. 윤기엽은 사노가 포교활동의 일환으로 도성해금을 위해 활동한 점을 인정하면서도 사노의 절대적인 역할론은 상당히 왜곡된 주장이라고 보았다. 그는 오히려 우리 측의 기록인『고종실록高宗實錄』,『일성록日省錄』등에는 사노에 대한 언급이 없다는 점을 근거로 들며, 식민학자 다카하시 도오루[高橋亨]의『이조불교李朝佛敎』로부터 비롯된 견해를 이능화의『조선불교통사朝鮮佛敎通史』에 그대로 인용한 일종의 역사왜곡으로 보았다.[82] 사실 구한말 불교에 대한 정부의 정책이 완화 쪽으로 변화하고 있었다는 점은 다카하시 도오루[高橋亨]도 인정[83]하는 바였으며, 이봉춘은 이러한 조선말기의 불교보호 조치를 승

---

81) 김순석은 동학농민군이 제시한 폐정개혁안 12개조에도 신분제 철폐에 관한 조항이 포함되어 있었다는 점, 그리고 갑오개혁을 추진하던 군국기무처가 실시해야할 시급한 과제 가운데 승려의 도성해금 조항이 들어 있었다는 점 등을 근거로 제시하였다.(『일제시대 조선총독부의 불교정책과 불교계의 대응』, 서울 : 景仁文化社, 2003. 219~220쪽)

82) 윤기엽, 「개화기(開化期) 일본불교의 포교 양상과 추이」, 『원불교사상과 종교문화』 54집, 2012, 264~268쪽.

83) 高橋亨, 『李朝佛敎』, 851쪽 : "전술한 바와 같이 이러한 경향의 조정은 새로운 邪敎로 간주하는 예수교·동학당에 대해 엄격한 禁壓의 방침을 취하였지만, 불교는 무해한 것으로서 하등 적극적인 斥關을 하지않고, 或部分에는 그것에 庇護를 가하여, 그것에 不法을 가하는 자를 금하였다. 今日 現存하는 諸寺刹

려의 도성출입금지해제로 연결시키고 있다.[84] 다만 서재영은 구한말 순조 당시 천주교가 국가적 문제로 대두되면서 자연히 불교에 대한 억압이 완화되고 승려들의 도성출입과 불사가 활기를 띠는 상황이 나타나긴 했지만, 이는 일시적인 호전일 뿐 정책적 탄압이라는 일관된 기조가 변한 것은 아니었다라고 평가하였다.[85]

도성입성해금조치를 평가하기 위해서는 이와 같은 역사적 사실에 대한 연구가 더욱 필요하긴 하지만, 이 글에서는 그것보다 이런 두 가지 관점이 나오게 된 맥락에 주목하려고 한다. 이런 논쟁은, 마찬가지로 '호법'과 '반봉건', '친일' 그리고 '호국' 사이의 딜레마로 인해 발생한 것이라고 볼 수 있기 때문이다. 이에 대해 서재영은 더욱 직접적으로 "조선불교의 자주적 노력의 결과가 아니라 외세에 의해서 주

의 完文에 노출된 雜役免除의 制令 …"
84) 이봉춘, 「근대 한국불교의 역사와 정체성」, 2001 93~94쪽 : "조선말기의 불교보호 조치에 대해 그동안 사찰에 과중한 부담이 되어 온 각종 잡역의 면제(순조 헌종 철종), 사찰의 보수 및 중건의 경비조달을 위한 공명첩 발행(철종 고종 대원군) 대장경의 간행(고종) 등의 형태로 나타난다(안계현, 『한국불교사연구』, 동화출판공사, 1982, 317쪽 ; 서경수, 『불교철학의 한국적 전개』, 불광출판사, 1990, 278~281쪽 ; 김경집, 『한국근대불교사』, 경서원, 1998, 116~117쪽) 그 가운데서도 승려입성해금의 해제(고종32년, 1895)는 가장 특기할만한 일이었다."
85) 서재영, 「승려의 입성금지 해제와 근대불교의 전개」, 『불교학보』 45집, 2006, 40~41쪽 ; 서재영은 또한 도성해금이 일본불교계의 힘에 의해 주어진 것인가 조선불교의 자주적 역량으로 주어진 것인가라는 두 가지 관점을 동시에 설명하고 있기는 하지만, 사노의 노력만으로 된 것도 아니며, 그렇다고 사노의 역할을 무시하는 것도 무리가 따르므로 종합적이고 연기적 관점에서 접근한다는 약간 애매한 입장을 취하며, 오히려 해금으로부터 근대불교가 전개되었다는 견해와 일본불교의 역할에 대해 아시아 연대론이라는 관점을 밝히고 있다.

어졌다는 해석"이 인정될 경우 "따라서 도성해금 자체가 침략을 위한 간교였다는 부정적 평가가 뒤따르며, 해금조치를 환영하고 일본불교계에 감사를 표시했던 당시 조선불교계의 태도 역시 친일경도라는 평가를" 받게되며 "이 같은 평가의 문제점은 불합리한 억압의 사슬을 끊은 도성해금 자체를 부정적으로 평가하는 것이다."[86]라고 거론하였다.

무엇보다 다카하시 도오루[高橋亨]의 『이조불교李朝佛敎』에서 어느 정도 과장을 감안하더라도 수원 용주사龍珠寺의 승려인 최치허崔就墟(법명 : 상순尙順)가 사노에게 공개적으로 보낸 감사장[87]을 보며 느끼게 되는 당혹감과 복잡한 감정을 어떻게 해석하고 처리해야 할 것인가. 일본불교의 친일화공작이 성공한 것으로 보아야 하는가, 아니면 최치허의 감사장 역시 친일화 공작의 일부 과정 혹은 결과물로 보아야 하는가. 사실史實과 진실에 대해서는 보다 철저한 연구가 필요하다. 흥미로운 점은 1910년 이전까지는 친일화 경향을 보이는 사건과 인물도 1910년 한일합방, 1919년 3.1운동을 겪으며, 민족의식을 각성하고 항일로 노선을 변화하기도 한다는 점이다. 물론 또 이들 중 일부

---

86) 서재영, 「승려의 입성금지 해제와 근대불교의 전개」, 『불교학보』 45집, 2006, 36쪽.

87) 大日本 大尊師閣下 "우리는 지극히 卑賤하여 서울에 들어가지 못하기를 지금까지 500여 년이라 항상 울적하였습니다. 다행이 교린이 이루어져 대존사각하께서 이 만리타향에 오시어 널리 자혜의 은혜를 베푸시니, 본국의 승도로 하여금 500년 이래의 억울함을 쾌히 풀게 하셨습니다. 이제는 王京을 볼 수 있으니, 이는 실로 이 나라의 한 승려로서 감사하고 치하하는 바입니다. 이제 都城에 들어가면서 감히 소승의 얕은 정성으로나마 배례하나이다."(高橋亨, 『李朝佛敎』, 보문관, 1929, 889~898쪽)

는 1919년 문화정치와 1930년대 후반 일제의 전시총동원체제 구축 이후 친일로 변화된 모습을 보이기도 한다. 이들의 비일관성(예컨대 허영호와 이종욱의 경우)에 대하여, 또는 친일 – 항일의 이중전략에 대하여, 그리고 후대 문하 법제자들에 의해 친일을 가장했지만 실은 임정을 후원하는 등 항일투사였다는 식의 합리화 문제에 대해서 느끼 게 되는 당혹감은 친일 – 항일의 틀을 더욱 엄격하고 치밀하게 적용했을 때 어느 정도 해소할 수 있다. 또한 '위장친일'이라는 문제는 더 복잡하기는 하지만, 기준을 마련하고 그 의도와 행위를 명확히 밝히는 노력이 더해진다면 어느 정도 결론을 내릴 수 있을 것이다.[88] 언론이나 문예 쪽에서는 더 나아가 친일과 항일의 사이의 이중전략의 문제도 다루고 있다.[89]

본 고에서 주목하고자 하는 점은 이들이 입장이 친일인지 아닌지

---

88) 위장친일파로서 대표적인 것이 경기도 경찰부 고등경찰과 경부 황옥黃鈺이 의열단의 일원으로서 폭탄을 밀반입한 혐의로 체포된 사건이다. 그런데 약산 김원봉은 그를 "경기도 고등과 경부이나 과거 의열단원으로 활동했다"고 인정했지만 또 한편으로 당시 전 경찰부장 시로가미 유키치는 "의열단을 일망타진 하기 위해 황옥을 침투시켰다"고 인정했다. 즉 여전히 다만 그가 일제를 상대로 첩보활동을 한 '위장 친일파'였는지, 의열단에 잠입한 '스파이'였는지가 아직 쟁점으로 남아있으며, 여기서도 알 수 있듯이 '위장 친일파' 문제는 기본적으로 증인과 사료가 부족하기 때문에 악용할 수 있는 우려도 항상 존재한다. 근래에는 춘원 이광수에 대해 1944년 발각되어 체포된 청년정신대 사건을 근거로 위장 친일파로 보는 연구도 나왔다.(김원모, 『자유꽃이 피리라 상, 하』(춘원 이광수의 민족주의 사상), 철학과현실사, 2015)

89) 예를 들어 김지형, 「『독립신문』의 대외인식과 이중적 여론 조성 : '한글판'과 '영문판' 비교를 중심으로」, 『한국근현대사연구』 제44집, 한국근현대사학회, 2008 ; 구광모, 「친일반민족문학에 대한 연구 : 친일시의 전략을 중심으로」, 고려대학교 박사학위논문, 2013 등이 있다.

보다, 그들의 동기 그리고 그들의 선택에 대한 스스로의 해석이 이루어지고 있는 틀(이론적 기반 또는 근거)이다. 즉 제국주의 외세에 맞서는 민족주의의 입장에서는 항일을 선택해야겠지만, 봉건주의에 맞서는 근대화의 입장에서 사민평등에 근거하여 불교에 대한 억압을 부정하는 일본의 영향을 받기 쉽다. 더군다나 당시 불교를 비롯하여 모든 제도와 사상에 이르기까지 근대적 방법론을 접하게 된 것도 일본을 통해서였으므로, 반외세와 반봉건이라는 문제의식을 명확히 구분하는 것은 쉽지 않았다. 더욱이 앞서 경허의 경우에서도 보았듯이 불교 교리의 보편성까지 전제한다면, 이러한 시대적 모순과 과제를 보편주의 이념 속에서 어떻게 해석해야 할지 한 번 더 고려해볼 필요가 있다.

3 근대전환기 한국불교 교단의 지향
: 국가권력의 '외호'에서 자립으로

앞에서는 주로 불교적 관점에서 '세속'의 위기 상황 속에 내재된 시대적 모순을 어떻게 인식하고 이에 대해 불교 교리에 입각하여 어떠한 해결방안을 제시할 것인가라는 측면에서 논의를 전개하였다. 이는 주로 결사운동 등을 통한 한국불교 전통을 되살린다거나, 개화사상의 바탕으로서 선각적 활동을 펼친다거나, 혹은 일본불교에 대한 친일화 성향으로 나타났다. 여기서는 다른 측면 즉 '세속'적인 관점에서에서 구한말 이래 불교 교단이 맞이한 어려움을 어떻게 다루어야 하는지에 대해 불교계에서 모색한 방안을 고찰할 것이다. 특히 근대전환기 한국 불교 종단이 처한 어려운 문제들을 특히 세속의 정치 권력과의 관계 속에서 어떻게 자리매김하며 풀어나가고 있는지에 관하여 보다 근본적인 관점에서 고찰해볼 것이다.

1) 국가권력과 불교 교단(승단)의 관계

앞서 '왕즉불' 사상으로부터 '호국불교'에 관해 살펴보았듯이 한국, 중국, 일본 동아시아 불교사를 고찰해보면, 전근대 시기의 불교는 일찍부터 국가로부터의 '외호外護'를 필요로 했는지도 모른다. 그것은 순수하게 불법의 전파를 위해서이기도 하고, 또 한편으로 중앙집권적 통치체제가 일찍 자리잡은 동아시아의 정치환경 탓 때문이기도 하다고 볼 수 있다.

그러나 본래 상공업자의 동업조합에서 그 명칭이 유래했다는 상가 僧伽(samgha)라는 교단 조직은, 구도를 위한 수도 및 생활공동체로서 세속의 정치권력으로부터 거리와 독립성을 유지하고 있었다. 이 문제에 대해서는 윤종갑이 상세히 분석하였는데,[90] 수도 공동체와 세속의 정치권력에 대한 붓다의 기본적인 입장은 정치와 사회 문제에 직접적인 개입을 피하는 정교분리의 태도라고 할 수 있다. 출가자는 그 나라의 풍속과 법률을 지켜야[91] 하지만, 붓다는 출가비구 승단이 왕에 관

---

90) 윤종갑, 「불교와 정치권력 – 정교분리에 관한 붓다의 관점을 중심으로」, 동아시아불교문화학회, 『동아시아불교문화』 8권, 2011, 275~277쪽.

91) '그 나라의 풍속과 법을 따라 옳거니 그르거니 말하지 말라' 함은 무엇 때문에 그렇게 말한 것인가? … 다툼[諍]이 있는 법과 다툼이 없는 법이 있다. 어떤 것이 다툼이 있는 법이며 어떤 것이 다툼이 없는 법인가? 만일 탐욕과 서로 호응하고 기쁨·즐거움과 함께하여 지극히 하천한 업(業)인 범부의 행을 지으

한 일을 논의하지 못하게 했고[92] 나라 일에 대해 비판하거나 이야기

면 이 법은 다툼이 있다. 무엇 때문에 이 법은 다툼이 있는가? 이 법은 괴로움이 있고 번민이 있으며 흥분이 있고 걱정과 슬픔과 삿된 행이 있기 때문이다. 그러므로 이 법은 곧 다툼이 있다. 만일 지극히 괴롭고 거룩한 행이 아니며 이치와 서로 호응하지 않는 고행을 한다면 이 법은 다툼이 있다. 무엇 때문에 이 법은 다툼이 있는가? 이 법은 괴로움이 있고 번민이 있으며 흥분이 있고 걱정과 슬픔과 삿된 행이 있기 때문이다. 그러므로 이 법은 곧 다툼이 있느니라. 이 두 가지 치우침을 떠나면 곧 중도이다. 그것은 눈이 되고 지혜가 되어 자재로이 선정을 이루며 지혜로 나아가고 깨달음으로 나아가며 열반으로 나아가나니 이 법은 다툼이 없다. 왜 이 법은 다툼이 없는가? 이 법은 괴로움이 없고 번민이 없으며 흥분도 없고 걱정과 슬픔도 없으며 바른 행이 있기 때문이다. 그러므로 이 법은 곧 다툼이 없느니라.… 그 나라의 풍속과 법에 따라 옳다고 하고 또는 그르다고 하면 이 법은 다툼이 있다. 무엇 때문에 이 법은 다툼이 있는가? 이 법은 괴로움이 있고 번민이 있으며, 흥분이 있고 걱정과 슬픔과 삿된 행이 있기 때문이다. 그러므로 이 법은 다툼이 있다. 그 나라의 풍속과 법에 따라 옳다고도 하지 않고 그르다고도 하지 않으면 이 법은 다툼이 없다. 무엇 때문에 이 법은 다툼이 없는가? 이 법은 괴로움도 없고 번민도 없으며 흥분도 없고 걱정과 슬픔도 없으며 바른 행이 있기 때문이다. 그러므로 이 법은 곧 다툼이 없느니라.

이것을 다투는 법[諍法]이라 하나니, 너희들은 마땅히 다툼이 있는 법과 다툼이 없는 법을 알라. 그리고 다툼이 있는 법과 다툼이 없는 법을 안 뒤에는 다툼이 있는 법은 버리고 다툼이 없는 법만 닦아 익혀라. 너희들은 이렇게 배워야 하느니라.(隨國俗法, 莫是莫非者, 此何因說?…有諍法, 無諍法. 云何有諍法? 云何無諍法? 若欲相應與喜樂俱, 極下賤業, 爲凡夫行, 此法有諍. 以何等故此法有諍? 此法有苦、有煩、有熱、有憂慼邪行, 是故此法則有諍也. 若自身苦行, 至苦非聖行, 無義相應, 此法有諍. 以何等故此法有諍? 此法有苦、有煩、有熱、有憂慼邪行, 是故此法則有諍也. 離此二邊, 則有中道, 成眼成智, 自在成定, 趣智、趣覺、趣於涅槃, 此法無諍. 以何等故此法無諍? 此法無苦、無煩、無熱、無憂慼正行, 是故此法則無諍也. … "隨國俗法, 是及非, 此法有諍. 以何等故此法有諍? 此法有苦、有煩、有熱、有憂慼邪行, 是故此法則有諍也. 隨國俗法, 不是不非, 此法無諍. 以何等故此法無諍? 此法無苦、無煩、無熱、無憂慼正行, 是故此法則無諍也. 是謂諍法. 汝等當知諍法

하지 말라고 권고하며93), 출가자가 정치권력자와 인연을 맺는 것의

及無諍法, 知諍法及無諍法已, 棄捨諍法, 修習無諍法, 汝等當學. ”(『중아함
경』43권「13. 근본분별품 제2」;『대정신수대장경』1권, 701c.)

92) "너희들은 그런 논의를 하지 말아라. 왕에 관한 논의는 … (내지) … 열반으로
향하지 않기 때문이니라. 만일 논의하고자 한다면 마땅히 다음과 같이 논의하
라. 이것은 괴로움에 대한 성스러운 진리다. 이것은 괴로움의 발생에 대한 성스
러운 진리다. 이것은 괴로움의 소멸에 대한 성스러운 진리다. 이것은 괴로움의
소멸에 이르는 길에 대한 성스러운 진리다."(汝等莫作是論. 論說王事, 乃至
不向涅槃. 若論說者, 應當論說'此苦聖諦, 苦集聖諦, 苦滅聖諦, 苦滅道迹聖
諦. 『잡아함경』16권「411. 논설경論說經」) ; "너희들이 여러 왕들의 큰 세력과
큰 부富에 대해 일삼아 논쟁을 벌였단 말인가? 너희 비구들아, 그런 논의는
하지 말라. 왜냐하면, 그것은 이치에 도움이 되지 않고, 법에 도움이 되지 않으
며, 범행에 도움이 되지 않고, 지혜도 아니고 다른 깨달음도 아니며, 열반으로
향하는 것이 아니기 때문이니라."(汝等用說諸王大力, 大富, 爲汝等比丘莫作
是論. 所以者何? 此非義饒益, 非法饒益, 非梵行饒益, 非智非正覺, 不向涅
槃. 『잡아함경』16권「413. 왕력경王力經」)

93) 그때 많은 비구들은 식사를 마치고 모두 보회강당普會講堂에 모여 이런 이야
기들을 하고 있었다. 즉 의복·장식·음식에 관한 이야기, 이웃나라·도적·싸움
에 관한 이야기, 술·음행·다섯 가지 욕망에 관한 이야기, 노래·춤·놀이·풍류
에 관한 이야기 등, 이런 쓸데없는 이야기들이 한량없었다. … 세존께서는 말씀
하셨다. "그만두어라, 비구들아. 그따위 이야기들은 그만두라. 왜냐하면 그런
이야기는 아무 의미도 없고 또 선한 법으로 나아가는 것도 아니기 때문이다.
그런 이야기로는 범행을 닦을 수 없고, 번뇌가 완전히 사라진 열반을 얻을 수
없으며, 사문의 평등한 길도 얻을 수 없느니라. 그것은 모두 세속 이야기로서
바른 길로 나아가는 이야기가 아니다. 너희들은 이미 세속을 떠나 도를 닦고
있다. 그러므로 행을 무너뜨리는 그런 이야기를 생각할 것이 아니니라. … 세존
께서는 말씀하셨다. "너희들은 왕이 다스리는 그 나라를 칭찬하거나 비방하지
말고, 또 그 왕들의 우열을 논하지도 말라." … "그러므로 비구들아, 그런 생각
으로 나라 일을 비판하지 말라. 그런 비판으로는 번뇌가 완전히 사라진 열반
세계에 이를 수 없고, 또 사문의 바른 행법을 얻을 수도 없다. 만일 그런 비판을
하려 한다면 그것은 바른 업이 아니니라. …" 세존께서는 말씀하셨다. "너희들

위험성을 지적하거나[94] 왕의 심부름을 하는 것을 원천적으로 금하여[95] 불교 교단이 정치권력과 유착되는 것을 금지하였다.

은 나라 일에 대해 이야기하지 말라. 먼저 내 몸을 단속하여 사유하고 안으로 살피며 헤아리고 분별하여야 한다. 그런 이야기는 지극한 이치에 맞지 않고, 또 사람으로 하여금 범행을 닦아 번뇌가 완전히 사라진 함이 없는 곳에 이르지 못하게 한다. 먼저 자기 몸을 닦고 법다운 행을 불꽃처럼 일으켜 가장 거룩한 이에게 스스로 귀의해야 한다."(爾時, 衆多比丘食後, 皆集普會講堂, 咸共論說此義. 所謂論者, 衣裳、服飾、飲食之論、鄰國賊寇戰鬪之論、飲酒、淫泆、五樂之論、歌舞、戲笑、妓樂之論. 如此非要, 不可稱計. … 是時, 佛告諸比丘曰 : "止, 止. 比丘, 勿作此論. 所以然者, 此論非義, 亦無善法之趣. 不由此論得修梵行, 不得滅盡涅槃之處, 不得沙門平等之道. 此皆俗論, 非正趣之論. 汝等已離俗, 修道, 不應思惟敗行之論. … 爾時, 佛告諸比丘 : 汝等莫稱譏王治國家界, 亦莫論王有勝劣. … 是故比丘, 勿興斯意, 論國事緣. 不由此論, 得至滅盡涅槃之處, 亦不得沙門正行之法. 設欲作是論, 非是正業. … 爾時, 世尊告曰 : "汝等勿論國界之事, 當自剋己, 思惟內省, 按計分別. 言此論者, 不合至理, 亦復不令人得修梵行, 滅盡無爲涅槃之處. 當自修己, 熾然法行, 自歸最尊. (『증일아함경』 제43권, 「선악품」)

94) "나라의 일을 가까이 하면 열 가지 잘못[非法]이 있다. 열 가지란 무엇인가? 이에 어떤 이가 나라를 모반할 마음을 일으켜 국왕을 죽이려 하고, 그 음모로 말미암아 국왕이 죽는 일이 생긴다고 하자. 그러면 그 백성들은 이렇게 생각한다. '저 사문 도사가 자주 내왕하였다. 이것은 반드시 저 사문의 소행일 것이다.' 이것이 첫 번째 잘못으로서, 나라 일을 가까이할 때 생기는 재앙이다. … 비구들아, 이것이 이른바 열 가지 잘못으로서, 나라 일에 간섭할 때 생기는 재앙이니라. 그러므로 비구들아, 너희들은 마땅히 나라 일에 가까이할 생각을 내지 말아야 한다. 모든 비구들아, 마땅히 이와 같이 배워야 하느니라."(爾時,世尊告諸比丘 : 親近國家, 有十非法. 云何爲十? 於是國家起謀害心, 欲殺國王, 緣此陰謀, 王致命終, 彼人民類便作是念 : 此沙門道士數來往返, 此必是沙門所爲. 是謂初非法, 親國之難. … 是謂比丘十非法, 入國之難, 是故比丘,莫復生心, 親近國家. 如是比丘, 當作是學. 『증일아함경』 제42권 「결금품」[5])

95) "마납아, 다른 사문 바라문들은 남이 시주한 것을 먹고 또 방편을 써서 심부름꾼 되기를 바란다. 혹은 왕이나 왕의 대신, 바라문이나 거사를 위하여 심부름꾼

그런데 붓다는 물론 가능한 한 정치권력과 접촉을 회피하려 했지만,[96] 앞서 살펴보았던 것처럼 숲과 마을, 성聖과 속俗, 교단과 세속권력은 완전히 별개의 것으로 분리될 수는 없었다. 붓다 당시에도 국가로부터 많은 후원, 세금이나 범법에 대해 일정정도의 법률적 예외가 인정되는 면책권 등[97]의 '외호外護'가 있었던 것이 사실이다. 그렇다면 교단에 대한 국가 권력의 영향력이 부당한 압력이나 간섭의 형태로 주어질 경우는 어떻게 대응해야 할까? 율장『대품』에 의하면, 국왕이 교단에 직접 명령을 내려 부당한 간섭을 할 경우에도, "수행승들이여, 임금의 명령에 따르라."고 말한다. 나카무라 하지메[中村 元]는 이에 대해 국가나 국왕의 간섭을 가능한 회피하되, 그럴 수 없는 경우에는 명령에 따름으로써 마찰이나 알력을 없애려고 하였다[98]고

이 되어 여기서 저기로 가고 저기서 여기로 온다. 이 소식을 저기에 가져다주고 저 소식을 여기에 가져다주며 혹은 자기가 하기도 하고 혹은 남을 시켜서하기도 한다. 그러나 우리 법에 들어온 자는 그런 일이 없다."(摩納！如餘沙門, 婆羅門食他信施, 但說遮道無益之言, 王者, 戰鬪, 軍馬之事, 群僚, 大臣, 騎乘出入, 遊園觀事, 及論臥起, 行步, 女人之事, 衣服, 飮食, 親里之事, 又說入海探寶之事；入我法者, 無如此事. 摩納！如餘沙門, 婆羅門食他信施, 無數方便, 但作邪命, 諂諛美辭, 現相毁訾, 以利求利；入我法者, 無如此事. 『불설장아함경』 13권 ; 『대정신수대장경』 1권, 84a.)

96) H. Saddhatissa는 이에 대해, 바람직한 이상국가의 정치적 구조에 대해서는 생각하였지만, 실제 현존하는 정치구조를 개혁하기 위해 직접 참여하지는 않았다라고 지적하였다.(H. Saddhatissa, 조용길 편역, 『근본불교윤리』, 불광출판사, 2004, 205쪽)

97) 윤종갑, 「불교와 정치권력 - 정교분리에 관한 붓다의 관점을 중심으로」, 동아시아불교문화학회, 『동아시아불교문화』 8권, 2011, 278~281쪽.

98) 中村 元, 차차석 역, 『불교정치 사회학 : 불교적 이상사회에 대한 경전자료의 새해석』, 서울 : 불교시대사, 1993, 68쪽.

해석하였고, 윤종갑은 석가족이 멸망의 상태에 이르러서도 폭력적인 공격을 인정하지 않았다는 예를 거론하면서, 국가권력의 부당한 폭력성에 대해서도 붓다는 무력으로 국가와 대립해서는 안 된다는 굳은 신념하에 비폭력을 주장한다고 해석하였다.[99] 그런데 사실 나카무라 하지메의 해석은 겉으로 드러난 외적인 측면에만 주목한 것이라고 할 수 있다. 붓다가 단순히 갈등이나 알력을 회피하고자 하는 목적으로 국왕의 부당한 명령을 따르라고 했을까? 극단적인 예로 보이지만, 일본 호국불교의 실제 사례처럼, 국가나 국왕이 불교교단을 다른 민족을 침략하도록 하는 군사적 목적으로 이용하도록 명령했으면 그 또한 따라야 하는 것일까?[100] 오히려 붓다는 왕에 관한 일이나 전쟁에 관한 일 등을 논의하지 말도록 한 이유는, 세속적 마찰이나 알력을 없애기 위해서가 아니라, 그러한 논의가 "열반으로 향하지 않기 때문"[101] "열반세계에 이를 수가 없"[102]기 때문이다. 따라서 윤종갑의

---

99) 윤종갑, 「불교와 정치권력 – 정교분리에 관한 붓다의 관점을 중심으로」, 동아시아불교문화학회, 『동아시아불교문화』 8권, 2011, 281쪽.

100) 또는 6.25 당시 '항미원조 국가보위 인민지원군抗美援朝國家保衛人民志願軍'에 입대하기를 독려했던 중국불교협회장 조박초(趙樸初, 1907~2000)나 중국 승려들에게 "군에 입대해 미국이라는 마왕을 항복시켜 조선을 돕자"고 주장했던 승려 거찬(巨贊, 1908~1984)도 같은 맥락이라고 볼 수 있다.

101) 汝等比丘愼莫思惟世閒思惟. 所以者何? 世閒思惟非義饒益, 非法饒益, 非梵行饒益, 非智非覺, 不順涅槃.『잡아함경』 16권 「407. 사유경思惟經」; 汝等莫作是論. 論說王事, 乃至不向涅槃. 若論說者, 應當論說'此苦聖諦, 苦集聖諦, 苦滅聖諦, 苦滅道迹聖諦.『잡아함경』 16권 「411. 논설경論說經」; 汝等用說諸王大力, 大富, 爲汝等比丘莫作是論. 所以者何? 此非義饒益, 非法饒益, 非梵行饒益, 非智非正覺, 不向涅槃.『잡아함경』 16권 「413. 왕력경王力經」)

102)『증일아함경』 제43권, 선악품[4].

비폭력이라는 해석이 오히려 보다 타당성이 있다. 다만 윤종갑이 든 예에 대해서는 생각해 볼 여지가 있다. 자신의 조국인 카필라성이 멸망의 위기에 처했을 때, 폭력적인 공격이나 힘에 의한 문제 해결을 인정하지 않은 것은 사실이며 이는 불교의 교리에도 부합되는 일이다. 그런데 전쟁을 막기 위해 붓다는 세 번의 시도 끝에 전생의 '어쩔 수 없는 업보'를 이유로 포기했지만, 당시 샤카족의 지도자였던 마하남摩呵男이 샤카족을 멸망에서 구원하기 위해 보였던 자기희생의 살신성인의 모습은 역시 비폭력에 의한 더 적극적인 해결책이 아니었을까?[103] 당시 역사적 상황에 대해서는 좀 더 세밀한 고찰이 필요하므로 석가와 마하남의 선택을 여기에서 비교하거나 분석평가하는 것은 아직 섣부른 시도일 수 있다. 다만 정치적으로 복잡하게 얽힌 딜레마의 상황에서, 인연생기因緣生起의 인과법을 밝게 통찰한 석가의 선택이 현명하고 올바른 것이라고 받아들이더라도, 유사한 상황에서 불법을 계승한 후계자들의 선택도 그러하다고 볼 수는 없다. 구한말 근대 전환기 여러 가지 딜레마 상황에서 시대적 모순에 대해 다양한 선택의 모습을 보이는 고승대덕이나 불교엘리트들의 모습을 볼 때 더욱 그러하다. 그리고 여기에서 특히 주목하고자 하는 점은 당시 고승대덕이나 불교엘리트들의 선택 중 세속 권력의 '외호外護'에 관한 부분

---

103) 마하남은 침략자인 유리왕에게 "제가 지금 물속에 들어가 있겠사오니 제가 물 속에서 견디는 동안만이라도 저 석가족들이 모두 도망칠 수 있게 해 주십시오. 제가 물 밖으로 나오면 그 때는 마음대로 죽이십시오."라고 하고는, 곧 물 속에 들어가 머리카락을 나무 뿌리에 묶고는 목숨을 마쳤다.(摩呵男曰 : 我今沒在水底,隨我遲疾,使諸釋種竝得逃走. 若我出水,隨意殺之. 流離王曰 : 此事大佳. 是時,摩呵男釋卽入水底,以頭髮繫樹根,而取命終.『증일아함경』제26권, 34.「등견품等見品」)

이다.

　석가모니 또는 불교교단과 세속권력의 '외호外護'의 관계에 관하여 박노자는 의미있는 평을 남겼다.[104] 그는 석가모니가 수행자에겐 폭력의 악업을 설파했지만 당시 마가다摩訶他국의 잔인한 정복 군주이자 승가의 유력한 보호자였던 아자타샤트루(阿闍世)왕을 적당히 반기기도 했던 점을 지적하면서, 개인적으로 자애로 일관할 수행자가 세속의 피비린내 나는 싸움을 멀리하면서 필요에 따라 싸움꾼들의 외호外護를 이용해야 한다고 생각한 현실주의자였다고 보며, 또 한편으로는 "석가모니 붓다 정도로 도덕관이 확고한 수행자는, 비록 국가 간의 싸움을 필요로 하는 사회질서를 근본적으로 바꿀 생각을 하지 않았지만 적어도 폭력의 악업적 결과에 대해 명확한 생각을 가졌다. 그러나 갈수록 국가와의 유착을 강화한 그 후계자들은 꼭 그렇지도 않았다. 국가라는 폭력기구와 가까이 지내다 보니 폭력 자체를 합리화할 필요성이 생긴 셈이다."라고 평했다. 박노자는 석가모니를 사회·정치적으로 비교적 보수적 입장인 '온건 개혁파'로 상정했는데, 석가모니는 불교교단을 이끌며 항상 열반과 정법을 추구하는 본분의 중심을 잃지 않고, 세속의 '외호' 사이에서 시의적절한 선택을 해나간 것인지도 모른다.

2) 구한말 세속권력의 '외호外護'와 공인公認
: 승단의 국가관리, 관리청원과 사사관리서

　그러나 구한말에 이르기까지 수많은 인연에 의해 위축된 조선불교

----

104) 박노자, 「불교는 어떻게 국가폭력에 협력해왔나」, 『한겨레 21』 제804호 2010.
　　04.01.

계는 외세의 침략과 전근대의 극복이라는 시대적 과제를 만나 더욱
복잡한 선택의 기로에 놓인다. 우선 삼국시대 5교9산으로 전개되었던
한국불교의 종파는 5교 양종시대를 거쳐 조선의 탄압 속에 강제적으
로 선·교 양종으로 통폐합되었으며, 조선 후기에는 종단이나 종파도
없이 산사에서만 머무르며 수행가풍과 법맥이 전승되던 '무종산승無
宗山僧 시대'105)를 맞이하게 된다. 특히 조선 후기에서 구한말에 이르
는 시기, 각종 과도한 부역, 법률적 차별 대우 속에 신분적 몰락, 사찰
에 대한 일용잡물日用雜物의 토색과 주구誅求 등등 정부와 양반층을
중심으로 한 불교에 대한 전방위적인 탄압은 이루 다 말할 수 없이
참담할 정도였다.106)

---

105) 이와 관련하여 김경집은 다음과 같이 설명하기도 한다. "조선후기는 산중에
    은거하면서 선과 함께 교를 겸수하면서 지냈던 무종산승시대(無宗山僧時代)
    였다. 이러한 시대 일반 대중들은 자신들의 생활과 내세적 신앙관이 조화될
    수 있는 신앙형태를 갈구하게 되었다. 이런 분위기에서 나타나고 있는것이
    만일염불회(萬日念佛會)와 같은 대중적 신앙유형이다."(김경집,「조선후기
    불교사상의 전개 - 19세기를 중심으로 - 」,『한국어문학연구』제48집, 한국외
    국어대학교 한국어문학연구회, 2007, 36쪽)

106) 당시 불교가 겪었던 핍박과 수난에 대해서는 박희승,『이제 승려의 입성을
    許함이 어떻는지요』, 서울 : 도서출판 들녘, 1999, 16~44쪽 ; 정광호,『近代韓
    日佛敎關係史硏究 - 日本의 植民地政策과 관련하여』, 仁川 : 仁荷大學校
    出版部, 1994, 11~25쪽 등을 참조할 것. 이외에도 또한 대한불교조계종 교육
    원이 편찬한『조계종사 : 고중세편』이나 국사편찬위원회에서 편찬한『한국
    사』에서도 조선 후기 불교계의 인적·물적 기반이 약화되어 영향력을 상실한
    것으로 정리하고 있다. (대한불교조계종 교육원,『조계종사 : 고중세편』, 조계
    종출판사, 2006, 370쪽 ; 국사편찬위원회 편,『한국사 31 : 조선중기의 사회와
    문화』, 국사편찬위원회, 1998, 386~387쪽.) 물론 이에 대하여 다카하시 토오루
    (高橋亨, 1877~1966) 다카하시 토오루의『이조불교李朝佛敎』(1929), 누카리
    야 카이텐(忽滑谷快天, 1867~1934)의『조선선교사朝鮮禪敎史』(1930)등 일

이런 어려운 상황 속에 개항을 맞고 명분상 일본 승려의 주도에 의해 도성입성해금조치(1895)가 진행되면서 점차 일본불교 종파의 한국 사찰 장악이 성공적으로 진행되었다. 그리고 당시 적지않은 한국의 승려들이 일본 사원에 자진하여 보호를 청원하는 '관리청원'을 하기에 이른다. 관리청원이란, 구체적으로 일본불교 특정 종파와 연합하거나 또는 그 말사末寺로 가입하는 것이다. 한국의 승려들이 자진하여 '관리청원'을 하게 된 이유는 무엇일까? 이에 대해 강돈구는 다음과 같은 분석을 제시하였다. "전반적으로 천시 받고 있는 상황 속에서 관가나 선비, 그리고 의병들로부터의 피해를 막기 위해서 가장 손쉬운 방법은 절문에 일본불교의 간판을 걸어 놓고, 일본 군대의 보호를 받는 것이었기 때문이다."107) 그런데 의병들로부터의 피해는 단순히 의병 측에서만 제공한 것은 아니었다. 한동민에 의하면 의병전쟁이 유격전을 통한 투쟁으로 전개되었으며, 이 과정에서 산속에 위치한 사찰은 중요한 이용물로 인식되었고, 따라서 일본군 수비대守備隊는 산중의 사찰이 의병들의 근거지 내지 유용한 이용물이 되는 것을 염려하면서 사찰에 대한 방화放火를 통해 의병과 승려들의 연결을 막고자 했다는 것이다.108)

　본학자들이 조선시대를 불교의 쇠퇴기로 규정한 것에 따른 잘못된 인식이라는 비판도 있다. 대표적으로 김용태, 이종수, 이명호 등이 이러한 입장에 서 있다. 그러나 여기에서는 조선시대 혹은 조선 후기가 불교의 쇠퇴기라고 규정할 것인지 아닌지 여부에 중점을 둔 것이 아니라, 조선 후기 불교계에 대한 탄압 자체에만 초점을 맞추었다.

107) 高橋亨, 『李朝佛教』, 1929, 919쪽 ; 강돈구, 「한국 근대 종교운동과 민족주의의 관계에 대한 연구 – 종교민족주의의 구조적 다양성을 중심으로 – 」, 서울대학교 대학원 종교학과 박사학위논문, 1990, 94쪽

1906년 한국통감부는 「종교의 선포에 관한 규칙」(통감부령 제45호)을 선포하여, 일본 불교 각 종파 포교자들의 한국 사찰 관리를 통감이 인가해주면서, 일본불교를 통하여 한국불교를 공식적으로 예속화하는 작업을 서둘렀다.[109] 그 결과 전국 대부분의 주요 사찰들이 일본

---

108) 1907년 충남 계룡산 동학사(東鶴寺) 승려들이 통감부(統監府)에 올린 청원서(請願書)에 드러난 갖가지 일본군의 만행이나, 1907년 일제의 방화에 의해 소실된 경기도 용문산(龍門山)에 있는 용문사(龍門寺)·사나사(舍那寺)·상원암(上院庵), 철원 보개산(寶蓋山) 심원사(深源寺) 등을 예로 들며, 전국적으로 일본군의 방화로 인해 광범위하게 진행된 불교계의 피해를 분석했다. 그의 분석에 의하면 일제는 의병들과의 전투과정에서 소실되었다거나 심지어 의병들에 의한 방화로 호도하였지만, 기본적으로 일본군에 의한 방화가 주종을 이루었다는 것이다.(한동민, 「'寺刹令' 體制下 本山制度 研究」, 중앙대학교 대학원 박사학위논문, 2006, 18~21쪽) 또한 한동민은 관리청원 사찰 현황, 당시 통감부로부터 관리청원 신청이 인가된 사찰의 상황 등을 표로 정리하며 조선사찰의 관리위탁 사유를 일일이 분석하면서, 특히 서울 인근의 京山사찰이라 할 수 있는 화계사·봉국사 등의 관리청원은 의병 등 외부적 강제에 의한 사찰보호라는 자구적 의도로 보기에는 이해가 가지 않는 측면이 있다고 지적하였다.(한동민, 2006, 22~26쪽)

109) '관리청원'과 한국통감부의 「종교의 선포에 관한 규칙」의 선포가 어떤 선후관계 혹은 인과적 영향관계였는지에 대해서는 견해가 갈린다. 김순석은 "종교의 선포에 관한 규칙의 발표로 인해 이른바 管理請願이라는 것이 가능하게 된 것이다."(김순석, 「朝鮮總督府의 佛教政策과 佛教界의 對應」, 고려대학교 박사학위논문, 2001, 20쪽)라고 보았고, 한동민도 "조선 각 사찰의 관리청원의 근거는 실제 1905년 발효된 「종교선포규칙」이라 할 수 있다…조선의 사찰들은 조선정부에 대한 불신, 특히 지방 관청에 대한 불신에 기초하여 統監府설치 이후 일본 종파 불교에 대하여 관리를 청원하는 사태에 직면하게 되었던 것이다(한동민, 「'寺刹令' 體制下 本山制度 研究」, 중앙대학교 대학원 박사학위논문, 2006, 21~26쪽)"고 보았다. 또한 윤기엽 역시 "이[「종교의 선포에 관한 규칙」]를 통해서 한국사찰을 일본사찰과 병합시키는 길이 열리게 되었다. 통감부의 이와 같은 한국사원 관리규칙이 반포되자 일본불교의

각 종파에 점거되어 갔는데[110], 한동민은 조선 각 사찰이 일본종파 불교에 관리위탁을 청원한 것은 사찰재산의 보호 유지와 함께 일본어 교육, 신교육 등 근대적 불교의 발전을 도모하는 이중적인 태도라고 결론을 내렸으며[111], 강돈구는 이러한 불교의 친일은 불교의 세력을 보존하고 확대시키기 위한 자구책이었다고도 할 수 있었다[112]고 평가했다.

각 종파는 한국사찰을 병합하려는 경쟁이 치열하게 전개되기에 이르렀다."라고 하여 같은 견해를 보이고 있다.(윤기엽, 「개화기(開化期) 일본불교의 포교 양상과 추이」, 『원불교사상과 종교문화』54집, 2012, pp.278~279) 그러나 이상의 견해들과는 달리, 최병헌은 (「종교의 선포에 관한 규칙」 이전부터) 일본불교 종파에 의한 한국 사찰의 장악이 이른바 '관리청원管理請援'이라는 형태로 나타나게 되었다고 보았는데, 이로 인해 상당수의 사찰들이 일본불교 각 종파의 말사로 쉽게 편입되어 갔으며, 통감부에서는 관리청원이 한국병합 계획에 끼칠 부작용 — 일제의 위세를 업고 부당한 포교 활동을 하거나 무리하게 강압적으로 한국 사찰을 강탈하려고 하는 일이 발생하게 됨으로써 일제의 한국병합 계획에 차질을 빚을 것 — 을 우려하여, 일본불교의 각 종파에 의한 한국 사찰의 장악을 공인하여 주면서, 동시에 일본 불교인들을 감독 통제하기 위한 조치를 취한 것이 「종교의 선포에 관한 규칙」라고 보았다. 그 결과 통감의 통제와 관리 감독하에 일본불교 각 종파들은 경쟁적으로 한국 사찰을 강탈·병합하려는 노력을 더욱 치열하게 전개하게 되었으며, 그리하여 한국 불교계에 '사찰관리청원'이 유행하게 되었다는 것이다.(최병헌, 「일제 침략과 식민지불교」, 『한국 불교사 연구 입문 하』, 2008, pp.277~279)

110) 최병헌, 「일제 침략과 식민지불교」, 『한국 불교사 연구 입문 하』, 2008, 272~279쪽.
111) 한동민, 「'寺刹令' 體制下 本山制度 硏究」, 중앙대학교 대학원 박사학위논문, 2006, 25~16, 278쪽.
112) 강돈구, 「한국 근대 종교운동과 민족주의의 관계에 대한 연구 — 종교민족주의의 구조적 다양성을 중심으로 — 」, 서울대학교 대학원 종교학과 박사학위논문, 1990, 94쪽.

결국 당시 조선 불교계(승단 혹은 불교 교단)가 취했던 입장의 기본 노선은 다음과 같이 정리할 수 있다. 즉 근대전환기 급격한 시대적 변화의 흐름을 맞아, 조선조 5백 년 동안 지속되었던 가혹한 탄압으로 인해 쇠약해진 불교의 세력을 되살려보고자 하는 열망 하에, 근대화에도 앞선 것으로 보이고 불교에도 호의적으로 보였던 일본근대불교 세력과 일본정치세력의 도움을 받고자 한 것으로 간주된다. 물론 이런 와중에 일본 불교의 술책을 간파하고서도 개인의 사리사욕을 위해서 '친일'불교에 앞장섰던 인사들도 적지 않았던 것이 사실이지만, 한일강제합방 이전에는 일본정부와 일본불교에 대해 불교의 지도층인사들 중 누가 어떤 동기를 가지고 있었는지를 분석하기가 쉽지 않다.[113] 더욱이 정광호의 분석에 의하면, 불교는 오랜 세월 민중들과함께 해온 재래종교로서의 친밀감, 부유한 사찰들의 거대한 토지에딸린 소작군小作群들과의 관계 등 일반 대중에 대한 영향력이 결코무시할 수 없었음에도 불구하고, 한일합방 이전까지 노골적인 항일을한 일은 거의 없었다.[114] 현재까지의 연구에 근거한다면 1910년 이전

---

113) 예컨대 친일승려로 유명한 姜大蓮(일본식 이름 : 渭原馨이하라 가오리, 1875 ~1942)의 경우, 일본사찰에 한국사찰이 예속되던 관리청원이 한창 유행하던 시기인 1910년 5월 通度寺를 접수하려던 정토종의 倭僧 最美光瑞를 龍珠寺에서 달려가 때려눕히고 이를 저지했다고 한다. (정광호, 『近代韓日佛教關係 史硏究 – 日本의 植民地政策과 관련하여』, 仁川 : 仁荷大學校 出版部, 1994, 8쪽.)

114) 정광호는 먼저 일제의 한국 침략 이래, 을미사변(1895) 이후 각지에서 일어난 항일 투사들의 출신성분을 분석한 결과 거의가 유교적 출신성분임을 밝혔다. 또한, 독립협회 이래 활약한 수많은 기독교계의 항일투사와 함께 1905년~1918년까지의 간도지방에 설립되었던 韓人私立學校의 통계를 분석할 때 기독교·천주교계에서 설립한 학교수가 압도적으로 많았던 점을 분석했다.

의 한국불교계의 입장에 대해 한국을 병탄하려는 일본 제국주의 세력에 대해 적극적 혹은 직접적인 친일이라고 말할 수는 없다. 일본에 호의적 태도에도 불구하고, 앞서 살펴보았던 거사불교와 결사운동, 특히 경허를 중심으로 한 수선사운동이나 당시 유행하던 관리청원에 맞서려던 의식을 볼 때, 오히려 일본 불교 세력에 맞서 한국불교의 전통을 지키려는 의식이 깨어나 자리 잡고 있었음도 분명히 확인할 수 있다. 다만 그럼에도 불구하고, 일본승려의 주선에 의해 이루어진 '도성입성해금'문제, 이와 연계된 승려의 지위 향상문제, 일제 관변측에서 실시한 수많은 포섭공작, 그리고 '근대화'에 대한 열망 등으로 인하여, 일제에 대해 일정 정도의 호감을 지니고 있었을 것이라는 점 역시 지적할 수 있다.[115]

근대전환기 한국불교에 대한 '외호'는 일본 정부 및 일본불교에게서만 주어진 것[116]이 아니었다. 일본 불교계의 술책을 간파했기 때문

그런데 이에 반하여 불교는 그 영향력이 上記 二者에 비해 결코 적지 않은 종교이면서도 노골적인 항일을 한 일은 합방 이전까지는 거의 없었다는 것이다.(정광호, 『近代韓日佛教關係史研究 - 日本의 植民地政策과 관련하여』, 仁川 : 仁荷大學校 出版部, 1994. 80~82쪽)

115) 정광호는 이에 대해 "합방 이전의 한국 교단, 다시 말해서 일제의 무단정치를 경험하기 이전의 사찰들이 일제와 손잡고 소위 '발전'이란 것을 도모하게 되었던 것은 어쩌면 당연한 추세였는지도 모른다"라고 평하였다.(정광호, 『일본침략시기의 한·일 불교 관계사』, 아름다운 세상, 2001, 89쪽)

116) 일본 정부나 일본 불교가 한국불교를 '외호'해주었다는 생각은 사노 젠레이의 주선으로 이루어진 도성입성해금 문제 이후로 일본 및 친일불교인사들이 이러한 홍보를 통해 상당히 많은 불교계 인사들이 가지고 있던 인식인 것으로 보인다. 예컨대 친일승려 강대련이 쓴 글에 "王臣外護를 今日復見"(강대련,

인지 그로 인한 위기감은 느꼈기 때문인지 혹은 개화파 인사들에게 큰 영향을 준 불교에 대한 긍정적 입장 때문인지 그 원인은 명확하지 않지만, 구한말 조선~대한제국 정부의 불교에 대한 입장은 '배척'에서 '공인' 내지 '외호'로 선회하고 있었다. 앞서 살펴보았듯이 1895년 도성출입금지해제에 대하여 시대적 분위기 즉 우리 불교계의 건의·추동 등 자주적 노력의 결과에 힘입은 것[117])이라는 주장이나, 혹은 조선 말기 국가적 문제로 대두되었던 기독교·동학세력에 대비하여 정부에 비교적 '무해'한 불교를 더 이상 배척하지 말자는 분위기[118]) 등을 먼저 거론할 수 있다.

구한말에 들어와 불교에 대한 대한제국 정부의 '공인' 또는 '외호'의 흐름은 사사관리서寺社管理署의 설치와 「국내사찰현행세칙國內寺

〈佛敎擴張意見書〉, 『朝鮮佛敎叢報』제10호, 1912)이라고 있는 것이나, 이능화가 쓴 글에 "槿域의 불법을 外護하신 深恩"(〈內地에 佛敎視察團을 送함〉, 『朝鮮佛敎叢報』6호, 1917)이라고 있는 것, 또한 일제 사찰령의 시행에 대해 적극 찬양하며 〈剳令頒布 果蒙外護 寺法施行 徛望中興〉 등의 제목을 단 것 등(이능화, 『조선불교통사』하권, 보문각, 1117쪽)을 참고할 수 있다.

117) 박희승, 『이제, 승려의 입성을 許함이 어떻는지요』, 들녘, 1999. ; 김경집, 「근대 도성출입 해금과 그 추이」, 『한국불교학』 24, 1998 ; 김순석, 『일제시대 조선총독부의 불교정책과 불교계의 대응』, 서울 : 景仁文化社, 2003. 219~220쪽 ; 윤기엽, 「개화기(開化期) 일본불교의 포교 양상과 추이」, 『원불교사상과 종교문화』 54집, 2012, 264~268쪽 ; 이봉춘, 「근대 한국불교의 역사와 정체성」, 2001, 93~94쪽.

118) 高橋亨, 『李朝佛敎』, 851쪽 : "전술한 바와 같이 이러한 경향의 조정은 새로운 邪敎로 간주하는 예수교·동학당에 대해 엄격한 禁壓의 방침을 취하였지만, 불교는 무해한 것으로서 하등 적극적인 斥鬪을 하지않고, 或部分에는 그것에 庇護를 가하여, 그것에 不法을 가하는 자를 금하였다. 今日 現存하는 諸寺刹의 完文에 노출된 雜役免除의 制令 … "

利現行細則」의 반포에서 결정적으로 나타난다. 구한말 대한제국 정부는 전국 사찰을 총괄할 수 있는 수사찰首寺刹로 동대문 밖에 원흥사元興寺를 설치하고[119], 전국 사찰의 사무를 총괄하는 총종무소總宗務所로 삼았으며, 13도道에 각각 하나씩 수사首寺를 두었다. 나아가 사찰의 업무를 통합하여 국가의 관리로 두기 위하여 광무 6년(1902) 궁내부宮內府 소속으로 사사관리서寺社管理署를 설치하고, 「사사관리세칙寺社管理細則」 또는 「국내사찰현행세칙國內寺刹現行細則」을 반포하였다. 이는 사찰령寺刹令 36조라고도 하는데, 전국의 사찰 및 승려에 관한 모든 사무를 맡았다. 당시의 사사관리서와 「국내사찰현행세칙」에 대한 평가는 오랫동안 관심 밖으로 방치되었던 국내의 사찰 및 승려에 대해 국가행정의 범위 안에 들어오게 되었다는 점에서 우선 긍정적이었다. 예컨대 김순석은 「국내사찰현행세칙」 36개조의 내용을 일일이 분석하여, 승려들에게 정치에 관한 일체의 발언을 할 수 없게 한 점, 승려들이 승단 이외의 일에 일체 관여할 수 없도록 명시한 점, 도첩발급을 사사관리서에서 하도록 한 것과 매년 2냥씩 규비금規費金을 납부하도록 한 점 등 일부 "봉건적인 요소가 남아있기는 하지만", 제도적으로 포교의 자유를 허용한다는 점, 불교계의 수장을 정부에서 임명하지 않고 승단에서 추망공선推望共選으로 선출하도록 한다는

---

119) 高橋亨, 『이조불교』, 1929, 866쪽. 원흥사가 언제 설치되었는지에 대해서는 의견이 분분하다. 김경집은 일본 정토종의 대승도(大僧都)인 광안진수(廣安眞隨)가 1898~1902년(명치 31~35)까지의 사건을 편년체로 서술한 『정토종한국개교지(淨土宗韓國開敎誌)』를 근거로 하여, 원흥사가 1902년 창건되었다고 주장하였다.(김경집, 『한국불교 개혁론 연구』 서울 : 불교진각종 종학연구실, 2001. 25~27쪽)

점, 학교를 세워 인재양성을 권장하고 종래의 과도한 잡역을 혁파해 주었다는 점에서, "한국불교계가 자율적으로 발전을 지향할 수 있는 길을 열어 준 법령"이었으며 "대한제국 정부가 보장하였던 불교계의 자주적인 발전 가능성"이라고 평가하였다.[120] 김경집 역시 원흥사의 창건과 원흥사에 설치된 승직 제도에 대해서, 명종明宗 이전 선교양종 종무원禪敎兩宗宗務院과 유사하며, 또 일본의 본산말사本山末寺와 비슷한 제도라고 분석하면서, 이러한 원흥사의 창건과 승직의 설치는 조선조 배불정책의 기조로부터 새롭게 불교에 대한 관심이 고조되었음을 의미하며 불교가 사회에 다시 그 역량을 발휘할 수 있는 계기가 될 수 있는 승정僧政의 대변화라고 지적하였다.[121]

이상의 분석에 의하면, 사사관리서와 「국내사찰현행세칙」을 통해서 억불정책에 의해 황폐화되다시피 한 '무종산승시대'에서 벗어나게 되며 불교계가 자주적으로 발전할 수 있는 가능성의 길이 열렸으나, 이후 다시 국권 상실과 함께 좌절될 수밖에 없었다.

그런데 근대전환기 한국불교계에서 사사관리서와 「국내사찰현행세칙」의 중요한 의의를 두 가지 면에서 살펴볼 수 있다. 하나는 1911년 6월 일제 조선총독부에 의해 공포된 「사찰령寺刹令」과 연관된 문제 때문이다. 「사찰령」이 악법이라는 것은 거의 모든 (한국의) 연구자들이 동의하는 바이지만, 「사찰령」이 악법인 이유에 대하여 「국내사찰현행세칙」과 세밀하게 비교고찰해볼 필요가 있다. 또 하나는 과연

120) 김순석, 『일제시대 조선총독부의 불교정책과 불교계의 대응』, 서울 : 景仁文化社, 2003, 1, 17~18, 28~35, 220쪽.
121) 김경집, 『한국불교 개혁론 연구』 서울 : 불교진각종 종학연구실, 2001, 25~28쪽.

일시적이라 할지라도 세속의 국가권력에 의해서 승가집단을 통제하는 것이 올바르거나 바람직한 정법인가라는 문제이다. 대다수의 학자나 승려들이 이러한 통제가 부득이하고 불가피했다는 점을 인정하는 것 같다. 더욱이 김경집은 권종석權鍾奭이 사사관리서의 시행규칙에 대해 작성한 「국내사찰현행세칙연의國內寺刹現行細則演義」[122]를 통하여 사사관리서를 설치한 목적을 네 가지로 분석하고 있는데, 이 중 네 번째로 "이처럼 불교계를 통합·정리하고자 함은 궁극적으로는 일본의 침략과 일본불교의 내한활동에 따른 위기감에서 국가를 보위하고자 하는 것이다. 아울러 한국불교계가 이 뜻을 받들어 더 이상 참혹한 경지로 떨어지지 않도록 당부하고 있다"라고 설명하였다.[123]

그러나 사사관리서와 「국내사찰현행세칙」의 계기가 일본과 일본불교에 대한 위기감으로 한국과 한국불교를 지키고자 하는 것이었다면, 이는 세속법으로 보아서는 의미 있는 것이겠지만, 이러한 동기가 과연 불법佛法이나 인연법에 비추어볼 때 바람직한 것이라고 할 수 있을까라는 보다 근본적인 질문을 던질 수 있다. 한국불교의 전통을 국가의 세속적 권력으로 지킨다는 논리를 받아들이려면, 국가의 세속적 권력이 부처님의 가르침인 불법 이상으로 더욱 공정하게 승가집단의 존속과 유지에 도움이 된다는 사실도 인정해야 한다. 정법正法에 비추어보았을 때 세속의 국가권력은 불공정하거나 불순하거나 혹은 인과법에 어두우므로, 결국 앞서 언급한 폭력에 의한 문제해결과 마

122) 權鍾奭, 「國內寺刹現行細則演義」, 『韓國近現代佛教資料全集』62권, 민족사, 1996, 408~410쪽.
123) 김경집, 『한국불교 개혁론 연구』 서울 : 불교진각종 종학연구실, 2001, 29~30쪽.

찬가지로, 국가권력에 의한 교단의 통제는 임시방편에 불과하고 올바른 해결책이 아닌 것이라 할 수 있다.

사실 이러한 질문은 앞서 살펴보았던 '관리청원'이나 「종교의 선포에 관한 규칙」(통감부령 제45호)에 대한 문제에도 동일하게 적용될 수 있다. 특히 '관리청원'의 경우 비록 일본의 술책이나 유도에 의한 것이었으며 또한 당시 한국 불교계의 여러 가지 어려운 상황이 있었다고는 하지만 자진해서 일본불교에 예속되었다는 점에서 슬프고 부끄러운 일이라고 평가할 수 있다. 혹은 구한말까지 억불정책 속에 신음하던 불승들이 당시 여러 가지 현실적인 어려움과 식견의 부족 및 기타 인연으로 인해 불가피하게 선택한 일일 수도 있다. 이러한 안타까움이나 참담함에 대해서는 대부분의 연구자가 동의하는 부분이기도 하다. 그런데 여기서 항일 – 친일의 구도 속에서만 평가를 내린다면 그저 참담함속에만 빠져있기 쉬운데, 그러한 평가 이전에 먼저 한층 근본적인 질문, 즉 세속권력에 의한 교단의 통제는 불교교리에 비추어볼 때 타당한가?라는 질문을 제기할 필요가 있다.

3) 국가권력의 '외호外護'에서 자립으로
: 일제 강점기 한국불교의 방향성

구한말 세속권력[일본정부, 일본불교세력]에 의해 불교의 교세가 '보호[외호]'를 받거나, 국가[대한제국]에 의해 교단이 '공인'을 받는 일 등이 당시 불교계의 상황에 비추어보았을 때 감사할 만한 쾌거[124]

---

124) 高橋亨, 『李朝佛教』, 보문관, 1929, 898쪽 : "快伸五百年來冤屈"(崔就墟가 사노에게 보낸 감사장에서)

였을 수도 있다. 그러나 일본불교세력에 대한 '관리청원'이건, 대한제국의 사사관리서에 의한 불교의 '(재)공인'이건 양자는 모두 본질적으로 세속권력에 의한 승단의 관리를 의미한다. 승단의 국가관리가 불교교리에 입각했을 때 과연 타당한 것인가라는 질문은, 물론 이미 국가와 세속의 권력에 의해 피폐해질 대로 피폐해진 구한말 한국불교의 급박한 현실 속에서는 제기되지 않은 것 같다.

그러나 동아시아 불교에서 국가나 세속권력에 의한 불교의 (재)공인이 어떤 의미를 가지고 있는지 다시 한 번 돌아볼 필요가 있다. 석가모니 당시라면 국가 정권이 불교를 최고의 진리로 공식인정하며 정부 차원에서 적극 후원하겠다는 정도의 의미이겠지만, 이미 국왕 혹은 왕조 중심의 강력한 정치체제를 갖춘 중국 북조 시대 이래의 중국 불교와 그 전통을 받아들인 한국 불교 전통에서 국가의 공인은 한편으로 '후원'과 함께 '통제'를 의미하기도 했다.[125] 예컨대 불교의 계율의 예를 들어본다면, 불교 교리에서 금지하는 승려의 '대처식육' 문제에 대해서 『대명률』이나 사찰령 등 세속의 법률에서도 금지하고 있는 것을 어떻게 이해할 것인가? 또한 이로 인해 대한제국 말기(융희 4, 1910.3) 한용운이 승려의 결혼 허락에 대해 세속 권력이라 할 수 있는

---

125) 신동하에 의하면, 강력한 정치체제를 필요로 하고, 사상정책 역시 강력한 지배권력을 뒷받침하는 방향으로 진행하였던 북조의 지배자 아래서 불교는 이들의 '외호' 아래 번영을 누리는 한편 정치권력을 합리화하는 방향으로 발전했다. 또한 수·당대에 들어와 중국 불교의 체계화가 이루어진 것은 불교와 국가 사이의 안정적 관계 정립이라는 이유도 있는데, 당시 수·당대의 왕실은 불교에 대한 후원자이자 동시에 불교에 대한 통제자였다는 것이다.(신동하, 「'불교와 국가'연구론」, 『동덕여대 인문과학연구』5, 동덕여대 인문과학연구소, 1999, 4~5쪽)

중추원에 건의서를 제출했던 것이나, 일제 강점기 초기(1910.9) 통감부에 건백서를 제출했던 것, 또 한편으로 1926년 백용성이 조선총독부에 대처식육금지 건백서를 제출했던 등의 상황, 즉 불교의 교리 및 계율에 대한 문제를 세속권력에 청원할 수밖에 없었던 현실적 상황에 대해 어떻게 평가할 것인가? 더욱이 동아시아에서 승가와 세속권력의 문제, 즉 국가권력과 불교교단, 승려들과의 관계를 구체적으로 규정하는 것이 승관제僧官制, 승과僧科, 승정기구僧政機構 등 승정체계의 문제이다.[126] 조선에서 불교를 (재)공인한다는 것은 조선의 이념과 제도와 정치체계 속에서 불교라는 종교·제도·문화 등을 끌어들여 그 안에서 승정체계를 구성하고 그것을 운용한다는 의미이다. 일본 제국주의의 입장에서 조선의 불교를 '외호'한다는 것 역시 제국주의라는 체제 유지와 침략·식민지배 등의 목적을 위하여 불교의 영향력을 이용하고 교단[승단]을 운용한다는 의미이다. 기존 동아시아의 정치질서에 비해 더욱 강력한 국가주의적 통치체제를 갖추고 전시상황에서 패권주의적 야욕에 입각한 일제의 사상통제정책 아래 한국과 일본의 불교 교단운영 그리고 교리 내용에 있어서도 왜곡·변질된 통제를 받을 수밖에 없었다. 불교의 입장에서 세속 권력의 공인이나 '외호'를 받는다는 것이 전도나 포교 등 교세 확장에 도움이 될 수는 있겠지만, 기본적으로 세속 권력의 영향을 받을 수밖에 없는 것이 사실이다. 석가모니 등 초기불교에서 세속의 정치권력으로부터 거리와 독립성을 유지하는 정교분리의 태도를 취했던 것도 이러한 이유 때문일 것이

126) 신동하, 「'불교와 국가'연구론」, 『동덕여대 인문과학연구』5, 동덕여대 인문과학연구소, 1999, 19쪽.

다. 다만 현실적으로 국가 체계 내에서 승려라는 신분의 법적 지위가 적용될 수밖에 없었던 중세 이후 동아시아 불교 교단에서 제기될 수 있는 문제상황은, 불교 교단의 유지 혹은 운영이 불법[불교 교리, 계율]에 의지하고 있는가 세속권력에 의지하고 있는가라는 점이다. 교단 유지와 운영에 있어서 이 두 가지 법칙이 일치할 때는 별 문제가 안되지만, 불법(의 계율)과 세속법이 다를 때 문제가 발생할 수밖에 없다.

예컨대 개항기 불교에 대한 '외호'는 그것이 일본 세력에 의한 것으로 이해한 '관리청원'이든, 조선 정부의 불교정책의 변화에 의한 것[사사관리서]이든, 결국 승단의 국가관리를 의미했지만 이에 대해 별다른 문제의식을 제기하지 않은 것 같다. 사사관리서와「국내사찰현행세칙」은 "대한제국 정부가 보장하였던 불교계의 자주적인 발전 가능성"[127]이라고 평가할 수 있으며, 당시의 일본 정부와 일본 불교 세력은 조선불교에 호감을 사기 위한 술책으로 인하여 별다른 모순점을 드러내지 않았기 때문일 것이다.

그러나 일제 강점기로 접어들며 사찰령이 시행되면서 승단의 국가관리에 대한 문제의식이 본격적으로 드러나기 시작한다. 이는 조선시대까지와는 달리, 불교 교단의 운영과 관리가 국가 권력에 의해 '불교 전통'과 모순된 방향으로 전개되고 있었기 때문일 것이다. 우선 박희승이 지적한 산중공의 전통의 변용 여부에 비추어 볼 때 국가권력에 의해 (불교전통과 모순되게) 승단이 관리되고 있는지에 대해 쉽

---

127) 김순석,『일제시대 조선총독부의 불교정책과 불교계의 대응』, 서울 : 景仁文化社, 2003. 1, 17~18, 28~35, 220쪽.

게 파악할 수 있다. 박희승에 의하면, 승가는 석가모니 붓다 당시부터 대중의 공론에 의해 대표를 선출하는 제도를 정착시켜 왔는데, 승단이 세속 권력으로부터 자주성을 유지하고 있을 때는 대표를 자율적으로 선출했으나, 세속 권력에 예속되었을 때는 자율권은 유린되고 권력에 의해 승단의 대표가 좌우되었다는 것이다.[128]

사실 기존의 동아시아 불교도 초기불교에 비하면 세속권력과의 거리가 너무 가깝다는 평가를 받기 쉽다. 그러나 승정僧政 등 제도 면에서는 역사적·시대적 상황이 어쩔 수 없다는 변명이 가능하고, 이론 면에서도 보살도라는 대승불교의 이념으로 어느 정도 변호가 가능한 부분이 있다. 하지만 강력한 군국주의적 이념에 입각하여 침략과 식민지배를 정당화하는 일본 제국주의 치하에서 불교의 교리도 이에 맞게 재구성되어야 했으며[129] 당연히 불교 교단의 운영 관리도 전적으로 일제의 통제를 따를 수밖에 없었다. 이에 따라 불교청년회, 불교

---

128) 박희승에 의하면 주지를 선출하는 방법은 크게 법력이 높은 노스님이 제자 중 적임자를 후보로 추천하는 사자상전(師資相傳), 법맥이 같은 문중스님이 서로 협의해서 적임자를 추천하는 법류상속(法類相續), 해당 사찰이나 문중 밖의 적임자를 주지 후보로 추천하는 초대계석(招待繼席)이 있는데, 어떤 방법이든 모두가 모인 자리에서 대중의 합의에 의해 결정되는 '산중공의제(山衆公議制)'를 취하였다. 그런데 숭유억불 정책을 시행했던 조선시대의 경우 예조에서 불교를 관장하며 사찰에서 주지 후보를 선출하고 5규정소 도총섭을 경유해 예조로부터 인가를 받았으나, 차츰 이 제도가 흔들려서 지방관인 관찰사나 군수의 인가를 얻어 주지로 취임하는 경우가 생겼고 일부 스님이 뇌물을 바치고 주지직을 인가받는 경우까지 생겨났다고 한다.(박희승, 『이제, 승려의 입성을 許함이 어떨는지요』, 들녘, 1999, 33~35쪽)

129) 정광호, 「메이지불교의 내셔널리즘과 한국 침략」『일본침략시기의 한·일 불교 관계사』, 아름다운 세상, 2001.3. 43~96쪽 참조.

유신회, 선학원, 그리고 만당으로 이어지는 항일불교계에서는 일제의 사찰령 폐지를 주장하며 '정교政敎 분리'를 주장해왔으며,[130] 조선민족의 독립과 조선불교 전통을 지켜나가기 위한 강한 목적의식 속에서 교단의 정부통제의 부적합성에 대해 명확한 의식을 드러내기 시작한 것으로 보인다. 이러한 불교계의 항일운동에 대해서는 이미 충분한 연구가 축적되어 있는데,[131] 이들 연구에 의하면 사찰령으로 대표되

---

130) 3.1운동 이래로 항일운동에 참여하지 말 것을 주장하는 친일본산주지쪽에서도 반일운동에 한해서만 불자들에게 정치적 행동을 금하라는 '정교분리' 이야기가 나오고 있는 것이 사실이다. 그러나 이는 말할 것도 없이 친일불교계쪽에서 일제에 부회하여 각자의 영달과 사리사욕을 위해서 왜곡된 주장을 했을 뿐이다. 이에 대한 예로는 3.1운동 당시 30본산연합사무소 위원장이었던 金龍谷은 "3.1운동으로 사상계의 동요가 불교에까지 미치고 있다. 종교와 정치는 그 목적이 다르다. 불교도들은 세계 대세와 사조를 돌아보지 않고 시대적인 분위기에 휩쓸려 本旨를 망각해서는 안된다. 최근의 상황은 표면상으로는 소요가 종식되어 사람들이 자기의 생업에 안주하는 듯 하다. 그러나 아직도 각지 인민의 사상계는 의혹이 가시지 않고 있다. 경박한 사람들 가운데 진상을 깨닫지 못하고 치안을 방해하며 풍기를 문란하게 하는 자들이 있다. 불교도들은 이번의 정치문제에 간섭하지 말며, 경거망동하는 무리들에게 도움을 주지말라. 불교도들은 종교인의 본분을 상실하지 말라"고 기관지에 글을 발표한 것을 들 수 있다.(金龍谷,「警告法侶」『朝鮮佛敎叢報』제16호, 30본산연합사무소, 1919.7, 1~2쪽 ; 김순석,『일제시대 조선총독부의 불교정책과 불교계의 대응』, 서울 : 景仁文化社, 2003, 93~94쪽에서 재인용)
131) 다음과 같은 논문을 참고해볼 수 있다. 김광식,「조선불교 청년회의 사적고찰」,『한국불교학』19, 한국불교학회, 1994 ; 김광식,「朝鮮佛敎靑年總同盟과 卍黨」,『韓國學報』Vol.21 No.3, 일지사, 1995 ; 김광식,「선학원의 설립과 전개」,『선문화연구』1권, 한국불교선리연구원, 2006 ; 김광식,「식민지(1910~1945)시대의 불교와 국가권력」,『대각사상』13, 대각사상연구원, 2010 ; 김광식,「박영희의 독립운동과 민족불교」,『대각사상』25, 대각사상연구원, 2016 ; 김광식,「다솔사와 항일 비밀결사 卍黨 - 한용운, 최범술, 김범부, 김동리 역사의 단면 - 」,『불교연구』48, 한국불교연구원, 2018 ; 김경집,「일제하 불교계 혁신

는 조선총독부의 불교교단(승단)에 대한 통제에 직접적으로 저항하며 한국불교 전통을 계승 보존해나가는 운동은 결국 항일독립운동으로 연결된다는 논리가 대부분이다. 이는 한국불교전통을 수호하기 위한 '호법'이 결과적으로 항일 민족운동으로 연결되는 '호국' (또는 '호민')으로 이어지는 맥락이며, 강돈구도 지적했듯이 이는 한국 불교의 오래된 속성이라고 할 수 있다.[132] 그런데 여기에서는 호법=호국=호

운동의 연구현황과 과제」,『선문화연구』 1, 한국불교선리연구원, 2006 ; 김경집,「신간회 경성지회장 만해의 독립운동」,『禪文化研究』 Vol.18, 한국불교선리연구원, 2015 ; 김순석,「朝鮮總督府의 佛敎政策과 佛敎界의 對應」, 고려대학교 박사학위논문, 2001 ; 김상현,「한국 근대사의 전개와 불교」,『불교학보』 60, 동국대학교 불교문화연구원, 2011 ; 박두육,「근대 한국불교의 自强運動에 대한 연구」, 동방대학원 대학교 박사학위논문, 2014 ; 변창구,「제3장 만해 한용운의 구국투쟁에 관한 연구」,『민족사상』 Vol.5 No.4, 한국민족사상학회, 2011 ; 신치호,「일제하 조선불교 청년운동의 양상과 조직 변경－1928~1931년『일제 경성지방법원 편철문서』를 중심으로－」,『영남학』 17, 경북대학교 영남문화연구원, 2010 ; 오경후,「映湖朴漢永의 抗日運動」,『보조사상』 33, 보조사상연구원, 2010 ; 윤기엽,「1920년대 불교계의 혁신론과 개혁운동－이영재의 불교혁신론과 조선불교유신회의 활동－」,『한국사상과 문화』 79, 한국사상문화학회, 2015 ; 정선애,「불교운동의 대중조직건설방도와 과제」,『승가』 8, 중앙승가대학교, 1991 ; 조규태,「일제강점기 청년운동 연구의 성과와 과제」,『역사와교육』 22, 동국대학교 역사교과서연구소, 2016. 또한 관련된 대표적인 저서로는 임혜봉,『(한 권으로 보는) 불교사 100장면』, 가람기획, 1994 ; 김광식,『韓國近代佛敎史硏究』, 민족사, 1996 ; 김광식,『한국불교 100년 : 1900~1999』, 민족사, 2000 ; 김순석,『백 년 동안 한국불교에 어떤 일이 있었을까?』, 운주사, 2009 등이 있다.

132) "불교는 기본적으로 護國과 護法을 분리하지 않는 속성을 지니고 있어서 護國과 護法에 동시에 중요성을 부여하고 있었기 때문에 신앙의 문제와 민족의 문제에 동시에 관심을 지닐 수 있는 여지를 지니고 있었다."(강돈구,「한국 근대 종교운동과 민족주의의 관계에 대한 연구－종교민족주의의 구조적 다양성을 중심으로－」, 서울대학교 대학원 종교학과 박사학위논문, 1990, 102쪽)

민으로 이어지는 호국불교의 논리 맥락에 관심을 두려는 것이 아니라, 호법=호국의 구도가 본격적으로 붕괴되기 시작한 계기와 그 흐름에 주목하려고 한다. 구한말에서 개항기에 이르는 시기 대한제국 정부에 의해 재공인되기도 했고 일본불교에 의해 '외호'를 받기도 했던 한국 불교교단(승단)에서는 차츰 호국=호법이라는 인식이 자연스레 동요되기 시작하였다고 볼 수 있다. 호법의 주체이자 호국의 대상인 조선왕실에 대해 불교계는 호법의 주체로서 큰 기대나 의지를 품기 어려웠으며, 일본불교의 '외호'에 대해서도 역시 원종과 조동종의 야합 등 한국불교의 전통을 없애거나 일본불교에 오염시키려는 그 불순한 의도를 가지고 있음을 점차 간파했기 때문이다. '외호'의 주체로서 의지할 만한 왕조나 정권이 상실되면서, 불교계 스스로 '호법'의 주체로서 나서야 함을 인식하게 되고 이러한 인식이 현실로 드러난 원종이나 임제종의 성립은 곧 호국=호법 구도의 동요를 드러낸 것이라고 할 수 있다. 그리고 일제 강점기 이후 불교교단에 대한 직접적인 통제를 의미하는 조선총독부의 사찰령은 전근대시대라면 정부에 의한 일종의 '외호'로 여겨졌을 수도 있지만, 이에 대해 한국불교계가 오히려 올바른 정법인 한국불교전통의 훼손이라는 인식 하에 반발 및 저항운동을 본격화한 것은 호국=호법 구도의 붕괴와 함께 '외호'로부터의 불교교단(승단)의 '자립'을 의미하는 것이다.

따라서 여기서 우리가 살펴볼 것은 두 가지이다. 즉 세속권력의 통제를 대표하는 '사찰령'에 대한 반응과 승단의 '자립'에 관한 한국불교의 모색에 관한 것이다. '사찰령'의 경우 그 모법母法으로부터 시작하여,133) 일제 식민지 시기의 대표적인 악법으로 알려져 있다. 그러나

일제 강점기 특히 3.1운동 이전에는 조선총독부와 수많은 친일불교지
도층 인사들의 적극적인 찬양과 홍보에 의해서 사찰령이 한국불교에
도움을 주는 바람직한 법령이라는 인식을 불러일으켰다.[134]

사찰령을 악법으로 인식하고 이에 대한 반대 운동이 일어나기 시작
한 것이 언제부터인가라는 문제에 대해서는 이견이 있다. 김순석은
당시 모든 언론 출판물이 일제의 사전검열을 받아야 했던 특성을 고
려해볼 때, 비록 사찰령 시행을 반대하는 자료를 발견하지는 못했지
만 1911년 3.1운동 이전에도 임제종 계열의 승려들을 중심으로 불교
계 내부에서 사찰령에 대한 거센 반발이 있었을 것이라고 추측하고
있다.[135] 김광석은 이에 대해 다른 입장에 서 있다. 즉 1910년대에는
사찰령 체제에 대해 저항한 흐름이 매우 미약하였다고 보고 있으
며,[136] 사찰령 시행 이후 10여 년간의 활동 및 사업에 대한 비판 및

---

133) 김순석에 의하면, 「사찰령」의 모법이라고 할 수 있는 종교법안은 헌법정신에
    위반되고 국가의 종교간섭을 시대착오적 발상이라는 이유로 일본의 제국의
    회에서도 세 차례나 부결되었던 법안이다.(김순석, 『일제시대 조선총독부의
    불교정책과 불교계의 대응』, 서울 : 景仁文化社, 2003, 220~221쪽)

134) 강대련(姜大蓮), 이능화(李能和), 김지순(金之淳), 김구하(金九河), 박인석,
    예운산인(猊雲山人) 최동식(崔東植) 등의 사찰령에 대한 옹호와 찬양을 예로
    들 수 있다. 구체적인 내용은 김광식, 「사찰령의 불교계 수용과 대응」, 『한국
    선학』 제15호, 2006, 625쪽~ ; 김순석, 『일제시대 조선총독부의 불교정책과 불
    교계의 대응』, 서울 : 景仁文化社, 2003. 58~60쪽을 참조할 것.

135) 김순석은 사찰령 시행시 정무총감이 발송했던 1911년 9월 18일자 관통첩官
    通牒을 근거로 들고 있다. (『朝鮮總督府官報』 제318호, 1911.9.18. 김순석,
    『일제시대 조선총독부의 불교정책과 불교계의 대응』, 서울 : 景仁文化社, 2003,
    61쪽에서 재인용).

136) 김광식은 1910년대 사찰령 체제에 대해 저항한 소극적 차원의 흐름을 다음과
    같이 셋으로 구분하고 있다. 사찰령 등장으로 인해 피해를 입었던 승려들 즉

성찰을 바탕으로 1919년 3.1운동의 문화적 충격에서 온 각성을 통해 사찰령에 대한 재인식이 일어났다는 것이 김광식의 주장이다.[137] 어쨌든 사찰령 체제에 대한 본격적인 비판과 대안의 제시는 1920년대에 접어들면서 발견되기 시작한다.[138] 한편 김순석은 3·1운동 이후에 성립된 상해 임시정부에서 일본의 조선통치가 부당하다는 사실을 1919년 국제연맹에 제출·호소하고자 만든 책[139]을 소개하였다. 그 내용 가운데 사찰령이 불교계를 고사枯死시키고, 재산을 관유화官有化시킴으로써 자유로운 재산권의 행사를 저해하며, 주지 선출방식이 전통적인 산중공의제를 무시하고 총독부의 영향력이 강하게 작용하는 방법으로 진행됨으로써 많은 문제의 소지가 내재되어 있다는, 비판적 인식을 지적하였다.[140]

일본불교의 막행막식적 계율파괴를 행했던 승려들의 예로 봉은사를 중심으로 사찰 내 '여인기숙'을 해왔던 부류들, 사찰령에서 정한 본산구도에 불만을 품은 화엄사와 같은 부류, 독자노선이 있었다고 분석하였다. 아울러 만해 한용운도 1914년경에는 사찰령 자체를 비판하지는 않았고, 독자적인 불교강구책을 강구하였다고 분석했다.(김광식, 「사찰령의 불교계 수용과 대응」, 『한국선학』 제15호, 2006, 628~632쪽)

137) 김광식, 「사찰령의 불교계 수용과 대응」, 『한국선학』 제15호, 2006, 632~633쪽.

138) 한동민 역시 "그럼에도 1919년 3·1운동 이전까지 공식적이고 체계적인 사찰령에 대한 비판은 나타나지 않았다. 오히려 사찰령이 불교에 끼친 긍정적인 측면이 부각되면서 불교계는 이전시기보다 좋은 시절임을 부정하지 않았다. 따라서 조선불교계는 여타 종교와는 달리 사찰령 체제로 일제의 통치체제에 연착륙할 수 있었다."라고 주장하고 있다.(한동민, 「'寺刹令' 體制下 本山制度 研究」, 중앙대학교 대학원 박사학위논문, 2006, 276쪽)

139) 李光洙編, 國際聯盟提出, 『朝日關係史料集』, 高大圖書館影印本, 1982

140) 김순석, 『일제시대 조선총독부의 불교정책과 불교계의 대응』, 서울 : 景仁文化社, 2003. 61~62쪽.

    문제는 사찰령을 여전히 바람직한 법령으로 인식하는 경우이다. 앞서 언급했듯이 일제 강점기 친일불교인사와 조선총독부에 의해 사찰령이 사찰 재산을 보호해주고, 승려들을 조선시대에 비해서 사람 대접을 받게 해주는 법령으로 인식으로 홍보되었는데, 이는 다카하시 토오루(高橋亨)에 의해서도 총독부는 「관리세칙」(1902)의 정신을 취하여 사찰재산의 안전을 보증하고 30본산을 두어 승려의 직무를 포교 전도에 있다고 공인하여 조선조 5백년간의 미결未決의 승정을 명백하게 결정하였다는 식으로 동일한 맥락으로 평가되었다.[141] 이러한 평가가 일제 시기에만 그치는 것이 아니라 1987년 출간된 가마타 시게오(鎌田茂雄)의 『조선불교사』(동경대학출판회, 1987)에서도 그대로 이어지고 있다. 그는 먼저 "다음 해(1911) 11월 6일에는 조선총독부가 사찰령을 발포했다. 광무 6년(1902) 4월 칙령으로 발포한 36개의 사찰령의 정신을 살려, 사찰재산의 안정을 보증하고, 30본산을 두고, 승려들의 직책이 포교와 전토에 있음을 규정하여 혼란해 있던 종교행정을 정리했다."[142]라고 하여 대한제국 사사관리서의 「사사관리세칙寺社管理細則」은 「현행세칙사찰령」이 먼저 만들어지고 일제 사찰령은 그것을 그대로 계승한 것처럼 기술하였다. 그러나 박경훈이 지적하였듯이 일제사찰령 전문 7조는 「사사관리세칙」(36조)의 일부만을 수용한 것[143]이고, 앞서 언급했듯이 모법[종교법안]부터 비난받았던 사찰령

141) 高橋亨, 『李朝佛敎』, 881쪽.
142) 가마타 시게오(鎌田茂雄), 신현숙 옮김 『한국불교사』, 민족사, 1988 2004 9쇄, 222쪽.
143) 박경훈, 「근대불교의 승직제도」 『승가교육』 3집(2000), 209면.(김광식, 「사찰령의 불교계 수용과 대응」, 『한국선학』제15호, 2006, 626쪽 각주13)번에서 재

이 악법惡法임을 숨기기 위한 시도로 보인다. 또한 가마타 시게오는 계속 이어서 다카하시 토오루가 했던 맥락 그대로 "본 사찰령은 9월 1일에 시행되어 사찰과 승려들의 신분이 공식적으로 인정받고 주지 직의 권한도 명확하게 되어 사찰의 재산도 완전하게 보호를 받게 되었다."라고 기술하고 "본산은 말사에 대한 지배권을 갖고 있었기 때문에 말사에 살고 있는 승려들은 본산제도에 대해 불쾌한 생각을 표명하여 사찰령은 사찰 개개의 권리가 박탈되고 승려들을 속박하는 것으로 받아들여졌다."[144]라고 하여 마치 일부의 손해입은 승려들만 불만을 표시한 것처럼 기술하며 사찰령 자체가 내포하고 있는 모순성, 즉 기본적으로 종교에 대한 국가주의적 통제인데다가 특히 한국불교의 발전을 억압하고 불교 교리를 왜곡하여 제국주의 침략에 활용해왔던 점에 대해서는 눈을 감고 있다.

앞에서 일본 국가권력의 통제를 나타내는 '사찰령'에 대한 모순을 본격적으로 비판하고 대안을 제시한 것은 1919년 3.1운동 이후부터라고 했지만, 세속의 권력으로부터 승단의 자립에 대한 한국불교의 모색은 구한말부터 발견된다. 원종의 창립이 그것이다. 구한말 일본 불교 세력의 활발한 활동에 자극을 받고 융희隆熙 2년(1908년) 3월 6일 각 도 사찰대표 52인이 원흥사에서 모여 총회를 열고 원종 종무원圓宗宗務院을 만들었는데, 이회광李晦光을 대종정으로 김현암金玄庵을 총

인용)

144) 가마타 시게오(鎌田茂雄), 신현숙 옮김 『한국불교사』, 민족사, 1988 2004 9쇄, 223쪽.

무로 추대하였다145) 원종은 정광호가 지적했듯이 당시 한국불교의 통일기관으로 설립된 것이지만, 그 성격이 불분명하고 불투명했던 것이 사실이다.146) 그러므로 김경집은 원종에 대해 "그것은 종래의 승단이 일본의 영향을 받아 종명을 붙이고 종무원을 설립하면서 원종이라 하였던 것이지 따로 종조와 종통과 종지가 있었던 것은 아니었"다라고 평가하고 있다.147) 원종은 근대전환기 한국불교계에서 최초로 자발적으로 만든 일종의 사찰통합 혹은 통합종단이라고 할 수 있을 것이다. 그러나 설립 계기가 동기부터 일본불교의 영향을 깊이 받고 있었으며148), 한일합방 직후에는 대종정인 이회광에 의해 한국불교를

---

145) 이능화, 『조선불교통사』(하) 937쪽.

146) 정광호는 '원종'이라는 명칭부터 시작하여 그 불분명함과 모순점에 대해 설명하였다. 다카하시 토오루(高橋亨)가 대종정 이회광에게 직접 들은 바에 의하면, "그것은 북송 영명사(永明寺) 연수(延壽)의 『宗鏡錄』에서 취한 것으로 선·교겸수종문(禪·敎兼修宗門)임을 표방한 것"(高橋亨, 『이조불교』, 920~921쪽)이고, 이능화에 의하면 "원종이란 제사의 대표들이 한자리에 모여 설립한 것이기 때문에 다만 그 '원융무애'의 뜻을 취한 것일 뿐, … 요컨대 원종이란 아무 근거도 없는 명칭인 것이다."(이능화, 『조선불교통사』하, 937쪽)라고 하였다.(정광호, 『일본침략시기의 한·일 불교 관계사』, 아름다운 세상, 2001, 92~93쪽)

147) 김경집, 『한국불교 개혁론 연구』 서울 : 불교진각종 종학연구실, 2001. 39쪽.

148) 정광호는 대종정 이회광이 일진회의 이용구李容九를 자주 만났다는 점(高橋亨, 『李朝佛敎』, 930~941쪽), 이용구의 '조선불교는 장차 반드시 일본 불교의 원조를 받아야 된다'는 권고에 따라 그가 추천하는 조동종曹洞宗의 승려 다케다 한시(武田範之)를 원종 종무원의 고문으로 추대하고 있었다는 점(高橋亨, 『李朝佛敎』, 921쪽)을 지적하고 있다.(정광호, 『일본침략시기의 한·일 불교 관계사』, 아름다운 세상, 2001, 92쪽) 또한 윤기엽에 의하면, 일본 조동종曹洞宗의 포교사 다케다 한시(武田範之)는 자신이 쓴 「권불교재흥서勸佛敎再興書」(1907)에서 한국불교가 재흥하기 위한 몇 가지 방안을 제시했고, 다케다

조동종에 병합시키려는 조일불교朝日佛敎 연합책동 사건이 발생하였다.149) 이는 국내 교계와 아무 의논도 거치지 않고 단독으로 이루어진 것이었으며, 조선불교 전통을 일본에 팔아먹는 매종賣宗 매교賣敎 행위라는 비판이 일어났다. 이를 발단으로 1911년 임제종이 설립된다. 이봉춘은 이에 대해 "이 같은 종단의 양립에 대해서는 일본불교에의 예속 및 친일적 색채의 원종과 민족주의적·항일적 성격을 지닌 임제종의 대립으로 보는 것이 일반적 경향이다."라고 전제하면서도 "그러나 양종이 대립하는 상황적 문제성에도 불구하고 어느 쪽이든 종단의 설립과 활동 그 자체는 분명 선각적 의식의 반영으로 볼 수 있다. 그런 뜻에서 짧게 끝나고 만 근대불교 초기의 종단 활동 역시 불교 지성의 한 동향을 말해주고 있는 것이라 하겠다."라고 원종의 의의를 평가하고 있다.150) 또한 김경집은 원종의 내용이나 실질적인 활약에 대해서는 비판적인 시각을 가지고 있으면서도 "그렇지만 원종의 성립 자체가 한국불교사에서 불교인들의 시대인식으로 종단이 건립되었다는 역사적 의의를 지니고 있는 큰 사건이다. 배불의 시대를 겪으면서 잃

가 제시한 이 제의는 결국 이회광에게 전달되어 1908년 3월 전국의 사찰 대표 52인이 원흥사에 모여 원종종무원 설치를 결정하는데 영향을 주었다는 견해가 지배적이다.(윤기엽, 「개화기(開化期) 일본불교의 포교 양상과 추이」, 『원불교사상과 종교문화』54집, 2012, 280쪽)

149) 이회광은 원종종무원을 대표하여 전국 72개 사찰의 위임장을 가지고 일본에 건너가 조동종(曹洞宗)의 관장(管長) 이시가와(石川素童)를 만나 여러 절충교섭을 거친 끝에 원종과 일본 조동종의 연합체맹(聯合締盟)에 합의를 보고 드디어 연합맹약 7개조를 체결하게 된다.(高橋亨, 『李朝佛敎』, 918~924쪽)

150) 이봉춘, 「불교지성의 연구활동과 근대불교학 정립」, 『불교학보』제48집, 2008, 87쪽.

어버렸던 종단의 역사가 원종이라는 새로운 종단의 출현은 그 자체가 새로운 변화였다. 새로운 시대, 새로운 자각에 의해 불교계에서 종단이 부흥되는 의의이다."라고 평가하고 있다.[151]

위에서 살펴보았듯이 대부분 원종에 대해 평가할 때 비록 그 성격은 친일적 색채를 띠고 있지만, 근대 최초로 한국 불교인들이 자발적으로 자주적으로 설립한 통합종단이라는 점 '선각적'이라는 점에서 의의를 찾고 있다. 그런데 이는 원종에만 국한된 것이 아니라, 이후 일제 강점기 내내 세속의 권력으로부터 승단의 자립을 모색한 시도들이 이러한 맥락에 복잡하게 얽혀 있다. 한편으로는 조선총독부의 사찰령으로부터 독립된 자주적인 한국불교 통합종단을 만들어가려던 항일불교계의 노력 ─ 불교청년회, 불교유신회, 선학원, 만당 등 ─ 도 있었지만, 또 한편으로는 1930년대 이후 일제가 전시총동원체제를 구축하면서, 전시 사상 통제정책의 일환으로 조선총독부에 의해 주도 내지 후원을 받은 총본사 설립[152]의 술책도 있었다. 조선총독부가 주도했던 통합종단으로서의 총본사의 성격이 어떠한 것인지, 만해 한용운을 비롯한 항일불교계 인사들이 지향했던 통합종단의 성격은 어떠한

---

151) 김경집, 『한국불교 개혁론 연구』, 서울 : 불교진각종 종학연구실, 2001. 40쪽
152) 일제 강점기 총본사 설립 과정에 대해서는 김순석, 『일제시대 조선총독부의 불교정책과 불교계의 대응』, 서울 : 景仁文化社, 2003. 187~202쪽 ; 정광호, 「일본 침략시기 불교계의 민족의식」, 『尹秉奭교수화갑기념한국근대사논총』 ; 김광식, 「일제하 불교계의 총본산 건설운동과 조계종」, 『한국근대불교사연구』, 민족사, 1996 ; 최병헌, 「일제 침략과 식민지불교」, 『한국 불교사 연구 입문 하』, 2008, 284~316쪽 ; 한동민, 「'寺刹令' 體制下 本山制度 研究」, 중앙대학교 대학원 박사학위논문, 2006, 199~204쪽 ; 안후상, 「한국불교 총본사 건설과 李鍾郁」, 『대각사상』제10집, 2007 등을 참조할 것.

202

것인지 이미 상세히 연구되어 있다. 다만 여기에서는 세속 권력으로부터 승단의 자립이라는 시각에서만 고찰해볼까 한다. 원종의 경우 '외호'의 주체로서 이미 쇠락해가고 있는 대한제국의 영향력을 벗어나 일본불교와 정부라는 또다른 세속권력을 지향하게 되었다고 평가할 수 있을 것이다. 이에 반발하여 일어난 임제종은 승단의 자립을 위한 통합종단의 길을 모색했다고 할 수 있으나, 한일합방 이후 역시 제대로 힘을 발휘할 수 없었다. 조선총독부의 총본사는 원종과 마찬가지로 아니 원종보다 더욱 노골적이고 더욱 철저하게 일본 제국주의에 봉사하기 위한 황도불교의 기구였다고 할 수 있다. 한용운이 지향했던 총본사를 그나마 긍정적인 승단의 자립으로 볼 수 있을 텐데 좀 더 구체적으로 들어가 보면 깊이 살펴볼 부분이 있다.

우선 김순석은 한용운의 1931년과 1937년의 글을 인용하며 총본사의 '자주성'을 긍정하되, 독재 파쇼적이고 정교일체적인 권력의 통제를 경고·비판하는 모습을 지적하고 있다. 김순석에 의하면 "1930년대 초반 심전개발운동이 진행될 무렵 총본사 설립문제가 대두되었을 때 한용운은 조선총독부의 구상과는 사뭇 다른 자주적인 총본사를 생각하고 있었다. 그가 생각한 총본사는 당시 31본사를 영도할 만한 실권을 가진 총본사였다. 통일기관인 총본사는 31본사의 주지를 임면할 수 있는 권한과 각 본사의 사법을 하나로 통일시킬 수 있는 그런 총본사였다. 총본사가 불교계 내부의 문제를 자율적으로 해결할 수 있는 그런 체제로 인식하였다.[153] 그러나 조선총독부가 구상하고 있는 총

---

153) 한용운,「朝鮮佛敎의 改革案」,『불교』제88호, 불교사, 1931.10, 3~5쪽(한용운,『한용운전집』2, 160~169쪽)

본사의 내용을 알고 난 한용운은 개탄을 금치 못했다. 1937년을 회고하고 신년을 전망하는 글에서 그는 새롭게 성립되는 총본사의 실상을 정확하게 파악하고 있었다. '과거 일 년 간 조선불교계의 굴지屆指할 만한 사건을 말하자면 대개 세 가지를 들고자 한다. 제일第一은 총본산總本山 건설운동이다. … 민주주의에서 파쇼주의로 전향하는 도중에 있다. 파쇼라는 것은 독재를 의미하는 것이므로 그 영역이 국가적이요, 그 방법이 통제적이다.'154)"라고 하며 한용운은 총본사의 설립 목적이 불교계를 통제하기 위한 것임을 간파하였다고 지적했다.155)

그런데 이와 다른 해석도 보인다. 최병헌에 의하면, "조계종과 총본사의 건설이 완료되자, 한국불교계에는 조선총독부의 지원과 협력(사실은 직접 건설)에 감사하고 환호하는 분위기가 고조되었다. … 그러나 불행하게도 한국 불교인 가운데 일제의 의도를 제대로 간파하고 문제를 제기한 사람은 거의 없었다. 조선총독부의 불교정책을 비판하면서 일관되게 민족운동을 전개해온 한용운조차도 총본산 건설과 관련해서는 '우리나라 불교의 통제를 스스로가 하지 못할 바에야 외부의 힘에 의해 통제기구가 만들어짐은 오히려 다행이며, 문제는 향후 한국불교에 미치는 이해利害에 있다'고 하여 조계종 창립에서 조선총독부가 담당한 주도적 역할을 간파하였으면서도 한국불교의 발전을 위해서는 불가피한 것으로 받아들여 긍정적으로 수용하고 기대하는 자세를 보이고 있다."156)라고 지적하였다. 이 지적만 놓고 보면 한용

---

154) 한용운, 「조선불교에 대한 과거 일년의 회고와 신년의 전망」, 『불교』 신 제9집, 불교사, 1937.12.1, 2~6쪽(한용운, 『한용운전집』 2, 175쪽)

155) 김순석, 『일제시대 조선총독부의 불교정책과 불교계의 대응』, 서울 : 景仁文化社, 2003. 200~202쪽.

운의 입장은 한국불교의 자주성이나 자립할 수 있는 역량이 부족하므로, 세속의 권력에 의지하여 통합종단을 만드는 것이 바람직하다는 견해로 보인다.

당연히 한용운이 일제 조선총독부에 한국불교의 미래와 현재를 맡기고자 한 것은 아닐 것이다. 일제의 억압과 통제를 대표하는 사찰령 치하에서, 게다가 한국불교의 힘이 아직 제대로 갖추어지지 못한 상태에서, 현실적으로 통합종단을 외부의 힘 즉 세속의 권력에 의지하여 구성하려는 자세는 어떻게 평가할 수 있을까. 물론 한편으로 김순석이 지적했듯이[157] 총본사가 건설된 이후 31본사 주지들이 자발적으로 조선총독부에 인가를 신청한 사실에 대해 격렬히 비판[158]하고 있기도 하다. 이는 앞서 한용운과 백용성이 각각 대처식육의 계율 문제를 두고 정부에 건백서를 올린 것과 유사한 맥락이라고 볼 수 있다. 즉, 불교 교단의 구성·운영·관리가 이미 조선총독부에 의해 이루어지고 있는 현실적 상황을 고려할 때, 시절인연에 맞는 부득이한 방편이라고 이해할 수 있을 것이다. 여기서 중요한 것은 만해가 궁극적으로 지향하는 것이 국가권력으로부터 승단의 자립이었다는 점이다. 이러한 그의 생각은 불교근대화론[불교유신론] 속에서, 나아가 불교 교리 속에서 끊임없이 정당화되고 있다.

---

156) 최병헌, 「일제 침략과 식민지불교」, 『한국 불교사 연구 입문 하』, 2008, 305~306쪽.

157) 김순석, 『일제시대 조선총독부의 불교정책과 불교계의 대응』, 서울 : 景仁文化社, 2003.

158) 한용운, 「조선불교에 대한 과거 일년의 회고와 신년의 전망」, 『불교』 신 제9집, 불교사, 1937.12.1, 2~6쪽(한용운, 『한용운전집』 2, 171~175쪽)

이상에서 살펴본 바와 같이, 세속의 정치권력의 '외호'로부터 '자립'하여 승단의 자주적 운영을 지향한 것이 근대전환기 한국불교의 일관된 방향성이라고 할 수 있지만, 몇 가지 한계로 짚어볼 수 있는 부분도 있다. 일제강점기에 이르러 세속권력에 의한 승단의 운영 관리에 대한 문제의식이 직접적으로 제기되기 시작한 것은 한국불교의 외부세력인 일제 조선총독부에 의해 강력한 통제가 부여되면서 부터이다. 그 이전 봉건왕조국가에는 이러한 문제의식이 그다지 강력하게 대두되지 않았으며, 또한 일제 군국주의 식민지 시절에는 항일불교계에서 적극적으로 자율적 운영을 위해 노력했지만 완전히 성공을 거두게된 것은 해방 이후라고 볼 수 있다. 더욱이 일제시기의 현실에서, 세속의 정치권력으로부터 승단의 '자립'이라는 문제의식은 순수하게 그자체로 단독적으로 논의될 수 없는 상황이었다. 즉 일본정부로부터조선민족의 독립을 되찾고, 일본불교로부터 조선불교 전통을 지켜나가야 한다는 강한 목적의식의 맥락 속에서 함께 논의될 수밖에 없었다. 따라서 세속 권력의 '외호'에서 벗어나 승단의 '자립'을 추구하는방식에 대하여 고민할 때 차분히 순수하게 학술적·객관적인 접근이아닌 여러 가지 현실적 상황과 정치적 맥락을 고려하여 접근할 수밖에 없었다. 더 나아가 '자립'한 승단 즉 한국불교 교단의 내용을 규정하기 위하여, 한국불교에서 누구를 종조宗祖로 삼아야 할지, 종통宗統과 종단은 누구를 주체로 어떻게 통합되고 운용되어야 하는지, 그 와중에 한국불교에서 근대화[유신, 개혁]해야 할 제도는 무엇이고 지켜야할 (계율과 수행과 포교의) 전통은 무엇인지 등의 문제를 대할 때도마찬가지의 어려운 논의거리가 남게 되었다.

4 근대전환기 시대적 모순에 대한 한국불교의 이론적 반응

앞에서 근대전환기 시대적 모순을 계급모순과 민족모순이라는 두 측면으로 살펴보았다. 즉 내적으로 전근대적 봉건주의의 모순으로 인한 계급갈등이 시작되고, 외적으로 제국주의로 무장한 외세의 침략에 의한 민족모순이 본격화되었다. 여기에서는 이 양대 시대적 모순에 대한 한국불교의 인식 및 반응에 대하여 그 이론적·사상적 측면에서 고찰할 것이다. 그런데 이에 대한 한국불교의 인식과 반응에서 중요하게 고려해야할 지점이 있다면 바로 '불교' 또는 '한국불교'라는 키워드이다. 즉 한국불교 전통의 계승·수립 문제, 교세의 유지·확장 등을 위한 통합교단의 설립 문제 등은 기본적으로 한국불교나 불교라는 입장에서 시대적 모순을 인식하고 반응하게 되는 것이다. 물론 이 과정에서 기층민중들이 겪는 계급모순과 민족모순에 대해서도 인식하고 반응하게 되지만, 이 역시 (한국)불교의 언어와 사유, 즉 불교적 이론을 기반으로 하고 있다고 볼 수 있다. 특히 앞서 살펴보았듯이 국가권력·세속권력에 대한 입장도 이와 같이 불교적 이론을 기반으로 각자의 선택과 입장을 정당화해나가고 있다. 이 장에서는 시대적 모순에 대한 이러한 이론적·사상적 반응의 다양한 양상에 주목하며, (한국) 근대불교를 형성해나가는 과정을 고찰할 것이다.

1) 근대불교의 중흥조 경허의 입장
   : 수행전통의 확립 및 세속권력과의 거리유지

"스님은 안거安居할 때는, 음식은 겨우 숨이 붙어 있을 정도로 먹고 종일토록 문을 닫고 앉아서 말없이 침묵하며 사람을 만나기를 좋아하지 않았다. 어떤 사람이 큰 도회지에 나가 교화를 펴기를 권하니, 스님은 말하기를 "내게 큰 서원誓願이 있으니, 발이 경성의 땅을 밟지 않는 것이다."라고 하였으니, 그 우뚝하고 꿋꿋한 풍모가 이와 같았다."159)

윗 문장은 경허(1849~1912)에 대한 찬탄 특히 경허의 수행 경지에 대한 찬탄으로 일컬어지는 유명한 구절이다. 앞서 살펴보았듯이 경허는 결사운동을160) 통해 꺼져가는 조선불교의 수행전통을 되살린 걸출한 인물이기도 하다. 또한 경허는 화두선을 통해 깨달음을 추구하는 선풍禪風을 부흥시켰다는 점에서도 조선불교 수행전통의 한 획을 그었다고 볼 수 있다.161) 이 때문에 경허는 "근대불교의 중흥조"로 추앙162)받고 있기도 있다.

그런데 위의 인용문 가운데 "발이 경성의 땅을 밟지 않는 것이다"라는 구절에 대해서는 조금 다른 측면으로 접근해볼 수도 있다. 앞서

---

159) 漢岩, 『先師鏡虛和尙行狀』, 대한전통불교연구원, 33쪽. "和尙詩有 "酒或放光色復然, 貪嗔煩惱送驢年"·"佛與衆生吾不識, 平生宜作醉狂僧"之句, 寫出其一生行履也. 然其安處也, 食纔接氣, 掩關終日, 沈然寡言, 不喜見人. 或勸揚化於大都, 則曰: "吾有誓願, 足不踏京城之地." 其卓越勁挺, 蓋如此."

160) 경허의 결사운동에 대하여 보다 상세한 내용은 김경집, 『한국근대불교사』, 경서원, 1998, 155~196쪽 참조.

161) "경허 성우선사는 우리 조선불교계에 대하여 선종부흥(禪宗復興)과 현풍선양(玄風宣揚)에 막대한 공로가 있을 뿐 아니라 종취(宗趣)의 깊고 현묘한 것과 문채(文彩)의 명려(明麗)한 것은 세상에서 다 아는 바라 쓸데없는 말을 붙일 필요도 없거니와 …여러모로 생각해보건대 현재 우리 조선수좌로서 선사의 가르침에 은혜를 입지 않은 자가 있겠는가?"(오성월 외, 「경허집발간취지서」, 『경허집』, 14쪽)

162) 대한불교조계종 교육원, 『조계종사: 근현대편』, 2001, 33쪽

살펴보았듯이 1899년 일본 승려 사노 젠레이의 청에 의해 승려의 도 성출입금지령이 해금되었던 것은 조선불교의 승려들에게는 일대 쾌거로 받아들여지기도 했었다. 경허의 이 말은 어떻게 보면 조선 후기 내내 끔찍할 정도로 억압받던 조선불교의 고통으로부터 일본불교의 세력에 의해 해방되었지만, 그럼에도 불구하고 일본불교 세력의 책동이나 술수에 동의하지 않겠다는 의지로 읽힐 가능성이 있다.163) 이와 함께 김경집은 일제의 수탈 속에 백성들이 도탄에 빠져 있는 현실에 대해서 경허가 '황린리黃麟里 길 위에서 읊음'164)이란 시詩를 지어 당시 민중의 삶을 표현하고 있다고 지적165)했다. 이러한 관점은 당시 외세에 의한 침입과 그로 인하여 (또는 봉건질서의 모순에 의하여) 도탄에 빠진 기층민중들의 고난에 대하여 경허가 소극적이나마 저항의식을 가지고 있었다는 점을 드러내고자 한 것으로 보인다.

그런데 경허의 말은 또 한편으로 일본불교와는 무관하게 단순히 세속에 나가지 않겠다는 의지로 읽힐 여지 또한 충분하다. 또한 역으로 경허의 '황린리黃麟里 길 위에서 읊음'를 비롯한 몇몇 시166)를 제외

---

163) 앞에서 살펴보았듯이 홍현지가 이와 유사한 입장에 서 있다.(홍현지,「鏡虛 惺牛의 '中道不二' 思想 研究」, 동국대 박사학위논문, 2015, 489~495쪽)

164) "황린리黃麟里 길이 왜 이리 침울한가 / 도탄의 민초들 지금도 한 모양 / 머리는 풀어진 채 베 짜는데 처마밑에 서리 같고 / 밥 짓는 손 갈라지고 나무와 낫은 이리저리 / 어느 부모가 병역 걱정 하지 않으며 / 밭과 논이 있다 해도 벼슬아치들 토색질에 못견디네 / 천일주를 구하기 힘든 것 잊으려 해도 / 가만히 일어나는 생각을 금하길 없네."(『경허집』, 한국불교전서 권11, 622쪽 上)

165) 김경집,「경허의 생애와 사상」,『동국사상』제29집, 1998, 114~115쪽

166) 예컨대 '장진 길에서(長津路上)'(『경허집』, 한국불교전서 권11, 620쪽 上), '설날'(『경허집』, 한국불교전서 권11, 620쪽 下) 등이 있다.

한다면 민중의 고통에 대하여 실제로 어떠한 행동이나 실천을 한 것도 드러나지 않는다. 경허의 삶과 행적을 살펴보면 조을규의 지적처럼 '사회적 무관심'으로 간주되기에 충분하다.[167]

(1) 불교본연의 입장인가, 몰사회성·몰역사성의 문제인가

"설사 세상일을 똑똑히 분별하더라도 비유하건데 똥덩이 가지고 음식 만들려는 것과 같고 진흙 가지고 흰 옥 만들려는 것과 같아야 성불하여 마음 닦는 데 도시 쓸데없는 것이니 부디 세상일을 잘하려고 말지니라."[168]

그렇다면 경허의 이러한 태도에 대하여 어떻게 평가할 수 있을까? 사실 수행자가 세속사에 대해 가져야할 태도에 대해서는 앞의 (1) 국가권력과 불교 교단(승단)의 관계에서 숲[眞]과 마을[俗], 성聖과 속俗, 교단과 세속 권력의 관계를 통해 살펴본 바가 있다. 그러나 여기에서

---

167) 조을규가 지적했듯이 경허가 깨달음을 얻은 해인 1879년부터 그가 잠적한 1904년을 전후해서 일어난 주요한 사건들은 강화도 조약(1876), 갑신정변(1884), 동학운동·갑오개혁 및 청일전쟁(1894), 을미사변(1895), 을사보호조약(1905) 등으로서 당시 조선은 극도의 혼란과 위기 속에 있었으며 민중들의 고통은 말할 필요도 없었다. 더욱이 경허가 깨달음을 얻고 20년이나 생활해 온 호서지방은 당시 동학운동의 중심지로서 수많은 농민들이 죽거나 비참한 상황을 겪었다. 조을규는 따라서 이 점에 대해 "경허가 결사운동을 전개했지만 그것이 당시의 시대적 상황을 인식하고 그에 대한 대응책으로 추진한 것이 아니라는 의미"라고 보며 이를 그의 '사회적 무관심'이라고 규정했다.(조을규, 「근대불교개혁운동의 관점에서 본 경허·만공의 행적」, 『불교학연구회』 제30호, 2011, 475~476쪽)

168) 『경허집』, 71쪽.

는 초기불교에서 대중보다 개인의 해탈만을 우선시했던 상좌부 불교 (Theravada)에 실망하고 대중부 불교(Mahāsāṃghika)를 기반으로 결국 대승불교가 나오게 되었던 과정을 상기해볼 필요가 있다. 만일 근대전환기 시대적 모순과 그 속에서 고통 받는 민중들로부터 눈을 돌리고 수행자의 성불만을 우선시하는 것이 한국 근대불교의 중흥조로서 경허의 입장이라면, 한국 근대불교는 또한 역으로 사회와 역사로부터 외면당할 수 있기 때문이다. 맹인이 맹인을 안내할 수 없고 인생의 일대사는 무엇보다도 성불이라는 것이 불교의 근본적인 입장이겠지만, 그 가르침이나 이론이 역사성과 사회성을 몰각해버린 것이라면 현실의 삶에서 어떤 의미를 가질 수 있을까. 상구보리 하화중생上求菩提下化衆生이라는 대승불교의 보살도 이념은 이러한 문제의식에서 출발했을 것이다.

만일 불교의 진리가 올바른 것이고, 경허가 그 궁극적인 올바른 깨달음(구경각究竟覺, 정각正覺)을 얻었다는 전제를 받아들인다면, 그가 정치·사회적 문제에서 눈을 돌린 것이 아니라, 불교적 논리와 방식 ─ 수양, 불법의 힘 ─ 으로 '근본자리'에서 문제를 해결하려 했던 것이라고 할 수도 있다. 경허가 깨달았다는 불교의 궁극적인 그 자리가 역사적·시대적 모순에서 벗어나서 홀로 고고히 편안한 박제화된 보편의 세계인지, 아니면 시·공의 한계를 비롯하여 시대적 모순마저 포괄할 수 있는 절대 보편의 세계인지, 현재의 필자로서는 알 수 없다. 다만 우리는 그의 깨달음 이후의 실천 ─ 결사운동 등 ─ 과 그 결과만을 가지고 판단할 수 있을 것이다. 이에 대해서는 다음과 같이 세 가지 입장의 판단이 가능하다. 우선 경허의 노력과 실천에 대하여 단순히 시대적 과제와 사회적 문제를 도외시한 몰역사성·몰사회성이라고 보아야할 수도 있다. 혹은 경허의 실천에도 불구하고 시대적 모순을 제대로 인식하거나 극복하지 못한 그의 식견과 법력의 부족함이라고 평가해야할 수도 있다. 아니면 시대적 모순 속에도 불구하고 그가 한국불교의 수행전통을 훌륭하게 수립한 것으로 보아, 이를 통해 경허 (1849~1912)의 다음 세대 한국근대불교의 모색, 항일운동과 민중불교 등의 실천을 이끌어냈으므로 결국 시대적 모순에 대하여 즉각적인 해결은 아니었지만 근원적인 방향성을 제시한 것이라고 칭송할 수도 있다.

(2) 깨달음 이후의 계율의 문제

경허의 부정적인 측면으로 지적받는 것은 깨달음 이후의 비윤리적 일탈행동, 이른바 거칠 것 없는 '무애행'이다. 경허는 한국근대불교의 중흥조로 일컬어지며 그의 제자들로 이어지는 법맥이 한국근대불교 사의 중요한 부분을 차지할 만큼 그 영향력이 매우 크다고 할 수 있다. 따라서 경허의 이런 일탈행동에 대해서는 깨달은 자의 '무애행'이라 는 식의 변명이 많다. 조을규가 지적했듯이 우선 경허 스스로가 깨닫 기 전에는 계행을 준수해야 한다는 점을 강조하고 있는데[169] 깨달음 이후에는 계율을 초월한다는 식으로 주장하고 있다.[170] 이러한 주장

---

169) 경허는 후학들에게 계행을 지켜야 수행을 잘 할 수 있다고 강조하였으며(한 암, 「행장」, 『경허집』, 71~72쪽), 자신이 작성한 선원의 청규에서도 "음주와 음행은 부처님께서 깊이 경계하심이니 마땅히 엄단하여 쫓아 낼 일"(한암, 「행장」, 『경허집』, 78쪽) 이라고 하면서 계행의 준수를 강조하였다.(조을규, 「근대불교개혁운동의 관점에서 본 경허·만공의 행적」, 『불교학연구회』 제30 호, 2011, 470쪽)

의 이론적 근거는 다음과 같다.

> "달마대사께서 당나라에 들어와 최상승법을 설하시는데 경을 읽
> 거나 염불을 하거나 주문을 하거나 예배를 하라고 말씀하지 않았고,
> 오래 앉아 눕지 않으며 하루 한끼 아침만 먹으라고 하지 않았으며,
> 선정과 해탈로 논하지 않았으며, 계행 지키거나 파함과 승속남녀와
> 견성이 곧 성불이라고도 논하지 않았으니, 만약 경을 읽는 등 나머
> 지 문 밖의 법으로 불법을 삼는다면 죽여도 죄가 없나니라. …그래
> 서 위산선사가 이르기를 "다만 너의 눈이 바름만 귀하게 여기고 행
> 동거지는 귀하게 여기지 않노라."하였으니"171)

경허의 이러한 이론적 정당화가 불교 정법正法에 비추어 올바른지
아닌지의 여부는 이 글의 주요 관심사가 아니다. 왜냐하면 불교의 방
대한 역사 속에서 발전된 수많은 교리와 다양한 방편론 속에서 계행
에 대한 다양한 해석이 가능할 뿐만 아니라, 심지어 계행의 필수성
여부에 대해서도 이론적 정당화가 가능할 수 있기 때문이다. 특히 선
불교 전통에서는 계율은 수행을 하는 과정에는 필요한 것이지만 깨달
음을 얻고 나면 내버려도 좋을 하나의 방편으로 이해하는 경허의 논
리를 그대로 받아들일 수도 있다.

다만 한국근대불교사에서 경허의 영향력이 매우 크며, 한국불교
의 수행전통과 정체성 확립에도 큰 역할을 했다는 점을 상기할 필요
가 있다. 이러한 맥락에서 깨달음 이후의 '무애행'을 불교의 논리로
정당화했던 그의 이론이 훗날 한국불교의 전통과 정체성 확립에 일정

---

170) 『경허집』, 40~42쪽.
171) 『경허집』, 39~40쪽.

정도 부정적인 영향을 끼칠 수도 있었다는 점을 지적하고자 한다. 예컨대 깨달음의 경지에 대해 누가 보증할 수 있는가, 무애행을 주장하는 어떤 선사가 깨달았는지, 깨달음의 경지 - 궁극적인 깨달음인 구경각究竟覺인지 여부 - 는 어떠한지에 대해 어떻게 보장할 수 있을까. 선불교에는 '인가'라는 전통이 있지만, 경허 역시 의발을 전수받을 사람이 없어서 깨달음을 남에게 인가받지 못했다는 점을 생각해볼 때, 경허 이후 훗날 스스로 깨달음을 자처하는 자들의 막행막식莫行莫食에 대해 그것이 '무애행'인지 아닌지 누가 보장할 수 있을까? 아무도 보장할 수 없다면 결국 그러한 풍조가 한국불교에 한 가지 악영향으로 남지 않을까. 이 때문에 그의 제자인 한암까지도 "뒤에 배우는 이들이 화상의 법화法化를 배움은 옳으나 화상의 행리(行履)를 배우면 안되니 사람들이 믿되 이해하지 못한다"172))고 했던 것이 아닐까. 이러한 점에서 박한영173)이나 이능화가 경허의 행동에 비판적 입장을 취했던 것은 일정정도의 타당성이 있다고 할 수 있다.

또한 계율을 파괴하는 잘못된 선불교전통[狂禪]이나 막행막식의 풍조라는 비판에 더해서, 깨닫고 나면 경을 읽고 예불하는 것도 필요없다는 주장이 대두되게 된다면 (그것이 석가모니의 본지와 일치하는지 어긋나는지에 대해서는 일단 평가를 보류하더라도) 적어도 한국불교 전통의 중요한 부분을 부분적으로 파괴 또는 해체하는 결과로 이어질 가능성도 있다. 한국불교 근대화를 위한 여러 방면의 다양한 노력 중

---

172) 한암, 「행장」, 『경허집』, 419쪽.
173) 조을규는 박한영이 경허를 직접적으로 거명하지는 않았지만 경허에 대하여 '광선배狂禪輩'(미치광이 선을 하는 무리)로 비판했다는 점을 지적했다.(조을규, 석사학위논문, 21쪽)

에 계율과 관련된 뜨거운 논의들도 있었다. 그 중 만해의 주장 – 예컨 대 취처육식娶妻肉食 – 이 대표적인데, 기존의 한국불교 전통을 대신 할 새로운 불교전통의 수립으로 이어질 수 있다는 점에서 긍정적으로 평가될 소지도 있다. 하지만 경허의 긍정적인 역할이 한국불교전통의 계승 및 정체성 확립이라고 평가한다면, 적어도 이 문제에 관해서는 그 긍정성에 반하는 지점이라고 평할 수 있다.

박한영과 이능화의 경우 이러한 한국불교전통에 대한 우려를 표한 것이라 볼 수 있다. 물론 이능화의 비판에 대해서는 다른 식의 방어도 가능하다. 이능화가『조선불교통사』에서 경허를 비판한 두 가지 논리 는 다음과 같다. 막행막식의 잘못된 풍조를 만들었다는 점과『지월 록』·『능엄경』 등에 비추어볼 때 경허의 깨달음이 올바른 깨달음이 아니라는 점이다.174) 첫째 이능화의 친일행적을 고려하여 한국불교전 통을 확립하려던 경허를 의도적으로 비하 내지는 배척했으리라는 의 심이 가능하다. 둘째 선사가 아닌 재가불교신자로서 비록 학문적 축 적은 훌륭하지만, 선적 깨달음의 체험을 하지 못한 불교학자 이능화 가 경허의 깨달음의 경지를 가타부타하는 것은 타당하지 못하다는 반론이다.175) 그러나 여기서 주목하고자 하는 것은 이능화의 친일경 력과 문헌자료에 몰두하는 학자적 성향의 문제가 아니며, 물론 경허 의 막행막식의 정당성 여부나 그의 깨달음의 경지 여부도 아니다. 그

---

174) 이능화,『조선불교통사』下, 962~963쪽.

175) 김지견(김지견,「경허선사 再考」, 한국불교선학연구원 무불선원,『덕숭선학』, 2000.1. 8~15쪽 참고)이나 최병헌(최병헌,「근대 한국불교의 선풍 진작과 덕숭 총림」, 대한불교조계종 교육원 불학연구소 편저,『경허·만공의 선풍과 법맥』, 2009, 26~28쪽 참고.)이 이런 입장을 보이고 있다.

런 것들 – 막행막식의 여부, 정당성의 여부, 깨달음의 경지 – 과 무관하게 근대한국불교 중흥조로서 막행막식을 했으며 그것을 불교이론에 의해 정당화했던 경허의 행적과 이론이 후대 한국불교의 (수행)전통과 정체성 문제에 부정적 영향 – 예컨대 '계율'을 어떻게 '해석'하여 적용할 것인가라는 문제거리 – 을 끼칠 소지가 있다는 점이다.

(3) 불교 홍법弘法 및 한국 불교 전통 형성에 미친 긍·부정적 영향

여기에서는 근대전환기 경허에 대한 평가와 함께 경허가 이후 한국불교에 미친 영향에 대해 살펴보고자 한다.

근대전환기 시대적 모순에 대한 한국불교의 이론적 반응이라는 측면에서 본다면 경허는 기존의 불교이론에서 특별히 새로운 창견을 제시한 것 같지는 않다. 오히려 쇠퇴했던 한국불교계에 불교이론을 근대전환기의 현실 속에 실현하거나 실천하기 위해 노력했으며, 그러한 노력이 이후 한국불교 전통 형성에 상당한 영향을 끼쳤다는 점을 평가할 수 있을 것이다.

우선 경허의 실천과 노력에 대한 당대적 평가는 다면적으로 이루어질 수 있다. 당시 일본에 협조하지 않았던 점은 분명하다. 그러나 일본이나 일본불교세력에 적극적으로 저항하지 않았고 수행전통만 강조하며 현실적인 문제들을 오히려 세속의 문제로 치부하며 거리를 두었던 태도는 상반된 평가가 가능하다. 세속과 거리를 두고 구도에 집중하기를 권하는 초기불교의 기본적 입장에서 본다면 경허의 선택과 노력은 잘못되지 않았다고 할 수 있다. 오히려 시대적 모순조차 불교적 원리 속에서 받아들이고 수행을 통해 근본적으로 이러한 모순에서 벗어날 수 있다는 것은 불교교리에 철저한 구도자의 자세라고 할 수

216

있다. 그런데 대승불교의 중생구제라는 측면에서 보면, 조금 다른 평가도 가능하다. 시대적 모순으로 고통받는 민중들에게 교리의 일차적 해석에 입각한 해결책이라 할 수 있는 '수행전통' 외에 다른 대안을 제시하지 못했다는 점은, 원효의 무애행으로부터 민중불교나 실천불교로 이어지는 하화중생下化衆生의 전통 등을 염두에 둔다면, 경허의 선택은 불자로서 최소한의 사회적 책임을 실천하고자 한 것일 뿐 거대한 시대적 모순을 인식하고 이에 적극적으로 반응했다고 보기는 어렵다.[176] 또한 앞서 언급했듯이 불교 역시 사회 안에 존재하고 있다는 숲과 마을의 통일[不二論]적 관계를 염두에 두거나, 또 한편으로 정치사회문제에 대해 거리를 두는 소극적 태도 혹은 중립적 태도는 사실 현 상황을 소극적·중립적으로 묵인하는 또 하나의 정치적·사회적 입장일 수 있다는 사실을 상기해볼 때, 시대적 모순을 극복하려 노력하지 않고 불교적 원리·수행전통 내에서 포용하거나 수긍하려 했던 경허의 선택과 실천은 당대의 상황에서 더더욱 문제시될 소지가 있다.

다만 경허가 이후 한국불교에 미친 영향에 대해서는 대부분 긍정적이라고 평가할 수 있다. 결사운동 등을 통해 한국불교의 수행전통을 되살리려 했던 그의 노력은 그 자체로 일본불교세력에 맞서 조선불교전통을 중건하고 수호했다고 평가할 수 있으며, 이러한 기반 위에 한

---

176) 이러한 맥락으로 경허에 대하여 심재룡은 '초시간적' '전통 묵수형 불교 유형'으로, 조을규는 '사회적 무관심' '수행 회복형'이라고 평가하였다(심재룡, 「근대 한국 불교의 네 가지 반응 유형에 대하여」, 『철학사상』 제16호, 2003, 110~112쪽 ; 조을규, 「한국 근대불교개혁운동 유형에 관한 연구」, 서울대학교 석사학위논문, 2010, 22~24쪽)

편으로 독립운동을 하며 또 한편으로 한국불교전통을 지켜나가고자 했던 수많은 항일승들이 직간접적으로 그의 영향 아래서 배출되었다고 할 수 있다.

2) 한국불교 근대화를 위한 불교지성들의 불교개혁론 : 사회진화론의 수용과 불교적 적용

근대전환기 시대적 모순에 대한 한국불교의 이론적 반응은 크게 두 측면으로 나누어 살펴볼 수 있다. 본 연구에서는 근대전환기 시대적 과제를 반봉건 근대화라는 측면(계급모순의 극복)과 제국주의 침략에 맞서 반외세 민족주의라는 측면(민족모순의 극복)에서 주목했기 때문이다.

이 중 불교는 특히 근대화라는 과제에 집중하였고 이는 불교개혁론의 형태로 나타났다. 항일과 친일의 노선을 막론하고 대부분의 불교지도자(불승과 불교지성들)이 이러한 불교개혁론을 주장했다고 볼 수 있다. 이는 독립운동가들에 대해 보수적·전통적 가치를 지키고자 했던 위정척사파나 새로운 근대적 가치를 지향했던 개화파(계몽주의자)로 구분할 수 있었던 것과는 다른 점인데, 여기에 대해서는 몇 가지 이유를 생각해볼 수 있다. 먼저 한국근대불교의 전통이 본격적으로 수립된 것이 경허에 와서라고 할 수 있으며 따라서 근대화라는 입장에서 극복해야할 대상인 그 이전의 전근대적 전통은 실질적으로 상당히 쇠퇴해 있었다는 점을 들 수 있다. 또한 전근대적인 봉건질서 속에서 특히 구한말 조선의 봉건계급사회 속에서 승려라는 계층은 온갖 수모와 압박을 받던 하층에 속해 있었으며 불교의 주요 신앙인들도 부녀자나 피압박하층민중의 위치에 속해 있었으므로, 지켜야할 전통 질서 보다는 근대화나 개혁이라는 새로운 변화를 희구했던 점도 생각해 볼 수 있다.

이러한 한국근대불교개혁운동 또는 개혁론에 대한 연구는 상당히 많지만, 주로 제도의 개혁이나 근대적 학문방법론에 관한 연구에 집중되어 있다. 당시 불교 지성들이 직접적으로 관심을 가지고 주장한 것이 교육, 포교, 사원의 위치, 계율 등등 현실적인 여러 제도의 개혁이었고, 서구에서 일본을 통해 들어온 근대적 학문방법론을 받아들여 한국불교에 관한 연구가 축적되기 시작했기 때문이다. 그러나 여기에서는 당시 불교지성들의 불교근대화나 불교개혁론의 '이론적 근거' 역할을 하는 지점을 모색하고자 하였으며, 이를 당시 사회진화론과 불교사상의 만남에서 찾았다.

근대전환기 불교의 근대적 모색 또는 개혁론에 관하여 사회진화론을 연관시키는 이러한 시도가 타당한 것인가에 대해서는 이봉춘의 연구를 고찰해볼 만하다. 그는 불교 지성계가 한국 불교의 발전을 모색하는 과정에서 사회진화론을 폭넓게 원용하였음을 밝히며 위의 두 측면 – 불교 제도의 실제 개혁 측면과 근대적 학문방법론 측면 – 에서 그 영향을 논하고 있다. 즉 "불교계 여러 측면의 현실에 진화론을 대입하여 그 해답을 얻으려 한 것"과 권상로의 『조선불교약사朝鮮佛敎略史』(1917), 이능화의 『조선불교통사朝鮮佛敎通史』(1918), 박한영과 김영수의 경우 등에서도 "근대 불교학 연구는 이처럼 사회진화론적인 진보사관에 입각하여 연구하는 방법 즉 역사학적 접근 방법으로부터 출발하고 있는 것"을 지적하고 있는데, 다만 사회진화론이 근대 불교지성활동 전반에 큰 영향을 미쳤던 것은 분명하지만, 당시 불교 지성계의 활동에서는 사회진화론 만으로는 설명되지 않는 훨씬 다양한 관심과 주제들 – 다원적 종교상황에 대한 인식, 과학과 종교의 문제, 특히 종교와 철학의 구분점 및 세속적 지식과 불교 교리간의 소통문제 등 – 이 드러나며 '불교적' 입장의 근대적 문제의식을 보여주고 있다고 지적했다.177) 사회진화론 외에도 다양한 관심과 불교적 입장의 문제의식을 가졌다는 이봉춘의 지적은 타당성이 있다. 그러나 여기에서는 개별적인 관심영역에 주목한 것이 아니라, 한국 불교 근대화를 위한 이론적 틀로서 또는 지평으로서 사회진화론과 불교 이론이 어떻게 만나게 되는지에 주목하고자 한 것이다.

(1) 사회진화론의 수용

한말부터 1920년대에 이르기까지 한국사회에 가장 큰 영향을 미친 사조의 하나로 사회진화론을 지적할 수 있는데, 사회진화론은 1880년대부터 1900년대에 걸쳐 미국과 일본, 그리고 중국을 통하여 한국에 수용되었으며,178) 특히 1900년대의 한국 지성들에게 양계초를 통하여 사회진화론이 상당한 영향을 미쳐왔다는 사실은 이미 1970년대부터 밝혀져 왔다.179)

---

177) 이봉춘, 「불교지성의 연구활동과 근대불교학 정립」, 『불교학보』제48집, 2008, 95쪽.

178) 최기영, 「사회진화론」, 『한국사 시민강좌』 25, 일조각, 1999, 24쪽.

179) 이 점에 관해서는 박노자, 「'힘'으로서의 '자유' : 梁啓超의 强權論的 '자유론' 과 구한말의 지성계 – 1896~1903년 저작이 구한말 '자유'담론에 끼친 영향을 중심으로 – 」, 『한국민족운동사연구』 39, 한국민족운동사학회, 2004, 237~241 쪽에 상세히 밝혀져 있다. 이외에도 신연재, 「스펜서의 사회진화론과 자유주의」, 『국제정치총론』 34-1, 1994 ; 박성진, 『(韓末 – 日帝下) 사회진화론과 식

그렇다면 불교계에는 사회진화론이 언제부터 어떠한 영향을 끼쳐왔을까? 현재까지 전해지는 가장 오래된 불교잡지인 『조선불교월보 朝鮮佛敎月報』 창간호(1910)에 친일불승으로 알려진 강대련姜大蓮이 게재한 다음과 같은 글에서도 불교계 지성들이 받은 사회진화론의 영향을 확인할 수 있다.

> "진화進化라는 것은 하나의 목적을 향하여 위로 나아가는 것을 말한다. 날마다 달마다 그치지 않고 나아가 극점에 도달하는 것이니, 반드시 천지고금의 사물 가운데 진화進化의 공례公例를 피할 수 있는 것이 없도다. 아! 부처님의 가르침이 근세에 있어 **다른 종교와 그 이겨나아감[勝進]**을 헤아려 보면 막히고 걸려 나아가지 못한다고 해도 과언이 아니다. … 교리에는 나아감이 있으니, 비록 진화가 아니라고 말하고자해도 안된다. 그러나 그 나아감이 편벽되고 치우치기 때문에, 그 편벽되고 치우친 이유를 상고하여 **다른 종교와 경쟁競進**하도록 추구하는 것이 오직 우리 조선불교월보사의 책임이다."[180]

강대련은 세상의 모든 것을 진화의 법칙으로 규정하며, 불교계의 급선무를 다른 종교와 경쟁하며 이겨 나아가는 것으로 파악하고 있

민지사회사상』, 선인, 2003 ; 류승주, 「사회진화론의 수용과 『朝鮮佛敎維新論』 - 한용운의 불교적 사회진화론」, 『원불교사상과 종교문화』 41, 2009 등을 참고할 것.

180) 姜大蓮, 「進化는 在月報」, 『朝鮮佛敎月報』 Vol 1, 朝鮮佛敎月報社, 1910, 42~43쪽 : 「進化는 在月報」 進化者向一目的而上進之謂也. 日邁月征進進不已 其達於極點 必也 凡天地古今之事物 未有能逃進化之公例者也 噫 覺皇之敎在近世也 與異敎較量其勝進也 則濡滯不進之謂 不是過言也 … 於敎理則有進也 雖欲不謂之進化不可得也 然其進也 偏倚且也 考其所以偏倚之由而求使與他敎競進者 其唯我朝鮮佛敎月報社之責任也.

다. 진화에 대한 이러한 그의 생각은 『조선불교월보』의 창간에 대하여 '진화가 『조선불교월보』에 달려있다(「進化ᄂ 在月報」)'는 제목을 통해서, 그리고 진화의 법칙에서 '조선불교월보사'의 책임감이나 사명감을 강조하는 데에서 더욱 분명하게 드러난다. 이외에도 김광식은 1912년2월~1917년9월간 실린 여러 불교잡지 기사에 근거하여 불교계가 생존경쟁 속에 우승열패, 적자생존, 약육강식의 사회진화론의 논리를 수용하고 있는 과정을 밝히며, 이에 대해 "진화론의 요체인 경쟁의 논리를 적용하여 불교 발전 및 중흥의 기회로 인식하고 있었지만 그것은 불교 자체의 부진을 고려하면서도 타 종교와의 경쟁을 의식한 것이었다" "불교계는 진화론을 수용하고 그 기초 위에서 불교를 발전시켜야 된다는 절박한 현실인식하에서 불교의 維新 혹은 改革에 대한 인식을 하였다"라고 평가하였다.[181]

허버트 스펜서Herbert Spencer가 다윈Charles Robert Darwin의 진화론에 착안하여 만들었던 사회진화론Social Darwinism은 본래 스펜서의 의도와는 달리 19~20세기에 걸쳐 주로 제국주의가 약소국을 침략하여 식민지 개발 및 착취 행위를 정당화하거나 혹은 인종차별주의적 정치 또는 행동의 이론적 근거로 활용되기도 했었다.[182] 이것이 일본으로 전파되고 다시 양무운동의 실패를 겪은 중국의 강유위, 양계초와 같

---

181) 김광식, 「1910년대 불교계의 進化論 수용과 사찰령」, 『한국 근대불교사연구』, 민족사, 1996, 14~20쪽.

182) 사회진화론의 자연스러운 논리적 연장으로서 제국주의와 군국주의를 지지하는 과정, 다시 제국주의의 요구에 의해 인종주의(그리고 인종주의적 우생학적 운동)와 결합되는 과정에 대해서는 전복희, 「사회진화론의 19세기 말부터 20세기 초까지 한국에서의 기능」, 『한국정치학회보』 27(1), 한국정치학회, 1993, 411쪽을 참조.

은 지식인들을 통해 한국의 계몽주의 지식인들에게 심대한 영향을 주었으며, 불교계의 지성들에게는 불교개혁론을 주장하는 근거로 자주 제시되었다. 그런데 결과적으로 제국주의의 침략을 정당화하는 논리로 활용되고, 결국 강권주의를 옹호하는 귀결되는 사회진화론은 한국의 지식인들에게 제국주의의 논리 – 강자의 논리 – 와 제국주의를 극복하려는 민족주의의 출발 – 약자가 강자가 되기 위한 이론 – 183)이라는 두 측면으로 받아들여졌다. 이에 대해 최기영은 다음과 같이 설명하고 있다. "먼저 사회진화론은 당시 한국사회가 놓인 현실을 이해하고 극복하는 하나의 기준이 되었다. 지식인들은 일본의 식민지로 전락하고 있던 한국의 위상과 그 원인을 바로 우승열패·적자생존의 논리로 인식하고, 그 상황을 극복하는 국권회복의 방안으로 사회진화론을 적극적으로 수용"184)하였다는 것이며, 그 예로 계몽운동가들의 교육과 식산의 발전을 내세운 실력양성론을 거론하였다.

그런데 문제는 여기에서 친일의 논리로 빠져들기도 하였다는 점이다.185) 즉 어떤 식이든 근대화의 달성을 지상과제로 삼고, 결국 지향해야 할 모범인 "'강자'로 이해되었던 일본의 제국주의와 제국주의적 침투"186)를 그리고 대동아공영권을 비롯한 그들의 논리를 정당화하

---

183) 최기영, 「사회진화론」, 『한국사 시민강좌』 25, 일조각, 1999, 28, 39쪽.

184) 최기영, 「사회진화론」, 『한국사 시민강좌』 25, 일조각, 1999, 36쪽.

185) "사회진화론은 20세기의 벽두에 한국사회의 현실을 인식하고 그것을 극복하는 차원에서만 이해된 것이 아니라, 동시에 거기에 머무르지 않고 일제의 지배에 순응하는 논리로도 일정한 역할을 하였다."(최기영, 「사회진화론」, 『한국사 시민강좌』 25, 일조각, 1999 24쪽)

186) 전복희, 「사회진화론의 19세기말부터 20세기초까지 한국에서의 기능」, 『한국정치학회보』 제27집 제1호, 한국정치학회, 1993, 423쪽. 이에 대해서는 전복희

게 되었다는 점이다. 사회진화론자들이 친일이 아닌 항일의 노선을 택한 경우에는 또다른 문제가 있다. 신채호의 경우처럼, 제국주의에 저항하는 방법으로 타민족의 간섭을 받지 않는 민족주의를 제시하기도 했지만[187] 식민지 조선에서 민족자결주의를 표방하면서도 내면에는 여전히 사회진화론적인 관점에서 제국주의에 대한 동경이나 갈망이 잠재되어 있다는 점을 간과할 수 없다. 이보다 더 직접적인 문제는 사회진화론이 약자로서 강자가 되기 위한 이론의 역할을 수행하면서,

---

의 분석이 명쾌하다. 전복희는 사회진화론의 수용이 친일로 가게 되는 맥락에 대해 다음과 같이 논하고 있다. "제국주의를 민족주의의 자연적인 연속으로 보며 '민족제국주의'라고 부르거나 또는 제국주의를 사회적 경제적 발전의 필수적 결과로 보는 것 …이러한 관점은 제국주의를 긍정적인 시각으로 파악하고 있을 뿐 아니라 선망의 대상으로 까지 보고 있는 것이라 할 수 있다. 또한 이러한 관점을 가진 자들은 일반적으로 일본이나 서구의 제국주의 세력과의 경쟁에서 한국이 살아남기 위해서는 무엇보다도 우선적으로 국가를 근대화시키는 것이 급선무이라고 생각하고 국가가 근대화되어야 독립이 유지된다고 주장하였다. 따라서 제국주의에 대한 긍정적 시각과 어떤 식으로라도 국가를 근대화시켜야 한다는 열망은 제국주의 국가의 세력확장에 대한 원칙적 비판을 할 수 없게 만들고 국가의 근대화를 위한 문명국의 참여와 도움을 긍정적으로 파악하여, 일본의 제국주의적 세력 확대를 도와주는 역할을 하였다. 더욱이 이러한 관점의 지식인들은 생존경쟁의 대상을 무엇보다도 다른 인종 즉 백인종으로 고정하여 방어해야 할 제국주의 국가를 대체로 서구의 제국주의 국가에 국한시키고 있고 일본 제국주의에 대한 방어는 아시아주의라는 이름 묵살해 버렸다. 그래서 한국이 일본의 보호국이 된 것은 한국의 진보에 도움이 되며 필요한 것이라 여기고 백인과의 인종경쟁을 아시아 제국 즉 황인종간의 경쟁보다 우선적으로 생각하였다. 우리는 이러한 예를 소위 친일세력의 주장에서 발견할 수 있다."(전복희, 「愛國啓蒙期 啓蒙運動의 特性」, 『한국동양정치사상사연구』 제2권1호, 한국동양정치사상사학회, 2003, 98쪽)

187) 『皇城新聞』 1907년 6월 20~21일자 논설 「民族主義」; 『大韓每日申報』 1909년 5월 28일자 논설 「帝國主義와 民族主義」 참조.

제국주의에 대한 저항논리로 제기된 민족주의가 개인보다 민족·국가를 강조하는 국권론國權論과 국수주의적 요소를 유행시키게 되었다는 점이다.[188]

여기에서는 앞에서 예로 든 친일불승 강대련 이외에도 대표적 항일불승인 한용운의『조선불교유신론』(1913)이 양계초의『음빙실문집』을 통하여 사회진화론을 수용한 불교개혁론이라는 점, 근대 불교개혁론으로서는 가장 앞선 것이라 할 수 있는 권상로權相老의『조선불교개혁론』(1912.4~1913.7) 도 그 부제副題가 '조선불교진화지자료朝鮮佛敎進化之資料'라는 점[189] 등을 통해 당시 조선 불교계 불교지성들이 불교 근대화를 위하여 사회진화론을 적극 수용했다는 점을 먼저 지적하고자 한다.

또한 위에서 살펴본 구한말~일제 식민지시기 사회진화론의 맥락에 비추어 볼 때, 친일적 불승 역시 불교근대화를 목적으로 사회진화론을 수용하며 결과적으로 일본제국주의에 타협 또는 순응하였다고 간주하였다. 물론 이들이 한국불교근대화라는 순수한 '호법'의 동기에서 시작되었다가 결과적으로 친일이 된 것인지 혹은 애초부터 일신의 사리사욕을 위하여 친일을 결심한 것인지 명확히 구분하기 어려우므로 결과에만 주목하였다.

불교계에서 사회진화론을 받아들여 친일로 가게 된 맥락에 대해

---

188) 최기영,「사회진화론」,『한국사 시민강좌』25, 일조각, 1999, 37쪽.
189) 김광식,「1910년대 불교계의 進化論 수용과 사찰령」,『한국 근대불교사연구』, 민족사, 1996, 19~20쪽 각주 15)번 ; 이봉춘,「불교지성의 연구활동과 근대불교학 정립」,『불교학보』제48집, 2008, 94쪽 ; 조을규,「한국 근대불교개혁운동 유형에 대한 연구」, 서울대학교 대학원 석사학위논문, 2010, 94쪽.

다음과 같은 김광식의 분석을 덧붙여 살펴볼 만하다. "불교계가 진화론적인 영향하에 긍정적인 현실인식과 그 전제에서의 불교중흥을 기하려는 제반 활동은 결과적으로 식민지 현실에 대한 긍정적인 입장으로 전이될 속성을 포함하는 것이다. 이러한 인식은 자연 일본불교에 대한 긍정적인 입장을 반영하는 것이다."190) 일본불교에 대한 긍정적인 입장은 구한말 일본불교가 전략적으로 침투하며 승려의 도성입성 해금을 비롯하여 관리청원 등 다양한 방식으로 '외호'를 제공하면서 더해졌다. 이러한 일본(불교)에 대한 우호적인 자세와 함께, 일본을 문명 발전의 대상으로 이해하는 사회진화론의 논리는 일본불교에 대한 찬양과 일본불교에 대한 학습의지로 나타났고 실제로 일본의 불교 및 근대학문을 공부하려는 승려들이 점차 증대되는 현상으로 드러났다.191) 권상로의 『조선불교개혁론』 역시 이러한 입장에 서 있다고 볼 수 있다. 한용운의 『조선불교유신론』 서문을 보면 1910년 12월에 쓴 것으로 되어 있어 이때 『유신론』이 완성된 것으로 보이는데, 임제종 운동으로 바빠서 바로 출간하지 않고 있었다가, 권상로가 그의 스승인 이회광이 원종과 일본 조동종의 야합을 추진하던 당시 권상로가 1912년 4월부터 임제종에 대립되는 원종의 입장에 서서 「조선불교개혁론」을 발표하자, 한용운이 이에 대한 대응으로 출간한 것이라는 것이 중론이다.192) 권상로의 개혁사상은 사회진화론의 맥락193)에 입각

---

190) 김광식, 「1910년대 불교계의 進化論 수용과 사찰령」, 『한국 근대불교사연구』, 민족사, 1996, 25쪽.

191) 김광식, 「1910년대 불교계의 進化論 수용과 사찰령」, 『한국 근대불교사연구』, 민족사, 1996, 26~30쪽.

192) 양은용, 「근대불교개혁운동」, 『한국사상사대계』 제6권, 한국정신문화연구원,

하여 개혁의 당위성을 역설하는 원론적 입장이 위주[194])가 되고 있을 뿐이지만, 그의 적극적인 친일행각[195])과 그의 저술에 나타난 근대적 학문방법론을 볼 때 그가 지향하는 한국불교의 근대화는 결국 일본불교를 모델로 하고 있는 것이 아닐까 생각된다.

(2) 사회진화론의 불교적 포섭과 적용

박노자가 지적했듯이 1900년대 한국계몽사상가들이 양계초를 통해 받아들였던 사회진화론은 강권주의로 귀결되었으나,[196]) 1918년에서 1919년까지 유럽을 여행하며 제국주의의 각축이 일으킨 제1차 세계대전의 참상을 직접 목격한 이후 양계초는 "약육강식의 진화론이 서구 문명의 침략성과 파괴성의 근원"이라고 보아 힘에 의한 경쟁의

1993, 167쪽 ; 조을규, 「한국 근대불교개혁운동 유형에 대한 연구」, 서울대학교 대학원 석사학위논문, 32쪽.

193) "況世界는 日闢하고 風潮는 日變하여 社會之交際焉日繁하고 宗敎之競爭焉日繁하니 於是乎에 逃世入山하여 閉門深睡하던 我朝鮮佛敎는 喘息이 垂絶하여 名詞도 難保할 境遇에 至하였도다."(권상로, 「개혁론」, 『조선불교월보』 제3호, 36쪽)

194) 조을규, 「한국 근대불교개혁운동 유형에 대한 연구」, 서울대학교 대학원 석사학위논문, 2010, 99쪽.

195) 예를 들면 「개혁론」, 『조선불교월보』 제7호(1912.8), 28쪽에 다음과 같은 글이 있다. : "又況旭日이 舒光에 東風이 遠拂하여 三千里半島는 大和阪圖에 同載하고 二千萬生靈은 天皇兩露에 均霑하여 一草一木이 無非向陽이요 匹夫匹婦가 各安其所하니 吾儕가 雖欲依前賢質하여 自貽伊戚인들 焉有 聖天子在上하여 而許其自漏化外耶아"

196) 박노자, 「'힘'으로서의 '자유' : 梁啓超의 强權論的 '자유론'과 구한말의 지성계 – 1896~1903년 저작이 구한말 '자유'담론에 끼친 영향을 중심으로 – 」, 『한국민족운동사연구』 39, 한국민족운동사학회, 2004 참조.

논리를 포기하고 이후 불교의 유식唯識 철학과 유가의 도덕철학, 묵자의 겸애설兼愛說, 크로포트킨P. Kropotkin(1842~1921)의 연대주의 등과 같은 다양한 이데올로기에서 대안을 모색하게 되지만, 양계초를 통해 서구와 근대의 논리를 익혔던 조선의 근대주의자들은 이후로도 오랫동안 약육강식과 생존경쟁, 우승열패라는 힘의 논리가 지배하는 사회진화론의 그늘에서 벗어나지 못했다.197)

권상로의 『조선불교개혁론』에 맞서 제시되었던 한용운의 불교개혁론인 『조선불교유신론』 역시 1910년대 이전의 양계초를 거쳐 들어온 사회진화론의 직접적인 영향을 받았다는 사실은 널리 알려져 있다.198) 한용운이 양계초를 통해 사회진화론을 수용한 대표적인 예는 다음과 같이 쉽게 찾아볼 수 있다.

"유신維新이란 무엇인가, 파괴의 자손이요. 파괴란 무엇인가, 유신의 어머니다. 세상에 어머니 없는 자식이 없다는 것은 대개 말들을 할 줄 알지만, 파괴 없는 유신이 없다는 점에 이르러서는 아는

---

197) 박노자, 『우승열패의 신화 : 사회진화론과 한국 민족주의 담론의 역사』, 한겨레신문사, 2005, 91~100쪽 ; 류승주, 「사회진화론의 수용과 『朝鮮佛教維新論』 - 한용운의 불교적 사회진화론」, 『원불교사상과 종교문화』 41, 2009, 259~260쪽.
198) 김춘남, 「梁啓超를 通한 萬海의 西歐思想受容 - 朝鮮佛教維新論을 中心으로」, 동국대 대학원, 1984 ; 김춘식, 「사회진화론의 유입과 조선불교유신론」, 『한국어문학연구』, 2002 ; 유승무, 「사회진화론과 만해의 사회사상 - 조선불교유신론을 중심으로」, 『동양사회사상』 8, 2003 ; 류승주, 「사회진화론의 수용과 『朝鮮佛教維新論』 - 한용운의 불교적 사회진화론」, 『원불교사상과 종교문화』 41, 2009 ; 조을규, 「한국 근대불교개혁운동 유형에 대한 연구」, 서울대학교 대학원 석사학위논문, 2010 ; 조명제, 「한용운의 『조선불교유신론』과 일본의 근대지(近代知)」, 『한국사상사학』 제46집, 한국사상사학회, 2014.

사람이 없다. 어찌 비례比例의 학문에 있어서 추리推理해 이해함이 이리도 멀지 못한 것일까. … 유신의 정도는 파괴의 정도와 정비례 正比例한다고 할 수 있다. 유신에 있어서 가장 먼저 손대야 하는 것은 파괴임이 확실하다."[199]

'유신'을 '파괴'와 직결시키는 한용운의 사유는 양계초가 「자유서自由書(1899年)」의 「파괴주의破壞主義」에서 역사 진보의 원동력은 바로 과거의 부정과 창조적 파괴의 능력이라고 간주하였던 것으로부터 영향을 받은 것이다.[200] 실제로 양계초의 「파괴주의」는 "일본 명치 시대 초에 정부가 새로 바뀌고 국론이 어지러이 뒤섞였다. 이토 히로부미伊藤博文·오쿠마 시게노부大隈重信·이노우에 가오루井上馨등이 모두 파괴주의를 종주로 삼았는데 또 돌파주의라고 명명하여, 수천년 동안의 옛 것들을 무너뜨리는 데 힘쓰고 급격한 수단을 행하는 데 힘썼다.(日本明治之初, 政府新易, 國論紛糅. 伊藤博文·大隈重信·

---

199) 한용운, 『한용운전집』 2권, 「朝鮮佛教維新論」·「論佛教之維新이 宜先破壞」, 105쪽 : 維新者는 何오 破壞之子孫也오 破壞者는 何오 維新之母也라. 天下에 無無母之子則類言之로되 無無破壞之維新則莫或知之하느니 何其於比例之學에 推知末遠也오. … 維新之程度는 嘗以破壞로 爲比例差라. 維新之最先着手者曰 破壞是也.

200) 양계초의 대표적인 '급진적' 저작물인 『자유서』의 「파괴주의」가 신채호와 한용운에게 감동과 공감을 주었다는 사실은 몇몇 연구자들에 의해 지적되었다. (박노자, 「'힘'으로서의 '자유' : 梁啓超의 强權論的 '자유론'과 구한말의 지성계 - 1896~1903년 저작이 구한말 '자유'담론에 끼친 영향을 중심으로 - 」, 『한국민족운동사연구』 39, 한국민족운동사학회, 2004, 255쪽 ; 류승주, 「사회진화론의 수용과 『朝鮮佛教維新論』 - 한용운의 불교적 사회진화론」, 『원불교사상과 종교문화』 41, 2009, 262쪽 ; 梁啓超, 「談叢」, 飮氷室文集 , 上海 : 廣智書局, 1907, 20~21쪽 참조.)

井上馨等 共主破壞主義, 又名突破主義, 務摧倒數千年之舊物, 行急激之手段.)"라는 문장으로 시작하여 "근세 각국의 흥함을 두루 보니, 시대를 파괴하는 것을 앞세우지 않는 자가 없다.(歷觀近世各國之興, 未有不先以破壞時代者)" 등[201]과 같이 새로운 시대를 건설하기 위하여 파괴가 필수적임을 역설하고 있다. 양계초가 서두에 예로 든 세 인물은 일본 유신삼걸維新三傑 중 한 사람인 기도 다카요시[木戸孝允]와 연합하여 급진적인 근대화를 추진했던 인물들이며 결국 양계초가 의미하는 '파괴를 거친 뒤의 흥함'은 메이지 유신明治維新을 의미하는 것으로 보인다. 한용운의 '유신'이 물론 정치적인 혁명을 의미하는 것은 아니지만, 한국불교계에서도 메이지 유신 만큼이나 새로운 변화를 겪어내고 환골탈태하기를 갈망하고 있었을 것이다.

이러한 변화에 대한 갈망은 그가 승려대처론을 건의했던 「중추원헌의서」에서 했던 "엎드려 생각건대, 인간계의 일에 있어서는 변화보다 좋은 것이 없고, 변화하지 않는 것보다 나쁜 것은 없는가 합니다. 한번 정해진 채 조금도 변할 줄을 모른다면, 천지 사이에 존재하는 사람들을 오늘에 앉아 다시 볼 수는 없었을 것입니다. 천지는 잘 변화합니다. 그러기에 만물이 거기에서 생겨납니다. 만물도 잘 변화합니다. 그러기에 낳고 낳아 다할 줄을 모르는 것입니다. 이같이 낳고 낳아 다함이 없고 잘 變化를 계속하면 그 進化진화의 묘妙가 날로 번창해가는 것이어서 … 무릇 변화와 불변의 비례가 이와 같기에 온 세상 사람들은 변화를 존귀하게 여깁니다. … 그러므로 변화야말로 진화의 불이법문不二法門이

---

201) 梁啓超, 『梁啓超全集』第一冊, 「自由書(1899年)」「破壞主義」, 북경출판사, 349~350쪽.

라 하겠으니, 변화하지 않는대서야 무엇을 할 수 있겠습니까."202)라는 말에서도 잘 드러난다.

그런데 사실 불교 교리의 가장 기본적인 입장-예컨대 삼법인三法印-에서 볼 때 사회진화론을 그대로 받아들여 온전히 찬성하기는 어렵다. 만물이 끊임없이 '변화'하는 중중무진重重無盡의 세계라는 것 까지는 고정된 것이 없다는 '제행무상諸行無常'이라는 불교 이론 내에서 해결될 수도 있겠지만, 그 변화하는 방향성이 반드시 앞으로 나아가는 '진화' 또는 '진보'라고 단언할 수 없다. 그 방향성이 진보라는 것은 불교의 인연설에 비춰보아도 너무 일방적이며, 또한 '일체개고一切皆苦'의 입장에서 본다면 그 변화의 방향성이나 질서가 반드시 우리가 따라야만 하는 절대선일 수도 없다. 더욱 문제가 되는 것은 그 변화의 방향이나 질서는 사회진화론에 입각해서 말한다면, 생존경쟁과 약육강식이라고 할 수 있으며 우리가 변화해야 하는 유일한 목적이 '생존'이며 그 과정에서 약육강식은 자연스러운 것으로 용인될 수 있다는 점인데, 나라고 할 만한 주체가 없다는 불교의 '제법무아諸法無我' 이론에서는 생존의 주체도 약육강식의 주체도 인정될 수 없으므로 사회진화론의 근본적인 토대가 형성될 수 없다.

다만 오랜 불교의 역사에서 드러나는 방편설을 원용한다면, '무아無我'를 전제하되 세계가 끊임없이 변화하는 '무상無常'의 속성을 지

---

202) 한용운, 『한용운전집』 2권, 「朝鮮佛教維新論」·「中樞院獻議書」, 120~121쪽
: 伏以人界之事, 莫善於變, 莫不善於不變, 一定而不知變, 人物之存在於天地之間者, 不復睹於今日, 天地善變, 萬物生焉, 萬物善變, 生生不盡, 生生不盡而善變焉則其進化之妙, 日繁一日, … 變與不變之比例如是, 故天下之人貴變焉, … 故變者進化之不二法門, 不變何為.

니고 있다는 점은 일시적인 방편方便(upaya)으로서 강조될 수 있다. 문제는 한용운이 불교와 사회진화론을 각각 어떻게 이해하였으며 이 만남을 어떻게 받아들였는가라는 점이다. 이러한 점 때문에 유승무는 불교사상과 사회진화론 사이의 사상적 모순을 지적하며, 한용운의 사회진화론적 불교 유신의 문제점 즉 사회진화론에 기초하여 불교유신을 주장하는 문제점에 대하여 불교사상적 근거가 결여됨으로써 발생한 한계를 내포하고 있다고 지적하였다.[203] 한편 유승무의 관점과는 달리 박노자는 한용운이 양계초의 사회진화론에 안주하지 않았고, 그 지양의 길을 모색했으며, 이미『조선불교유신론』단계에서 그가 발견한 방도는 불교사상과 신앙을 통한 사회진화론의 상대화였다고 평가하고 있다.[204] 그리고 이 글에서도 유승무 보다는 박노자와 유사한 맥락에서 접근하여, 그가 사회진화론을 받아들인 상태에서 다시 불교적 입장에서 한 걸음 더 나아간 것으로 보았다. 즉 단순히 사회진화론을 그대로 수용하는 것을 넘어 불교적 관점에서 그것을 포섭하고 불교적으로 적용한 것으로 이해하였다. 위에서 말한 방편설을 한용운이 『조선불교유신론』에서 직접 거론한 것은 눈에 띠지 않지만, 근대전환

---

203) 또한 유승무의 이와 함께 일제 강점기 한국사회의 사상적 현주소와 민족독립에 대한 만해의 열망, 그리고 만해가 사회진화론을 직접 연구할 기회를 가지지 못했다는 고백 등을 지적하며 "그러나 이러한 문제점에도 불구하고 만해의『조선불교유신론』은 여전히 현재성을 지니고 있다."고 강력히 주장하고 있다.(유승무,「사회진화론과 만해의 사회사상 - 조선불교유신론을 중심으로」,『동양사회사상』제8집, 동양사회사상학회, 2003, 133쪽, 157쪽)

204) 박노자,『우승열패의 신화 : 사회진화론과 한국 민족주의 담론의 역사』, 한겨레신문사, 2005, 416쪽 ; 류승주,「사회진화론의 수용과『朝鮮佛教維新論』 - 한용운의 불교적 사회진화론」,『원불교사상과 종교문화』 41, 2009, 264쪽.

기의 급박한 상황 속에서 불교적 입장에서 시대적 과제를 나름대로 해결하기 위해서 방편과 권도를 선택하는 것은 자연스러운 일이었다고 할 수 있다. 당장 한용운을 비롯한 한국근대불교지성들의 입장에서 해결해야 할 문제라고 할 수 있는, 일본불교와 총독부의 압박 속에서 불교근대화와 함께 한국불교의 전통을 수립하고 유지하는 일, 그리고 식민지 치하 피압박민중의 구제로서 민족독립과 정법正法을 통한 민중제도 등을 위해서 당시 변법자강론자인 양계초를 통해 유행했던 사회진화론을 방편으로서 받아들였을 것이다. 무엇보다도 방편의 입장이 아니라면 도저히 불교 교리로는 사회진화론을 받아들일 수조차 없기 때문이다.

먼저 『조선불교유신론』에서 대표적으로 사회진화론적 내용으로 거론되는 부분은 「8. 포교」와 「9. 사원의 위치」이다. 이 두 장에 대해서 유승무는 "제8장 '포교'와 제9장 '사원의 위치'라는 두 장은 내용적으로 긴밀한 연관성을 갖고 있기 때문에 두 장을 한꺼번에 고찰한다고 보았는데, 즉 그 내용을 연결하면, '불교가 생존경쟁의 시대에 살아남기 위해서는 도시포교를 해야 한다'는 것으로 정리된다."는 것이다.205) 이 중 특히 「8. 포교」의 앞부분에서는 당시 사회와 세계정세에 대한 사회진화론적 이해가 분명하게 드러나고 있다. 이봉춘 역시 이곳 「8. 포교」에 주목하면서 한용운이 『조선불교유신론』에서 "우승열패와 약육강식을 자연의 법칙으로 인정하고 당시 불교의 열패성과 약육성을 진단하면서 포교의 당위론을 강조"206)하는 점에서 적극적

---

205) 유승무, 「사회진화론과 만해의 사회사상 - 조선불교유신론을 중심으로」, 『동양사회사상』 제8집, 동양사회사상학회, 2003, 149쪽.

이고 구체적인 진화론의 모습을 지적하였다. 따라서 여기에서는 「포
교」의 해당 부분을 먼저 면밀히 검토해보도록 하겠다.

> "서양 말에 '공법公法 천 마디가 대포 일문—門만 못하다'는 것이 있다.
> 이것을 철학적으로 부연해 말하면, 진리가 세력만 못하다는 이야기가 된
> 다. 나는 처음 이 말을 들었을 적에 저도 모르게 그 말이 하도 속된
> 지라 스스로 문명한 사람의 말에 낄 수 없다고 생각했었다. 그러나
> 세상의 풍조가 오늘날 같이 경쟁이 심함을 보고 난 뒤에는 비로소 이
> 말이 속되지 않을 뿐 아니라, 요즘 세상의 문명의 불이법문不二法門으
> 로 삼기에 족함을 알았다. 사물의 존망 성쇠存亡盛衰를 겪어 동서양
> 역사 중에 참담한 자취를 남긴 것들은 어찌나 그리도 공법에 의해서
> 가 아니라 대포에 의해 그렇게 되고, 진리에서 나온 것이 아니라 세
> 력에서 나온 일들이었는지를 나는 자주 보았던 것이며, 결코 한 번
> 본 것이 아니었다. 이같이 서양인의 이 말이 전 세계의 금과옥조金
> 科玉條가 되고도 남음이 있음을 부정할 길 없다. 이런 것은, 굳이 말
> 한다면 야만적 문명이라고나 해야 할 것이니, 적어도 도덕과 종교에
> 입각해 있는 사람이라면 이를 찬양하지는 않을 것이다. 그렇기는 하
> 나, 오늘 세력이 없어서 경멸받는 조선 승려의 자리에 있는 사람으
> 로서는 미상불 한 번 연구해 볼 필요는 있는 것 같다."207)

---

206) 이봉춘, 「불교지성의 연구활동과 근대불교학 정립」, 『불교학보』제48집, 2008,
94쪽.

207) 한용운, 『한용운전집』 2권, 「朝鮮佛敎維新論」·「論布敎」, 110쪽 : 西之言에 曰
公法千言이 不如大砲一門이라 하니 以哲學的言之하면 眞理不如勢力之謂也
라 余ㅣ 初聞之에 不覺其俗累하여 自以爲不齒文明之言이러니 有觀乎世道
競爭之如今日者而後에 始知此言之不俗累而足以爲今世所謂文明之不二法
文이라 夫事物之存亡盛衰하여 慘無天日於東西歷史中者ㅣ 何其不由公法而
由於大砲하며 不出眞理而出於勢力者를 屢見不一見也오 若是乎西人此言이
爲全世界金科玉律而有餘矣라 若是者를 謂之野蠻文明이니 道德宗敎人所不
稱이라 雖然이나 在今日勢力蔑如之朝鮮僧侶之列者ㅣ 一有硏究之必要라.

『조선불교유신론』의「포교」는 이처럼 '공법'과 '대포'의 대비로부터 시작된다. 이후로 시종일관하게 '진리'와 '세력', '문명함'과 '속됨(비문명)' 등의 대비 구도가 나열되고 있으며, 결국 "오늘날 같이 경쟁이 심"한 세상의 풍조를 "야만적 문명"이라고 규정하고 있다. 이처럼 공법이 아닌 대포에서, 진리가 아닌 세력에서 나온 야만적 문명은 '도덕과 종교'의 입장에서는 찬양할 만한 것이 아니라는 점을 분명히 전제하고 나서, 그럼에도 불구하고 '세력'이 부족한 조선 불교의 입장에서는 "한 번 연구해 볼 필요"가 있음을 인정하고 있다. 서두의 이러한 구절을 보면, 사회진화론의 영향을 받았음에도 불구하고 그 이론이 종교와 도덕의 입장에서 받아들여질 수 없는 모순적 위치에 존재한다는 사실을 명확히 인지하고 있다고 볼 수 있다. 그럼에도 불구하고 '세력'에 대해 "한 번 연구해 볼 필요"가 있다는 자인自認하고 있는데, 이것이 기존의 도덕과 종교를 버리고 사회진화론적인 질서로 편입된다는 것인가, 혹은 불교의 방편으로 사회진화론을 포섭하여 적용한다는 것인가에 대해서는 명확히 서술되어 있지 않다.「포교」에서는 서두의 이 단락 이후로는 본격적으로 사회진화론적 논리에 대해 서술하고 있을 뿐이다. 특히 이러한 서술이 매우 생생하게 마음에 와닿는 표현으로 표현되고 있기 때문에,「포교」 부분을 전면적인 사회진화론의 수용으로 이해하거나 불교 교리와 모순된다고 인식하기 쉽다.

"무릇 갑甲의 세력이 을乙의 세력을 능가한다고 할 때, **도덕적 견지**에서 말한다면 죄는 갑에 있고 을에 있지 않은 것이 된다. 그러나 **공례公例**에 서서 볼 때에는 도리어 죄가 을에 있고 갑에는 없는 것이 된다. 무엇으로 그런 줄을 아는가. 단순한 **도덕적 견지**에서 보면 천하 만물이 **세력** 탓으로 서로 뺏고 서로 해쳐선 안 된다는 것은 새삼

판단을 기다릴 것도 없는 일이다. 그러나 우승열패優勝劣敗와 약육강식
弱肉強食이 또한 자연의 법칙임을 부정할 길이 없다. 우수해지는 까닭,
열등해지는 까닭, 강해지는 까닭, 약해지는 까닭의 이치가 단순치가
않아서 장구한 시일을 두고 열거한대도 다하기 어려운 터이나, 뭉뚱
그려서 말하면 세력일 따름이라고 할 수 있다."208)

다음 단락에서는 우승열패와 약육강식을 자연의 법칙으로 인정하
며, '도덕'의 견지에서만 보지 말고 '공례'에 서서 볼 것을 요청하고
있다. 즉 약자가 세력이 부족한 탓에 강자에게 침범당하고 경멸당하
는 것을 도덕적 관점에서 그 죄를 물을 것이 아니라, 스스로 세력을
부족한 책임을 자강自強하지 못한 데에서 찾는 게 보다 현실적이라는
인식이 보인다. 이것은 침략자인 제국주의 세력에게 죄가 있지 않고
침략당한 식민지국가에게 세력이 없는 것이 죄라는 식으로 비약이
가능한 상당히 위험한 논리이다. 실제로 일본을 비롯하여 당시 대부
분의 제국주의가 활용했던 논리이기도 하다. 그러나 한용운이 이런
주장을 펼치면서 침략이 정당하다거나 올바르다는 것을 표명한 것은
아니다. 우승열패와 약육강식은 도덕의 차원에서는 바람직한 것이 아
니지만, 공례 또는 자연세계의 질서에 의하면 자연스럽고 현실적인
것이라는 주장이다. 물론 이런 현실에 압도되어 우승열패와 약육강식

---

208) 한용운,『한용운전집』2권,「朝鮮佛敎維新論」·「論布敎」, 110쪽 : 夫甲之勢
力이 凌駕乙之勢力에 以道德的言之면 罪在甲而不在乙이나 以公例的觀之
하면 罪在乙而不在甲이니 何以知之요 以單純道德으로 觀之면 天下萬類가
不敢以勢力之故로 相奪相殘者則更無待辨이라 然而優勝劣敗와 弱肉強食
이 亦不可不謂之理라 所以優所以劣所以强所以弱之道ㅣ 不一而足하여 更
僕亂盡이나 統而言之하면 勢力而已라.

만을 지상명제로 간주하여 친일파로 전향하게 된 계몽운동가, 자강론자들이 우리 역사 속에도 실제 적지 않았다. 그러나 불교적 입장에서 냉정하게 살펴본다면 바람직한 '도덕'이 실현되지 않는 현실에서, '도덕'이념을 붙잡고 슬퍼하며 어떻게든 즉각적으로 '도덕'을 실현시킬 것[살신성인殺身成仁]할 것을 요구하지 않는다. 우선 현실을 직시하며 그 원인을 파악하고, 이러한 현실을 극복할 '올바른 방법(正法)'을 찾아서 '도덕'과 '진리'를 실현하도록 노력해야 하는 것이다. 이 점에서 유교와 불교의 접근방법이 차이가 난다. 유교 지식인들은 스스로 이상세계를 구현해야 한다고 자임自任하고[209], 이러한 책임감과 사명감 속에서 국가와 인륜이 붕괴되어 스스로 책임을 다하지 못했다고 판단될 때 자결 등의 방법을 통해 최소한의 책임을 지려는 모습이 등장하기도 한다. 그러나 불교의 입장에서 볼 때 도덕 '주체'로서 스스로 책임을 져야한다는 자부심도 허상과 집착이며, 도를 배반하지 않으려는 마음에서 비롯되어 즉각적으로 세계에 도덕을 구현하며 매순간 잠시라도 도덕에서 벗어나지 않으려는 의지[210]도 허상과 집착일 수 있다.

---

209) 이러한 자임(自任)의식과 관련된 대표적인 언급은 북송北宋 당시 사대부였던 범중엄(范仲淹, 989~1052)의 다음과 같은 표현에 잘 드러난다. "천하의 근심거리는 (천하 사람들보다 내가) 앞서서 근심하고, 천하의 즐거움은 (모두가 즐거워하고 난 다음에 내가) 나중에 즐거워한다."(先天下之憂而憂, 後天下之樂而樂. 「악양루기岳陽樓記」)

210) 『중용』 제1장 : 道也者, 不可須臾離也. 可離, 非道也 ; 『논어』「이인里仁」 5장 : … 君子去仁, 惡乎成名 ? 君子無終食之間違仁, 造次必於是, 顚沛必於是. 또한 도덕에 어긋난 행위를 용납하지 않으려 했던 유가 지식인의 태도에 대해서는 『논어』「팔일」편에서 대부인 계씨季氏가 (천자의 예법인) 팔일무를 추게 한 것에 대해서 "군자가 하지 말아야 할 것에 있어서는 잠시라도 처하지 않는 것은 차마 하지 못하기 때문이다.(君子於其所不當爲, 不敢須臾處, 不

유교 지식인의 입장에서는 '도덕과 진리'를 현실에 실현하여 당위법칙[所當然]과 존재법칙[所以然]이 온전히 일치·부합됨을 확인할 때 비로소 만족하여 편안히 마음을 놓을 수 있다. 개인적 삶에서 뿐만 아니라 관계로서의 사회 전체 속에서 이러한 목표가 설정되며 그 목표 달성 여부에 따라 자부심 혹은 편안함을 느끼기도 하고, 슬픔 혹은 좌절감을 느끼기도 할 것이다. 유교 지식인들이 이런 관점을 가지고 불교를 보았을 때 불교는 상대적으로 사회적 책임의식이나 사명감, 또는 도덕규범에 연연해하지 않는 것으로 판단하였기 때문에 불교가 윤상倫常을 해친다는 비판을 가한 것이다. 그러나 불교의 입장에서는 '도덕'으로서의 당위법칙과 현실의 '공례'로서 약육강식·우승열패의 자연법칙이 일치하지 않는 것으로 판단된다면, '방편'으로서 그것을 일치시킬 방법을 찾아서 실행하는 것이 중요하다.

　　"비유하자면, 갑의 세력은 물 같고 을의 세력은 땅과도 같다. 이제 한 물이 여기에 있고 땅의 고하高下가 같지 않다고 할 때, 물이 높은 데로 나아가겠는가, 낮은 데로 나아가겠는가. 그것이 낮은 데로 흐를 것은 오척 동자五尺童子라도 다 아는 터이다.
　　같은 땅인데도 물이 높은 데로 흐르지 않고 낮은 데로 흐르는 것은 무엇 때문인가. 물이 높고 땅이 낮은 때문이니 땅이 높지 않다고 하면 누가 능히 물이 낮은 데로 흐르지 않음을 보장하겠는가. 진실로 땅이 낮아서 물이 흐르지 않음을 보장할 수 없다면, 스스로 땅을 높이 하여 물이 이로부터 떠나게 함이 상책일 것이다. 여기에 이르러 갑의 세력은 처음부터 죄가 있느니 없느니 하는 책임이 없고, 을의 세력이 스스

忍故也)"라고 주석을 달았던 북송대 사대부였던 사상채(謝上蔡 : 1050-1103)의 언급을 참고할 만하다.

로 높고 낮음이 있어서 수난을 겪음을 알게 된다. 세상에서 을에게 죄 있다 하지 않고 갑에게 죄 있다 하는 것은, 스스로 돌아봄에 있어서 밝게 보지 못한 사람이니, 무릇 천하에서 을 노릇을 하는 측에서는 마땅히 이런 견해를 가지고 사태를 바르게 이해함이 좋을 줄 안다. 지금 다른 종교의「대포」가 무서운 소리로 땅을 진동하고, 다른 종교의 형세가 도도滔滔하여 하늘에 닿았고, 다른 종교의「물」이 점점 늘어 이마까지 삼킬 지경이나, 그들이 조선 불교에 무슨 죄가 있다는 것인가.

조선 불교가 유린된 원인은 세력이 부진한 탓이며, 세력의 부진은 가르침이 포교되지 않은 데 원인이 있다."[211]

여기에서 한용운은 세력이 있는 갑에게 책임을 묻지 말고, 세력이 없어 수난을 겪고 있는 을 스스로 이러한 사태를 바르게 이해하는 것이 더 좋다고 이야기하였다. 즉 도덕적 책임을 묻는 것 보다 (약육강식·우승열패라는) 현실의 사태과 그 해결책에 대한 '올바른 이해'과 '견해'를 갖는 것이 좋다는 것이다. 모순적으로 보이는 당위의 세계와 존재의 세계에 대하여 유교의 입장에서는 마땅함, 즉 '의義'를 통해

---

211) 한용운,『한용운전집』2권,「朝鮮佛敎維新論」·「論布敎」, 110~111쪽 : 譬之甲之勢力은 如水하고 乙之勢力은 如地하니 今有一水於此하여 地之高下ㅣ 不同則就之高乎아 就之下乎아 其將就下則雖五尺童子라도 皆知之하느니 夫同一地로되 水之不就高而就下者는 何也오 水高而地下일지니 使地不高하면 其誰能保水不就下也리요 苟地下而不能保水不就ㅣ 下인데 莫若自高而水亦從此去矣라 至是에 甲之勢力이 未始有罪不罪之責任而乙之勢力이 自有高下也라 世之不以乙爲罪하고 以甲爲罪者는 其於反求之道에 見之未明者也니 凡天下之爲乙者ㅣ 當以此觀으로 爲正觀이 可也라 今他敎之砲가 轟轟震地하고 他敎之勢가 滔滔連天하고 他敎之水가 騰騰過顙하니 朝鮮地佛敎에 何오.
朝鮮佛敎蹂躪之原因이 在於勢力不振이요 勢力不振이 在於敎之不布니.

일치시키자고 한다. 하지만 불교의 입장에서는 현실[제법諸法]에 대한 바른 견해, 바른 이해, 즉 '지혜'를 통해 이 문제를 해결하고자 하는데, 이 때의 '지혜'는 유교적인 도덕규범이나 당위 법칙에 제한되지 않고 다양한 방편을 포괄할 수 있다. 한용운의 논리가 자칫하면 제국주의 세력에 잘못을 묻지 '말아야' 하고 스스로 힘이 없는 탓을 '해야만' 한다는 맥락으로 오인될 여지가 있는 것은 실제로 친일파로 돌아선 많은 지식인과 사상가들이 사회진화론을 이러한 관점으로 받아들였기 때문이다. 심지어 21세기를 사는 지금까지도 이런 논리는 우리 내면에 일정 정도 내재화되어 있다.

그러나 한용운이 약육강식·적자생존을 정당화했던 (양계초의 필터를 거친) 당시의 사회진화론을 따라 불교 이론을 버린 것은 물론 아니며, 오히려 한국불교의 여러 제도의 개혁과 근대화를 위한 방편으로서 사회진화론을 활용한 것이라고 보아야 할 것이다. 한용운이 약육강식·적자생존의 질서를 방편적으로 이해한 것이지, 추구해야 할 절대선이나 진리로 간주한 것이 아니라는 점은 『조선불교유신론』 「3. 불교의 주의」에서도 잘 드러난다. 여기에서는 불교의 궁극적인 이상 또는 근본적인 지향에 대해 논의하고 있는데, 이를 통해 약육강식·적자생존의 질서가 아닌 불교의 정법正法에 대한 한용운의 이해를 살펴볼 수 있다. 그는 "불교의 주의 같은 것은 크게 나누어 둘로 잡을 수 있으니, 하나는 평등주의平等主義요, 하나는 구세주의救世主義가 그것이다."[212]라는 말로 불교의 지향을 표현하며 평등주의에 대해서는

---

212) 한용운, 『한용운전집』 2권, 「朝鮮佛敎維新論」·「論佛敎之主義」, 104쪽 : 若佛敎之主義는 大分有二하니 一曰平等主義요 二曰救世主義니라.

240

다음과 같이 설명하고 있다.

"평등주의는 불평등에 반대되는 주의다. 고금 천하에 불평등한 예는 어찌 그리도 많이 눈에 띠고, 평등한 예는 아주 드문지 모르겠다. … 이리하여 불평등이 불평등과 서로 어울려서 무수한 불평등을 빚어내고 있는 실정이니, 항상 생각이 불평등의 연유에 미칠 때마다 마음에 근심이 일어 눈물을 짓지 않는 때가 없는 것이 솔직한 나의 심정이다.

그러면 평등의 도리란 어떤 것인가. 장수長壽 · 요절夭折 · 선善 · 악惡 · 성成 · 패敗 · 강强 · 약弱 등이 같아서 하나가 됨을 이름인가. 그렇기도 하고 그렇지 않기도 하다. … 만약 불평등한 견지에서 바라본다면, 무엇 하나 불평등하지 않음이 없을 것이며, 평등한 견지에서 바라본다면, 무엇 하나 평등하지 않음이 없을 것이다. 그러면 **불평등한 견지란 어떤 것인가. 사물 · 현상이 소위 부득이하게 그러한 공례**[所謂 不得不然之公例]에 의해 제한받는 것이 이것이다. 평등한 견지란 무엇인가. 공간과 시간을 초월하여 얽매임이 없는 자유로운 진리를 이름이다. … 요컨대 소위 **평등이란 진리를 지적한 것이며, 현상**現狀을 말한 것이 아님을 알아야 한다."213)

이 구절에서 가장 먼저 발견할 수 있는 것이 약육강식이나 우승열패의 불평등에 대한 한용운의 슬픔과 거부감이다. 또한 불교에서 말

---

213) 한용운, 『한용운전집』 2권, 「朝鮮佛教維新論」 · 「論佛教之主義」, 104쪽 : 平等主義는 不平等之反對也러라 古今天下에 不平等者를 何其多見而平等者를 不數見也오 … 不平等이 與不平等으로 相緣하여 生出無數不平等하니 每一念及於不平等之故에 未嘗不心悄悄其涙漣漣也로다.
然則平等之道奈何오 齊壽 · 夭 · 善 · 惡 · 成 · 敗 · 强 · 弱 等而爲一歟아 … 若以不平等者로 觀之則無非不平等也오 若以平等者로 觀之則無非平等也라 不平等者는 何오 事物現狀이 被制限於所謂不得不然之公例者 │是也 … 所謂平等者는 眞理也오 非現狀也니라.

하는 '평등'에 대하여 단순한 동등이나 일치를 의미하는 개념이 아니라, 하나가 아니면서 둘도 아닌 '불일불이不一不二'의 맥락으로 설명하는 것도 이미 널리 알려져 있다. 한용운은 또한 여기에서 불교의 궁극적인 평등개념을 '진리'로 지칭하고, 차별이나 불평등 또는 그에 상대되는 동등과 같은 개념을 '현상'으로 지칭하고 있는데, 이러한 '진리'와 '현상'의 구도를 그대로 '불교'와 '사회진화론'으로 확대시켜 적용하고 있음을 볼 수 있다. 평등주의의 '불교'는 시간과 공간을 초월하여 얽매임이 없는 자유로운 진리[평등한 견지]에 해당하고, 약육강식·우승열패의 경쟁질서[공례公例]로 세상을 설명하는 '사회진화론'는 어쩔 수 없는 공례公例에 의해 제한받는 사물·현상[불평등한 견지]에 해당하기 때문이다. 따라서 '진리'[불교]의 입장에서 '현상'[사회진화론]을 포섭하고 방편으로 활용할 수 있기 때문에 불교와 사회진화론에 대한 한용운의 이해를 '**사회진화론의 불교적 포섭과 적용**'으로 설명하였다. 또한 이러한 '평등'의 관점에서 계속해서 근세의 자유주의와 세계주의를 논하기도 한다.

"근세의 자유주의와 세계주의가 사실은 평등한 이 진리에서 나온 것이라 할 수 있다. 자유의 법칙[公例]을 논하는 말에, 「자유란 남의 자유를 침범하지 않는 것으로써 한계를 삼는다」고 한 것이 있다. 사람들이 각자 자유를 보유하여 남의 자유를 침범치 않는다면, 나의 자유가 다른 사람의 자유와 동일하고, 저 사람의 자유가 이 사람의 자유와 동일해서, 각자의 자유가 모두 수평선처럼 가지런하게 될 것이며, 이리하여 각자의 자유에 사소한 차이도 없고 보면, 평등의 이상이이보다 더한 것이 무엇이 있겠는가.
또 세계주의는 자국과 타국, 이 주洲와 저 주, 이 인종과 저 인종을 논하지 않고 똑같이 한 집안으로 보고 형제로 여겨, 서로 경쟁함이 없고 침탈함이 없어서 세계 다스리기를 한 집을 다스리는 것같이 함을 이름이니, 이 같다면 평등이라 해야 할 것인가, 아니라 해야 할 것인가.

　이런 논의가 오늘에 있어서는 비록 실현성 없는 공론空論에 지나지 않는다 해도, 이후 문명의 정도가 점차 향상되어 그 극에 이르는 날이 오면 장차 천하에 시행될 것임은 새삼 논할 여지가 없는 줄 안다. 왜냐하면 그 원인이 있으면 그 결과가 있고 그 도리[理]가 있으면 그 사실[事]이 있게 마련이어서, 물건에 그림자가 따르고 소리에 울림이 응하는 것과 같기 때문이다. 그러므로 진리의 추세를 거부하고자 해도 솥을 들어 올리는 힘과 산을 쪼개는 대포를 가지고도 감당할 수 없을 터이다. 그렇다면 금후의 세계는 다름 아닌 불교의 세계라고 할 수 있다. 무슨 까닭으로 불교의 세계라고 하는 것인가. 평등한 때문이며 자유로운 때문이며 세계가 동일하게 되는 때문에 불교의 세계라고 이르는 것이다. 그러나 부처님의 평등정신이야 어찌 이에 그칠 뿐이겠는가."[214]

　여기에서 특히 주목할 만한 부분은 첫째, 문명이 정도가 이후 점차

---

214) 한용운, 『한용운전집』 2권, 「朝鮮佛敎維新論」·「論佛敎之主義」, 105쪽 : 近世自由主義와 世界主義가 實平等眞理之子孫也러라 自由之公例에 曰自由者는 以不侵人之自由로 爲界限이라 하니 人人이 各保自由하여 勿侵他人之自由면 我之自由가 與人之自由로 同하고 彼之自由가 與此之自由로 同하여 自由ㅣ 皆水平線之勢하여 毫無差異하면 平等이 孰過리요 且世界主義者는 勿論自國他國此洲彼洲彼種此種하고 同爲一家하고 同爲兄弟하여 無相競爭하며 無相侵奪하여 治世界를 如治一家之謂也니 若是則平等乎아 否乎아 此等議論이 在今日에 縱歸坐上空談이나 此後文明之程度가 至於極端則將行之於天下ㅣ 無待言也라 何也오 有其因者ㅣ 有其果하고 有其理者ㅣ 有其事하여 影隨響應 하느니 眞理之來에 雖欲拒之나 扛鼎之手와 開山之砲로도 已不勝任이라 果爾則今後之世界는 名之曰佛敎世界니라 以何因緣으로 名佛敎世界요 曰平等故며 自由故며 世界大同故로 是故로 名佛敎世界니라 佛之平等이 豈止而已리요.

로 향상될 것이라는 믿음인데, 이는 즉 사회가 진보할 것이라는 믿음이면서도 양계초를 통해 전해진 강권주의적 사회진화론과는 다른 이해의 결을 지녔다고 할 수 있다. 또한 이런 진보 위에 오늘날에는 아직 공론으로 여겨질 자유주의와 세계주의가 천하에 시행될 것이며 이에 대해 거부할 수 없는 '진리의 추세'라고 확고한 믿음을 보이는 점도 특기할 만하다. 여기에도 사회와 역사가 진보할 것이라는 믿음이 보이며 또 한편으로 궁극적인 이상으로서 사회진화론적 우승열패·약육강식의 질서가 아닌 진리와 도덕과 공법의 영역에 해당하는 자유주의·세계주의·평등주의가 전개될 것이라는 믿음도 보인다. 다시 말해서 양계초에게 소개받은 강권주의적 사회진화론은 일시적인 방편론으로 활용하고 있다는 점을 재확인 할 수 있다. 다음으로 구세주의에 대한 이야기 속에서도 사회진화론을 포섭하여 방편론적으로 적용하고 있음을 발견할 수 있다.

"(불교의 또 하나의 특징인) 구세주의란 무엇인가. 그것은 이기주의의 반대 개념이다. … 자기 한 몸만을 위하는 것은 불교와는 정반대의 태도인 까닭이다. … 모든 말씀과 모든 게偈가 중생을 구제하고자 하는 뜻에서 벗어남이 없었으니, 이것이 과연 그 한 몸만을 위하는 길이겠는가. 아, 부처님께서야말로 구세의 일념에 있어서 철저하셨던 것이니, 우리 중생들은 무엇으로 이 은혜에 보답하랴.

요는 순 같은 어진 이를 못 얻는 것으로 근심하시고, 순은 우 같은 어진 이를 못 얻는 것으로 근심하시고, 우는 밖에 나가 홍수를 다스릴 때 세 번이나 대문 앞을 지나면서도 집 안에 들어가지 않으셨고, 공자는 진·채의 접경에서 고난을 겪으셨고, 예수는 거리에서 사형을 당하셨으니, 이는 모두 세상을 건지고자 하는 지극함에서 나온 일들이다. 어찌 세상을 구제하지 않고 천추千秋에 걸쳐 꽃다운 향기를 끼치

는 이가 있을 수 있겠는가. 비록 그러하나 그 원력願力의 크고 많은 점이라
든지 자비의 넓고 깊음에 있어서 불교와 같은 것은 일찍이 없었다."[215]

하화중생下化衆生과 사회참여로 대표되는 불교의 구세주의가 불교
의 본의인가 혹은 대승불교에 국한된 것인가라는 문제에 대해서는
이견의 소지가 있다. 다만 한용운의 불교개혁론에 나타나는 구세주의
이념은 평등주의 이념과 함께, 한국불교의 근대화라는 그의 노선 속
의 근본적인 지향에 대해서 명확히 보여주고 있다.

아울러 한용운이 받아들인 사회진화론과 불교의 만남에 대해서도
역시 설명을 제시해주고 있다고 볼 수 있다. 즉 이기적이고 불평등하
고 부조리한 현상에 대한 일시적인 '방편'으로서 사회진화론적 설명,
부조리한 세상과 고통 받는 중생[불평등한 현상]을 구제하려는 '방편'
적 적용을 통해 궁극적인 진리를 성취한다는 구도로 설명될 수 있다.
이에 관하여 앞에서 살펴보았듯이 박노자는 불교를 통한 사회진화론
의 상대화라는 방법으로 양계초의 사회진화론에 안주하지 않고 지양
의 길을 모색했다고 평가[216]했으며, 류승주 역시 사회진화론의 불교
적 포섭과 적용에 대해 "불교적 진리에 토대를 둔 진화론"에 대한

---

215) 한용운, 『한용운전집』 2권, 「朝鮮佛敎維新論」·「論佛敎之主義」, 105쪽 : 救
世主義는 何오. 獨利主義止反對也라 … 獨善其身者는 與佛敎로 正成反比
例者也라 … 其外千言萬偈가 不出於度生하니 是果獨善其身乎아 嗚乎라
佛其至矣라 衆生이 何以報恩가 夫堯以不得舜으로 爲憂하시고 舜以不得禹
로 爲憂하시고 禹ㅣ 治水於外에 三過其門而不入하시고 孔子는 厄於陳蔡하
시고 耶蘇는 刑于街上하시니 皆出於救世之至也라 安有不救世而享千秋之
馨香者哉아 雖然이나 其願力之大多와 慈悲之博深이 莫佛敎若이라.

216) 박노자, 『우승열패의 신화 : 사회진화론과 한국 민족주의 담론의 역사』, 한겨
레신문사, 2005, 416쪽.

모색을 통해 강권주의적 사회진화론을 극복한다는 점 그리고 그 실천적 방법으로서 평등주의와 구세주의가 제시되었다[217]고 평하였다.

요컨대 불교근대화를 위한 한용운의 불교개혁론은 불교지성 가운데에서도 힘에 의한 강권적 사회진화론을 수용하였다가 결국 친일로 돌아섰던 많은 근대화론자들과 달리, 당시의 사회진화론을 있는 그대로 온전히 따르지는 않았다. 그렇다고 사회진화론을 반대하거나 거부한 것은 아니며, 일종의 방편으로서 받아들여 불교적 입장에서 포섭하며 이를 방편론으로서 적용하여 사회진화·진보의 궁극적인 이상으로서 평등주의와 구세주의라는 불교적 지향을 제시하여 그 안에 자유주의와 세계주의라는 근대적 이상을 포괄하였다.

3) 근대전환기 한국불교의 민족주의적 반응

앞에서 근대전환기의 시대적 모순에 대한 한국불교의 이론적 반응을 반봉건 근대화라는 측면(계급모순의 극복)에서 살펴보았다. 이들은 주로 불교개혁론의 형태로 나타나고 있었는데, 특히 개혁·유신·근대화를 추동하고 정당화하는 이론으로 제시되었던 사회진화론과

---

217) "한용운은 깨달음과 해탈을 통한 개인의 궁극적 자유와 일체 중생의 불성(佛性)을 중심으로 한 불교적 진리에 토대를 둔 진화론을 모색하면서 개인의 자유를 힘의 논리에 종속시키려는 강권주의적 사회진화론을 극복하고자 시도하였다. 약육강식과 우승열패의 논리가 지배하는 현상적 세계는 미혹의 세계이며, 진화의 참된 실상은 자타불이(自他不二)의 진리와 자비의 세계이다. … 불교적으로 해석된 자타불이적 진화론의 실천적 방법론은 평등주의와 구세(救世)주의로 제시된다."(류승주, 「사회진화론의 수용과『朝鮮佛敎維新論』-한용운의 불교적 사회진화론」, 『원불교사상과 종교문화』41, 2009, 273~274쪽)

불교의 만남에 대해 고찰하였다.

　여기에서는 제국주의 침략에 맞서 반외세 민족주의라는 측면(민족 모순의 극복)에서 주목하고자 한다. 그런데 근대전환기 불교가 근대화라는 과제에 집중했던 것과는 달리, 반제국주의나 민족주의를 '직접적으로' 겨냥한 한국불교의 이론적 반응은 찾아내기가 쉽지 않다. 이와 관련된 직접적인 선행연구로는 강돈구의 「한국 근대 종교운동과 민족주의의 관계에 대한 연구-종교민족주의의 구조적 다양성을 중심으로-」를 거론할 수 있는데, 그의 연구에 의하면 "전통종교와 민족 자생종교의 경우, 일제를 정확하게 인식하고 있었음에도 불구하고, 현실적으로는 외세와의 연관이 없었기 때문에, 정치주체인 일제와의 일정한 타협을 통해서 집단의 존속을 도모하였다."[218]는 것이다. 또한 3.1운동이나 한용운·신상완·백용성 등 불교계 인사들의 항일운동에 대해서는 분명히 확인할 수 있는 자료가 적지 않지만, 불교근대화의 이론적 바탕으로서 사회진화론을 제시했던 것처럼 반제국주의 또는 민족주의 운동에 대한 이론적인 바탕으로 제시할 만한 것이 뚜렷하지는 않다. 이에 관해서는 몇 가지 이유를 찾아볼 수 있다.

　첫째, 불교계의 항일운동은 교단의 차원 보다는 주로 불승 또는 불자들 개인적 차원의 '실천'에 집중되었으며 따라서 불교 전체 교단 차원의 '이론'적 반응으로 나아가지 못했다는 점이다.[219] 구한말에 이

---

218) 강돈구, 「한국 근대 종교운동과 민족주의의 관계에 대한 연구-종교민족주의의 구조적 다양성을 중심으로-」, 서울대학교 대학원 종교학과 박사학위논문, 1990, 3쪽.
219) 본 고에서는 제국주의 침략에 맞서는 반외세 민족주의라는 시대적 과제에

르기까지 지나친 불교 억압으로 적어도 대한제국 성립 이전까지는 교단적인 통제기구가 없는 상태에서 승단은 겨우 명맥만을 유지해 온 상태에 있었다고 해도 과언이 아니다.[220] 또한 한일합방 이후에는 1911년 '사찰령'에 의해 한국불교가 조선총독의 지배하에 편입됨으로써, 현실적으로 한국불교가 교단적 차원에서 조직적으로 일제의 불교 침탈에 대항하지 못했던 점도 지적할 수 있다. 따라서 여타의 종교들도 마찬가지지만 불교계 교단 차원에서 일제에 저항하지 못한 까닭에 항일운동은 개인적인 차원에서 진행되었다는 점[221]에 주목해야 한다.

  게다가 강돈구가 지적했듯이 일제하에서는 거의 대부분의 종교들이 일제의 기본적인 종교정책인 '정교분리政敎分離' 원칙을 고수하였기 때문에, 현실적으로는 민족문제보다는 오히려 신앙문제에 주된 관심을 보이고 있었다[222]는 점도 불교 교단 전체가 아닌 개인적 차원의 항일운동의 원인이 되었다. 사실 '정교분리'에 대해서는 여러 맥락을

대한 불교 교단 차원의 '이론'적 반응을 연구하는 것에 집중하고자 한다. 불승 또는 불자들의 항일적인 '실천'에 대해서는 이미 널리 연구되어 왔을 뿐만 아니라, 가능하다면 이러한 실천에 대해 (한국)'불교'라는 종교적 교리 또는 교단의 논리라는 그 근본 바탕에서 분석하려는 것이 본 고의 목적이기 때문이다.

220) 강돈구, 「한국 근대 종교운동과 민족주의의 관계에 대한 연구 - 종교민족주의의 구조적 다양성을 중심으로 - 」, 서울대학교 대학원 종교학과 박사학위논문, 1990, 90쪽.

221) 한동민, 「일제강점기 불교계의 항일운동 연구동향과 과제」, 『선문화연구』 창간호, 227쪽 ; 류성민, 「일제 강점기의 한국 종교와 민족주의」, 『韓國宗敎』 24(1999), 206~207쪽.

222) 강돈구, 「한국 근대 종교운동과 민족주의의 관계에 대한 연구 - 종교민족주의의 구조적 다양성을 중심으로 - 」, 서울대학교 대학원 종교학과 박사학위논문, 1990, 2쪽.

이해할 필요가 있다. 간단히 구분해보면 일제가 주장하는 '정교분리'는 종교인들이 일제 즉 총독부의 통제와 정책에 이의를 제기하거나 저항하지 말고 순응하기를 바란 것이었던 반면, 아래에서 살펴보겠지만 항일 승려들이 주장한 '정교분리'는 일제의 사찰령을 거부하며 한국불교의 (일본제국주의의 국가·세속권력으로부터의) '자립'을 요구한 것이었기 때문이다.

또 한편으로 강돈구는 한국근대불교의 민족모순(반제국주의)에 대한 인식은 다른 종교에 비해서도 그리 분명하지 않았다는 점[223]과 함께 "불교는 일제를 반민족적인 외세라기보다는 정치 주체로 인정을 하고 있었다는 점"[224]도 지적하고 있다. 이러한 이유들로 인해 불교계의 독립운동가들은 각자 실천적 측면에서 항일운동을 해나갔지만 이에 대한 이론적인 내용을 구성하기는 상황이 여의치 않았던 것으로 보인다.

둘째, 불교계의 실질적이고 실천적인 항일운동에도 불구하고, 이에 관하여 불교 교리에 기반한 이론적 반응을 찾기 어려운 또 하나의 이유는, 앞서 살펴보았듯이, 외적으로부터 나라를 수호하는 '호국護

---

223) "근대불교의 당대인식은 다른 종교들에 비해서 그다지 강렬하지가 않았다. … 근대라는 역사적인 상황 속에서 직접적인 통치권 이 외에 간접적인 제국주의 일반에 대한 올바른 인식을 가질 여유가 없었기 때문이라고 할 수 있다."(강돈구, 「한국 근대 종교운동과 민족주의의 관계에 대한 연구－종교민족주의의 구조적 다양성을 중심으로－」, 서울대학교 대학원 종교학과 박사학위논문, 1990, 103쪽)

224) 강돈구, 「한국 근대 종교운동과 민족주의의 관계에 대한 연구－종교민족주의의 구조적 다양성을 중심으로－」, 서울대학교 대학원 종교학과 박사학위논문, 1990, 104쪽.

國'과 불법을 수호하는 '호법護法'이 같은 맥락에서 받아들여졌다는 점에서 찾아볼 수 있다. 호법=호국이라는 인식이 성립한다면, 별도로 항일 또는 민족주의를 위한 불교의 이론을 구성할 필요성이 강하게 요구되지 않았다고 할 수 있다.[225]

　근대전환기 한국불교의 호법=호국의 논리는, 구한말 일본불교의 전략적 침투에 맞서서 또는 일제시기 총독부의 사찰령에 저항하며, 한국불교의 전통과 자주성을 지키는 '호법' 자체가 '호국'이라는 항일 운동의 맥락과 서로 통하였다는 점이다. 예를 들어 1910년대 이회광이 원종과 조동종을 야합하려 했던 책동에 맞선 한용운 등의 임제종 운동으로부터 선학원禪學院, 조선불교청년회, 조선불교청년총동맹 등을 거쳐 1930년 비밀결사 만당卍黨, 조선불교청년총동맹 등등에 이르는 흐름은 일제의 정책에 직접적으로 맞선 것이다.[226]

---

225) 물론 호법=호국 역시 여러 맥락으로 이해가 가능함을 명확히 할 필요가 있다. 임진왜란 때 봉기했던 조선 의승군들의 행동은 뒷날 호국불교라고 지칭되기는 하지만, 삼국시대의 왕즉불·불국토 사상처럼 불교이념 속에서 국토방위의 이념적 근거를 구한 것이라고 보기도 어렵고, 또는 대승불교의 보살도이념을 빌어 방어전쟁을 불교이론으로 정당화한 것이라고 보기 어렵다. 사명당의 문집이나 서간문을 보더라도, 당장 왜적의 침입에 맞서 백성들을 구제하기 위하여 살계를 범하고 있다는 불가피성과 부득이함에 대한 인식은 드러나지만, 살계를 범하는 것을 정당화하고 있는 지점은 찾기 어렵다. 오히려 전쟁 중에 죽어가는 왜군도 역시 중생 중 하나라는 것에 대한 인식도 보인다. 따라서 앞서 언급했듯이 "사실은 (호법의 주체로서의) 호국 자체보다는, 국가가 무너졌을 때 가장 먼저 그리고 가장 가혹하게 고통 받는 민초들을 지켜야겠다는[호민] 간절한 마음에서 범계犯戒를 행한 것"이라고 할 수 있다.

226) 사찰령에 대한 저항은 일제 강점기 조선총독부에 대한 불교계의 항일운동으로 연결될 수밖에 없다. 이에 관해서는 정광호와 한동민의 연구를 참고할 수 있다. 먼저 사찰령에 대한 저항에 대해서는 다음과 같은 정광호의 설명을 통

이러한 맥락의 항일운동은 이론적 내용의 측면에서 한국불교전통의 수호 즉 '호법護法'의 차원에서 민족주의의 색채를 드러낸 것이라 할 수 있다. 일제의 억압과 한국불교에 대한 장악, 그리고 일본불교와 통합 혹은 제국주의적 국가종교로 왜곡·변질시키려는 의도에 맞서

해 그 대강을 파악할 수 있다. "1920년대로부터 한용운·김법린(金法麟) 등을 주축으로 일어난 〈정교분리〉, 즉 사찰령 폐지 운동과 교단 자체의 체질 개혁 운동이 바로 그것이지마는, 이 운동은 일제 말기까지 거의 중단됨이 없었다. 우선 1920년대로부터 이 운동은 점차 표면적으로 나타나기 시작, 1920년 6월 20일에 조선불교청년회라는 이름으로 구체화되게 되는데, … 이들은 다시 1921년 12월 20일 조선불교유신회를 조직, 이를 중심으로 이 운동에 좀더 박차를 가하게 된다. 그런데 이로부터는 본산 주지뿐만 아니라 직접 총독부 당국을 상대로 투쟁을 하는 것이 그 특징이었다. … 훨씬 뒤에나마(1927) 총독부 당국이 주지전횡으로 퇴색되었던 산중공의제도를 다시금 부활케 했던 것을 보면 이 운동의 성과가 전혀 없었던 것은 아니었음을 알겠다. 사찰령 폐지 운동의 하나로서 또 하나 들 것은 1929년 초의 〈종헌제정〉이 있다. … 이 밖에 한용운을 당수로 하고 있던 1930년의 만당 결사가 또한 사찰령 폐지를 강령으로 하였고, 1938년의 총본산(太古宗) 건립도 일종의 반사찰령 운동의 상징으로 이루어진 것이었다."(정광호, 「日帝의 宗敎政策과 植民地佛敎」, 한종만 편, 『한국근대민중불교의 이념과 전개』, 한길사, 1980, 284~287쪽). 한편 한동민은 "1919년 3·1운동 이후 청년승려들이 주축이 되어 사찰령에 대한 폐해에 대한 인식이 확대되어 갔다."고 보며, 3·1운동 이후 사찰령에 대한 불교계의 저항 활동에 대하여 첫째 "식민지 불교정책의 핵심인 사찰령을 철폐하고 자주적인 종단을 건설하려는 노력"과 둘째 "한국 전통불교와 수행과 깨달음의 핵심인 禪의 전통을 수호하려는 노력"이라는 두 가지 흐름으로 정리하였다. 첫 번째에 해당하는 것으로 '자주적 종단건설 운동으로 불교유신회의 사찰령 철폐운동(1919~1924)' '전국승려대회와 宗憲체제(1929~1934)' '총본산 건설과 조계종의 성립(1937~1941)'를 지적했고 두 번째 즉 "전통선풍을 수호하려는 움직임의 구체화가 바로 禪學院의 창건"이라고 규정하였다.(한동민, 「寺刹令' 體制下 本山制度 硏究」, 중앙대학교 대학원 박사학위논문, 2006, 141~151쪽)

우리민족의 사상과 문화를 수호한다는 맥락에서 분명히 민족주의의 한 모습이라고 규정할 수 있을 것이다. 그리고 이 경우 한국불교의 전통을 지킨다는 의미의 '호법'이 곧바로 한민족을 지키고 항일독립 투쟁을 하는 '호국'의 논리와 동일시될 수 있을 것이다.

그런데 호법=호국의 논리를 받아들일 때, 관점에 따라 '호국'의 대상은 '한민족'이 될 수도 있고 러일전쟁·태평양전쟁 등을 시행하는 '일본제국'이 될 수도 있으며, 이에 따라 실제로 '항일'과 '친일'의 노선으로 나뉘게 되었다. 이 지점에 대해서는 강돈구의 분석을 주목할 만하다. 그는 "불교는 기본적으로 護國과 護法을 분리하지 않는 속성이 있기 때문에 ⋯ 다시 말해서 불교는 護國과 護法에 동시에 중요성을 부여하고 있었기 때문에 신앙의 문제와 민족의 문제에 동시에 관심을 지닐 수 있는 여지를 지니고 있었다. 이 점에 대한 가장 좋은 예는 '보라 三千年 法城이 허물어져 가는 꼴을, 들으라 2천만 동포가 헐떡이는 소리를'로 시작하는 卍黨의 선언문에서 찾을 수 있다. 그러나 이와 같이 호국과 호법을 조화시키는 태도를 가진 반면에 어떤 국가권력이든지 그 권력체계를 통하여 護法을 보장받으려는 태도를 지니고 있었다. 이것에 대한 예는 韓末의 親日佛敎와 일제하의 불교의 法要式에서 살필 수가 있었다."227)라고 설명하였다.228)

---

227) 강돈구, 「한국 근대 종교운동과 민족주의의 관계에 대한 연구 – 종교민족주의의 구조적 다양성을 중심으로 –」, 서울대학교 대학원 종교학과 박사학위논문, 1990, 102~103, 192쪽.

228) 누구나 금방 떠올릴 수 있는 유명한 친일불교인들 – 강대련, 이회광, 이회광의 제자인 권상로, 이능화, 최남선, 이광수 등 – 에 대해서도 개인적인 권력욕에서 출발한 권승으로 규정할 것인지, 아니면 그들이 불법의 진정한 수호와 불교의 혁신이 필요하며 이를 위해 일제의 외호와 일본불교의 추종이 필요하다

따라서 불교계의 항일운동은 외적으로 3.1운동이나 임시정부활동 참여 등과 같은 직접적인 독립운동으로 나타났으며, 불교내적으로는 사찰령 폐지를 중심으로 한 불교개혁 또는 불교혁신운동으로 나타났는데, 이 두 가지 모두 이론적이기 보다는 매우 직접적이고 실천적으로 이루어졌다.

다만 불교내적인 호법=호국의 흐름이 민족주의로 전개[229]될 때 나타나는 '정교분리'의 이론적인 측면에 대해서는 좀 더 상세히 살펴볼 필요가 있다. 먼저 앞의 '3) 국가권력의 '외호外護'에서 자립으로 : 일제 강점기 한국불교의 방향성'에서 살펴보았듯이 일제총독부로부터 불교(교단)의 독립 즉 자립을 강조한 것은 당시 항일 민족 불교계를 이끌던 대부분의 불교지도자들의 공통적인 태도였다. 박한영朴漢英의 경우, 불경에 나와 있는 구절마저 부정하면서 국가·세속권력으로부터 불법이 독립되어 있음을 강조하고 있다.[230] 그는 임금 자리를 버렸

고 진심으로 믿고 받아들였던 것[호법=호국]으로 간주할 것인지 이견이 존재하는 것이 현실이다.

229) 또한 강돈구는 이와 같은 '호법=호국'의 특징에 대하여 "불교는 기본적으로 護國을 護法의 방편으로 이해하여, 이 양자를 분리하지 않았기 때문에 신앙의 문제와 함께 민족의 문제에도 끊임없는 관심을 보이고 있었다"고 분석하며, 그리고 이와 같이 "護法의 방편으로 護國을 염두에 둘 수 있었던 점이 불교민족주의의 지속적인 가능성으로 나타났다"고 결론을 내렸다.(강돈구, 「한국 근대 종교운동과 민족주의의 관계에 대한 연구-종교민족주의의 구조적 다양성을 중심으로-」, 서울대학교 대학원 종교학과 박사학위논문, 1990, 104쪽)

230) 「6.世尊이 과연 위정자에게 전법을 附囑했겠는가」: "맹자가 일찍이 말하기를 "책이란 가히 다 믿을 수가 없나니 믿음을 다하지 못하는 책은 차라리 책이 없는 것만 못하다"고 하였으니 매우 뜻깊은 말이라 하겠다. 우리 내전內典의 내용 가운데도 더러는 믿지 못할 구절이 있으며 일부러 없던 말을 덧붙

던 석가모니가 위정자에게 빌붙지 않을 것임과 또한 근본적으로 지극한 도는 사람을 가리지 않는 것이므로 불법 안에서는 세속의 권력이나 계급이 무의미함을 지적했다. 동시에 세속권력과 불교 교단을 연결시키려는 주장은 세속의 명리를 탐하는 권승이거나 지극한 도를 알지 못하는 것이라고 간파하였다. 한용운은 「政·敎를 分立하라」(〈불교〉87호 1931.9.1.)라는 논설에서 정치와 종교가 근본적으로 구분되어야 함을 주장하며, 미국 헌법, 불란서 헌법, 스웨덴 헌법, 노르웨이 헌법, 벨기에 헌법, 이탈리아 헌법, 멕시코 헌법, 오스트리아 헌법, 스위스 헌법, 스페인 헌법, 홀란드 헌법, 일본 헌법, 페르시아 헌법, 덴마아크 헌법, 러시아(소련) 헌법, 핀란드 헌법, 독일 헌법, 체코슬로바키아 헌법, 에스토니아 헌법, 단찌히 헌법, 폴란드 헌법, 터어키 헌

인 경우도 적지 않은 것 같다. 「열반경후분(涅槃經後分)」에 "세존이 열반에 드실 때에 국왕대신에게 불법을 퍼뜨려 줄 것을 부촉하였다"고 하였다는데 만약 그것이 사실이라면 이는 실로 대도(大道)의 본뜻과 크게 어긋날뿐더러 결코 세존이 출가한 본의도 아닐 것이다. 원만하기가 큰 허공과 같아서 남거나 모자람이 없는 지도(至道)에 어찌 사람을 간택(揀擇)함이 있으리오. 더구나 위정자들에게 부촉했다는 주장은 도무지 이치에 닿질 않는 것이다. 세존의 출가는 만승의 자리를 헌신짝 버리듯 한 것이어늘 어찌 하물며 구차하게 위정자에게 빌붙을 뜻을 두었겠는가 … 이는 필시 전역(傳譯)하는 자들이 일부러 덧붙인 것임을 의심할 여지가 없다 하겠다. 참으로 애석한 일이다. 명리(名利)를 벗어나지 못한 중들이 이렇듯 일부러 없는 말을 덧붙이는 것을 기화로 하여 소위 국존(國尊)이나 왕사(王師)가 되고자 꾀한 자 적지 않고 … 내가 언젠가 어느 중에게 듣자니 "우리 불교의 흥망성쇠가 당대 위정자들의 향배(向背)에 달려 있으니 불법을 정치가들에게 부촉하는 것도 한 방편이 될 것이다"라는 말을 하였다. 이 말을 어찌 들으면 다소 일리가 있는 듯 하지만 지도(至道)의 상품(常品)을 전혀 모르는 소치이니 그런 자들과 어찌 함께 어울려 지도至道를 논할 수 있겠는가." (釋道守 譯, 한종만 편, 『한국근대민중불교의 이념과 전개』, 「朝鮮佛敎現代化論」, 한길사, 1980, 162~163쪽)

법, 코카서스 헌법, 중화민국 헌법 등 24개국의 헌법을 인용하여 실질적인 논거로써 제시하였다.231) 여기서 또한 정치와 종교가 분립하는 원칙에도 불구하고, 일제가 불교를 제국주의 실행을 위한 전위대나 침략 정책의 보조 기관으로 삼았다는 점, 식민지 동화를 위해 불교를 이용하고, 외호를 구실로 한국불교를 부당하게 통제하고 있다는 점을 지적하고 있는 것에도 주목할 만하다.232) 정교분리를 통하여 한국불

---

231) 「政・敎를 分立하라」: "정치와 종교는 서로 보조할 수 있는 것이요, 서로 간섭할 수 없는 것이다. … 정치와 종교는 근본으로부터 그 성질이 다른 것이니, 종교는 정치를 간섭하지 않고 정치는 종교를 간섭하지 못하는 것이니, 정・교분립의 의미에서 각국의 헌법은 종교의 자유를 허하였으니, 그 대략을 들면 다음과 같다. … 이상 각국 헌법 중의 종교에 관한 조문으로 보면 다소의 제한이 없는 것은 아니나, 원칙으로 보아 어느 나라의 헌법이든지 종교의 자유를 허한 것이다. 종교의 자유를 허한 이상 원칙적 해석으로 보아 물론 종교의 부산물의 종교적 의식・교역(敎役)・포교・재산까지라도 자유를 허한 것이다. … 조선 불교가 조선 사찰령으로 말미암아 특수한 간섭을 받게 되는 것도 정책의 희생으로밖에 볼 수 없는 것이다. 특수 사정을 가진 조선에서 예외의 정치적 간섭을 받게 되는 불교가 특수 감정을 가진 조선 민중에게 선포하여 대중불교를 건설하기에는 너무도 발전성이 적은 것이다. 시험하여 사철령과 사찰령 시행 규칙의 전문을 記記하여 각국 헌법 중 종교에 관한 조문의 정신과 얼마나 배치되는 것인가를 비교 비판하는 동시에, 조선 불교도의 맹성을 촉구하노라"(한용운, 『한용운 전집 2』, 134~143쪽)

232) 「政・敎를 分立하라」: "그러함에도 불구하고 정치는 왕왕 종교를 간섭하고 이용하느니, 만국(萬國)이 교통됨으로부터 정치는 종교로 하여금 제국주의 실행의 전위대 혹은 침략 정책의 보조 기관으로 삼는 일이 적지 않다. 예를 들면 국제적 교통의 초初에 구미 각국에서 종교의 포교를 구실로 선교사를 파견하여 국정을 정찰하고, 종교적 분규를 이용하여 침탈의 자료로 삼으며, 혹은 침탈한 식민지의 동화작용을 진전(進展)하기 위하여 그 지방의 고유한 종교를 이용하기 위하여 종교 옹호의 구실로 종종의 간섭을 가하게 되니, 그런 예가 결단코 적지 않을 것이다.(한용운, 『한용운 전집 2』, 142~143쪽)

교의 자립으로 나아가야 한다는 방향성 또는 적어도 일제의 사찰령에 대한 문제의식에 관해서는 당시 많은 사람들이 인식을 같이하고 있었던 것으로 보인다. 이러한 인식이 본격적으로 드러난 대표적인 사건이 조선불교유신회에 의해 일어난 성토대회와 권승 강대련에 대한 명고축출鳴鼓逐出[233]이다. 또한 신문 사설[234]에서도 교정간섭을 배제하고 정교분리를 촉구하는 내용이 실린 것을 볼 때 언론계에서도 사찰령의 문제점을 인식하고 있었던 것으로 보이지만, 일제 말기에 침략 전쟁이 본격화함에 따라서 불교에 대한 일제의 간섭은 「포교규칙」의 개정이나 심전개발운동心田開發運動 등의 형태로 다시 한 번 더욱 강화되었다.[235]

이처럼 사찰령을 반대하며 정교분리를 강력히 주장하는 태도를 통해, 기존의 '호국'의 입장으로부터 완전히 자유로워질 수 있게 되었다. 박한영은 또한 심지어 임진왜란 때 의승군을 일으키고 전후 협상 때

233) "조선불교유신회가 조직된 지 2주일이 지난 1922년 1월 5일부터 1주일 동안 2백여 명의 대표가 모여 〈정교분립〉을 결의하고, 동시에 2천 7백 명의 연서를 얻어 또 한 번 건의문을 채택하게 되는 것이다. … 본산 주지에 대한 청년승들의 불편은 계속 높아갔고, 그리하여 이 불평은 다시 주지성토대회라고 하는 형태로 나타나게 된다. 그러나 유신회원 중에서도 좀더 과격했던 사람들은 〈성토〉라고 하는 신사적인 형식에 만족하지 못하고 〈명고축출(鳴鼓逐出)〉이라고 하는 기상천외의 사건을 일으키게 된다(1922.3.19.) 이것은 김상호 등 1백여명의 청년승들이 대표적인 관권주지 강대련(용주사 주지)에게 북을 지우고 종로거리를 돌며 모욕을 준 사건이었다." (정광호, 「日帝의 宗敎政策과 植民地佛敎」, 한종만 편, 『한국근대민중불교의 이념과 전개』, 한길사, 1980, 285쪽)

234) 「조선일보」, 1934.2.28. 사설 「조선사찰령을 개폐하라」

235) 정광호, 「日帝의 宗敎政策과 植民地佛敎」, 한종만 편, 『한국근대민중불교의 이념과 전개』, 한길사, 1980, 287쪽.

일본으로 건너가 수많은 조선 백성을 생환시켰던 사명당의 업적마저, 불교의 근본정신이 아니라 어쩌다가 부득이한 경우에 사용한 '방편'이라고 주장236)하기도 한다. 물론 그렇다고 세속[俗]을 버리고 탈속[僧,聖]으로, 마을을 버리고 숲으로, 정치를 버리고 종교로 가야한다고 주장하는 것은 아니다. 오히려 서로 대립된 이원의 세계로 드러나는 이 둘이 불이不二로서 서로 만나는, 대립이 지양되고 이원성이 파기된 원융의 세계237)를 이야기하고 있는데, 문제는 여기서 방편으로서 수호해야 할 조국[호국]은 불교를 외호해주는 세속권력(국왕대신)이 아니라 불교가 구원해주어야 하는 중생 즉 민중의 기반에 해당되는 것

---

236) 박한영, 「조선불교의 정신문제」: "… 얼마전 동아일보 사설에 「조선불교 정신문제」가 실린 바 있는데 그 내용인즉, 조선불교도는 종래의 불교정신을 망각하고, 웅대한 절간과 논밭을 경영하며 처자들의 생활편의에만 매진할 뿐이라며 매끈한 문체로 불교도의 유연성을 통렬히 비판하고 그들이 공부하지 않는 것을 깊이 탄식하고 있다. … 그러나 근본적인 조선불교의 정신문제에까지 섣불리 언급한 것은 분명 잘못이다. 논설에 따르면 중국의 불교는 불교의 이치를 드날리는데만 주력하여 사회의 이치는 전혀 아랑곳하지 않았으나 그에 비해 조선의 불교는 (사회의) 어려움을 해결코자 하는데 관심을 쏟아 백성을 위해 존재해 왔었다고 지적하고 나서 … 이른바 국난에 참여했던 고승들을 열거함으로써 독자들에게 새로운 인식을 심어주려 하고 있다. 이 논조를 한 마디로 평하자면, 옛날의 경우는 불교를 순전히 유교적인 입장에서만 해석했다하겠고 현대에 이르러선 단순히 민족주의나 국민주의적 입장에만 서서 산파한 것에 불과하니 결국 아전인수(我田引水) 같은 논평이라 하겠다. … 어쩌다가 부득이한 경우를 당하여 방편으로 잠시 속제법(俗諦法)을 따라 적국(敵國)에 한번 다녀온 것을 가지고 짐짓 불교정신을 이행하였다고 한다면 이는 장님이 코끼리를 만져보고 설명하는 격의 엉성하기 짝이 없는 논리가 아닐 수 없으리라." (釋道守 譯, 한종만 편, 『한국근대민중불교의 이념과 전개』, 「朝鮮佛敎現代化論」, 한길사, 1980, 161~162쪽)

237) 권오민, 『인도철학과 불교』, 민족사, 2004, 25쪽, 464~479쪽.

이다.238) 다시 말해서 불교를 외호해주던 주체를 위한 호국의 이념으로부터 자유로워지고, 그 대신 호국의 자리에 불교가 구제해야할 대상으로서 '호민護民'이 등장하게 된 것이다. 더욱이 민족국가와 민주주의라는 시대정신과 맞물려, 정부나 왕조를 수호하는 '호국'이 아니라 민족국가를 구성하는 기층민중을 수호하는 '호민'의 이념이 더욱 타당성있게 다가왔다.

그리고 호법=호민의 구도 속에서, 사찰령을 반대하고 불교교단의 자립을 지향하며 한국불교전통을 수호하기 위하여[호법] 구체적으로 불교개혁론으로 전개되는데, 그 안에는 곧바로 민중에 대한 구제[호민]를 위한 대중불교·참여불교·민중불교적 내용과 성격이 포함되어 있었다. 이에 대한 대표적인 예는 한용운의 논설 「불교유신회 - 불교의 自治와 新活動의 필요」239)에서 찾아볼 수 있다. 일제의 사찰령 반대

---

238) 박한영, 「조선불교의 정신문제」: "이같은 내 주장도 실은 그 근본정신이 그들이 해명했던 바에 가깝다 해야 할 것이다. … 우리 법려들로 하여금 불교정신을 때때로 환기시켜 저마다 스스로 마굴(魔窟)에서 속히 벗어나 불조(佛祖)의 길을 올바로 지키면서 속제법을 구현하는 것이 조국과 민중을 이롭게 하는 것임을 인식시키려 했을 따름이다. 사회논평가들도 역시 외형적인 흠을 평할지언정 내재한 진리, 즉 그 정신은 불교를 잘 알지 못할진대, 한 마디라도 섣불리 내뱉지 말고 다만 그들의 잘못한 점을 바로 보아야 할 것이다. (釋道守 譯, 한종만 편, 『한국근대민중불교의 이념과 전개』, 「朝鮮佛教現代化論」, 한길사, 1980, 162쪽)

239) 「불교유신회 - 불교의 自治와 新活動의 필요」: "… 불교가 … 이와 같이 하여 그 광명을 민중의 흉중(胸中)에, 그 생명을 민중의 골수(骨髓)에 주입(注入)하는 것이 불교의 본지(本旨)에 위반될 것이 무엇인가. 불교는 사찰에 있는가. 아니다. 불교는 승려에 있는가 아니다. 불교는 경전에 있는가. 또한 아니로다. 불교는 실로 각인(各人)의 정신적 생명에 존재하며, 그 자각에 존재하는 것이 아닌가. … 나는 불교가 참으로 그 대리(大理)에 서서 민중가 접하며 민중으

와 정교분리의 입장을 자치自治로 표현했다면, 이는 동시에 조선의
기층민중을 위한 불교의 신활동 '민중화'로 전개되어야 한다는 점을
강조하고 있다. 이러한 주장 속에서 불교적 항일운동과 민족주의의
가능성과 함께 민중불교 이론의 실마리 또는 기반을 발견할 수도 있
다. 근대전환기 한국불교의 전개에 대하여 이러한 호법[한국불교전통
의 수호]=호민[민중의 구제]의 구도로 이해할 수 있는 또다른 가능성
은 한국근대불교의 중흥조로 간주되는 경허로부터도 찾아볼 수 있다.
우선 경허는 결사운동과 제자육성 등을 통하여 당시 쇠퇴했던 한국불
교의 뿌리라 할 수 있는 수행전통 자체를 확립했다. 또한 경허 이후
정교분리와 기층민중구제를 포함한 불교개혁운동을 펼쳤던 수많은
불승과 불교지성들이 직간접적으로 이러한 경허의 노력에 영향을 받
았기 때문이다. 그런데 앞에서도 살펴보았듯이 경허는 일제에 저항하
는 항일운동을 펼치는 대신, 불교 교리에 입각한 근본적 차원에서 수

로 더불어 동화하기를 바라노라. 불교가 민중으로 더불어 동화하는 첫째 길이
무엇인가. (1) 그 교리를 민중화함이며, 그 경전을 민중화함이로다 (2) 그 제도
를 민중화함이며, 그 재산을 민중화함이로다. 재래의 불교는 권력자와 합하여
망하였으며, 부호와 합하여 망하였다. 원래 불교는 계급에 반항하여 평등의
진리를 선양한 것이 아닌가. 이것이 권력과 합하여 그 생명의 대부분을 잃었
으며 … 권력 계급과의 관계를 단절하고 민중의 신앙에 세워야 할지며, 진실
로 그 본래의 생명을 회복하고자 할진대 재산을 탐하지 말고 이 재산으로써
민중을 위하여 법을 넓히고 도를 전하는 실수단으로 삼아야 할 것이다. …그
러한즉 어찌하리오. 나는 불교가 관청 당국의 허가로써 주지를 임명함이 절대
로 불가한 줄을 알며, …첫째 나는 불교의 자치(自治)를 주장하며 사회적 신
활동(新活動)을 요구하며 경전의 민중화를 희망하느니, 이 어찌 단순히 불교
계만을 위하여 희망하는 바이리오. 조선 전민중을 위하여 희망하는 바로다."
(한용운,『한용운 전집』2, 132~134쪽)

행결사 등을 통해 중생구제활동을 펼쳤다고 볼 수 있다. 이러한 근본주의적 측면에서 진행된 중생구제의 노력은 이후 백용성, 박한영, 만공, 한용운 등 한국불교 개혁론과 전통의 수호를 동시에 추구했던 불교지도자들에게서 근대적 불교교육과 포교 등을 통한 중생구제라는 실천으로 드러나기도 했다.

다만 항일 민족주의 차원의 '호민' 맥락에서 조금 더 나아가 불교사회주의나 민중불교의 이론으로 발전되었다면 제국주의 외세에 의해 착취당하던 식민지 피압박민중의 해방 개념까지 확장될 수도 있었겠지만, 당시 불교계에서 이러한 측면의 이론은 찾아보기 어렵다. 근대 전환기 한국불교는 일제의 압박에 맞서 여러 방면에서 적극적인 항일운동을 실천해왔던 것은 분명한 사실이다. 하지만, 순수하게 불교의 교리나 이론을 발전시켜 항일운동의 이론적 바탕으로 삼거나 항일독립운동을 정당화하는 이념적 기반으로 삼은 경우는 발견하기 어려우며, 반외세 민족주의와 관련되어 '이론'적 측면에서는 깊이 있는 반응을 만들어내지 못한 것으로 보인다.

제**4**장
나가는 글

본 연구에서는 오늘날 우리철학의 정립이라는 관점에서 근대전환기 도교와 불교가 당시 시대적 모순에 대하여 어떠한 인식을 가지고 어떻게 반응했는지 그 이론과 실천을 살펴보고자 하였다. 이미 밝혔듯이 이러한 작업은 당시 도교와 불교의 이론과 실천 가운데 우리철학의 자생이론을 규명하고 궁극적으로 오늘날 우리철학의 정립을 위해 계승해야할 철학적 요소를 발견하고 구성해나가고자 하는 큰 틀(총서작업)의 일환으로 시작된 것이다.

먼저 도교의 경우, 구심점 역할을 하며 전근대와 제국주의 침략이라는 시대적 모순에 대한 인식과 반응을 주도할 교단이 존재하지 않았다. 이러한 부분은 오히려 민족종교 쪽에 영향을 끼쳤다고 볼 수 있다. 그런데 한편으로 전병훈은 개인이지만 『정신철학통편』이라는 저작을 출판하며 도교적 입장에서 이에 대한 나름의 해결방안을 제시했다.1)

근대전환기 시대적 모순 혹은 과제에 대하여 전병훈의 『정신철학

---

1) 그는 동시에 『정신철학통편』 가장 앞머리에 대종교의 경전이기도 한 『천부경』에 대한 최초의 해제와 주해를 달고 대종교 측 인사들과도 교류를 했다.

통편』이 지니는 사상사적 의미는 무엇보다 동서철학을 조화시켜 새로운 방향을 모색했다는 점이라고 할 수 있다. 큰 범주에서는 당시에 만연했던 일종의 '동도서기론' 또는 '중체서용론'이라고도 볼 수 있다. 양무운동의 '중체서용론'이나 조선의 '동도서기론'은 전근대와 제국주의 침략이라는 시대적 모순에 대하여 깊이 있는 인식과 반성이 결여된 채 근대화(반봉건)와 민족주의(반외세)라는 과제를 적당히 타협·절충하는 결과를 낳게 되었다는 점에서 한계가 분명하다. 그런데 '동도서기'나 '중체서용'이 의미하는 것은 동양의 철학이나 정신을 근본으로 하고 서구의 과학기술 등을 부수적으로 절충시킨다는 것이지만, 전병훈의 『정신철학통편』에는 이러한 동서양의 위계가 뚜렷하게 강조되거나 고정불변한 것으로 드러나지 않는다. 내용의 분량으로만 국한해보면 대부분이 동양철학에 해당하며 상대적으로 서양의 제도와 철학에 관한 내용이 적은 편이다. 그러나 서양의 과학·기술 또는 제도만 받아들이자는 '동도서기론' '중체서용론'의 맥락과 달리, 적어도 형식적으로는 동서양의 위계를 설정하지 않고 동서양 철학·사상·제도 등을 널리 고찰하고 적절히 조제하여 올바른 방향성을 모색하자는 태도를 취하고 있다.

전병훈의 『정신철학통편』의 또 다른 의미는 천天에 기반한 도교적 수련을 통한 천인합일天人合一을 전제한 전병훈의 '자유' 개념이라고 할 수 있다. 앞서 살펴보았듯이 이규성은 근대전환기 시대의식을 '세계상실'과 '자유'라는 키워드로 포착하고 또 한편으로 19세기 중반 이후 등장한 '서민적 지성'에 주목했는데[2] 이 중 이규성이 규정했던 '자

---

2) 이규성, 『한국현대철학사론 – 세계상실과 자유의 이념』, 이화여대출판부, 2012.

유의 이념'은 양계초를 비롯한 변법자강론자들, 계몽운동가, 근대화론자들에게 매우 중요한 의미를 지니고 있었다. 그런데 전병훈의 '자유'는 그들의 개념과는 그 맥락을 달리하고 있다. 즉 철학사상 및 문명제도 등 이론적인 면에서 유·불·도와 서양의 사상·제도·이론 등을 포괄하고 있으면서도, 도교적 수련과 수행을 통해서 천인합일天人合一에 도달함으로써 진정한 '자유'에 도달할 수 있다는 생각은 어떻게 보면 여러 가지 이론과 사유들을 이리저리 뒤섞어서 절충한 그러나 그러면서도 전통으로 회귀한 복고적·보수적 이론이라고 평가할 수도 있다. 다시 말해서 기존의 동도서기론이나 중체서용론 보다 조금은 더 진보한 것처럼 보일 수도 있지만, 역시 그 이론의 한계를 근본적으로 벗어나지는 못했다고 말할 수 있다. 그러나 이러한 이면에는 당시 서양 제국주의의 문명사관이 약육강식과 우승열패의 투쟁적·경쟁적 강권주의적 사회진화론이라는 점을 분명히 인식하고 있었으며, 이를 거부하며 내적인 수련 전통을 통한 자아완성과 외적인 이상사회 건설에서 대안을 찾으려 했다는 점을 좀 더 주목할 필요가 있다. 오늘날 역시 자본주의나 신자유주의의 무한경쟁질서 안에서 우리는 약육강식과 우승열패의 규율을 내면화하고 있으며 이는 결국 인간의 문명과 공동체, 자연환경의 파괴까지 불러오고 있다는 점에서 근대전환기의 문제의식을 완전히 극복하지 못했다고 할 수 있다. 또한 오늘날 우리에게 '전통'이 의미하는 것이 계승해야 할 동양전통이며 동시에 극복해야 할 전근대적 봉건질서이기도 하고, 마찬가지로 '서양'이 의미하는 것이 모방하여 개화·계몽되어야 할 근대성(또는 근대화)이며 동시에 이겨내야 할 서구외세로부터의 (제국주의적) 경제적·문화적 공격이기도 하다는 점은 여전하다. 이는 근대전환기 때의 시대적 과제와 근본적으로 맥락을 같이 하는 것이다. 그렇다면 전병훈이 제기했던 유·불·도·서학의 융합과 회통을 통해 적절히 해결책을 '조제' 해보자는 대안 역시 여전히 유효할 수 있다. 그의 대안代案이 천인합일天人合一을 이야기하고 있다는 점은 신비주의적 요소로 간주될 수도 있으나, 오히려 이를 통해 오늘날 근대문명에서 우리가 상실해버린 삶과 세계에 대한 신성성이나 경건성의 회복을 진지하게 성찰해볼 수 있는 계기를 찾아볼 수도 있다.

종교로서 실체적 교단이 존재했던 불교의 경우, 근대전환기의 시대적 모순에 더하여 숲과 마을, 성과 속, 교단과 세속권력, 종교와 정치 사이의 모순(딜레마)을 원용하여 '호법護法', '호국護國', '호민護民'이라는 관점으로 당시 시대적 모순에 대한 불교계의 인식과 반응을 살펴보았다.

우선 전근대에 해당하는 조선시대까지 불교계의 입장은 '호법=호국=호민'으로 표현할 수 있다.3) 불교라는 종교를 '외호'[호법]하는 국가의 수호에 불교도 일익을 담당[호국]해야 하고, 또 한편으로 대승불교(보살도)의 이념에서 구제의 대상이기도 했던 백성 역시 국가가 보호[호민]하고 있다는 생각이었기 때문이다. 당시의 불승들이 구체적으로 의식하지는 못했겠지만, 현재의 시각으로 본다면 이 당시 '호국'

---

3) 앞서 살펴보았듯이 석가모니 붓다의 경우 국왕의 '외호'와 그 사회가 처한 역사적 현실 속에서도 세속권력과 거리를 유지하며 수도자로서의 본분을 잃지 않았다. 이것은 물론 철저히 불교 교리의 진리성에 입각한 그의 선택 때문이었겠지만, 또 한편으로는 동시에 중앙집권적 통치체제가 아직 자리 잡지 않았던 당시의 역사적 시대적 상황의 덕이라는 점도 생각해 볼 수 있다.

의 대상으로서의 국가는 왕조 또는 왕실을 의미하는 것이었으며, 또한 국가가 외호하는 직접적인 대상은 불교 교단(승단)으로 나타났다고 할 수 있다. 따라서 이론적으로 볼 때 호국의 대상이던 왕조/왕실의 멸망은 동시의 호법의 주체의 멸망을 의미하는 것이기도 했으므로, 이는 불교교단(승단)의 멸망과 불교의 구제대상인 백성의 멸망으로 연결될 수도 있다.4)

그런데 구한말로 오면서 호법=호국이라는 도식에 붕괴의 조짐이 나타나기 시작한다. 첫 번째 이유는 호법의 주체이자 호국의 대상인 조선왕조가 힘이 약화되면서 동시에 불교에 대한 오랜 탄압이 쌓여 승단이 해체될 지경에 이르렀기 때문이다. 게다가 임진왜란 때처럼 외적의 직접적인 침략이 있었다면 호국을 위해 맞서 싸울 대항의 대상이 드러났을 텐데, 오히려 세도정치와 같이 왕조 자체의 내적인 문제들로 인하여 국가가 쇠락한 것으로 보였으며, 병자호란 이후 심화되어가던 이러한 왕조 내적인 모순은 불교계에 대한 수탈과 탄압으로 증폭되었기 때문에 더 이상 호법과 호국이 동일시되기 어려워졌다. 둘째 이런 기회를 틈탄 일본 불교의 전략적 침투 때문이었다. 승려의 도성입성 금지를 일본불교계의 힘을 빌려 해금한 것이나 안팎의 어려움을 겪던 조선의 사찰들이 일본불교의 말사로 관리청원하여 '외호'를 받게 된 점 등이 대표적인 사례이다. 물론 대한제국 역시 1902년

---

4) 다만 단순히 왕조의 교체에 불과하다면 다음 왕조 역시 백성과 불교를 필요로 하므로, 반항하지만 않는다면 여전히 보호와 외호의 대상이 될 수 있다. 그러나 임진왜란과 같이 이민족에 의한 왕조·왕실의 멸망은 조선으로 대표되는 문명체계 전체에 대한 위협이며 따라서 백성과 불교의 존속여부도 위태롭게 할 수 있었다.

사사관리서寺社管理署의 설치와 「국내사찰현행세칙國內寺刹現行細則」의 반포 등 불교를 공식적으로 외호外護하려 했던 노력이 있었으나, 실질적으로 불교계의 입장에서 볼 때, 외호[호법]의 주체를 조선~대한제국으로 간주하는 것이 나은지 일본 불교계에 의지하는 것이 더 나은지 명확히 판단할 수 없었다. 더욱이 1910년 경술국치(한일강제합방)를 맞이함으로써 호국의 대상인 정치주체가 소멸해버렸다.

일제강점기에 들어오자 조선총독부는 사찰령을 통해 불교 교단(승단)의 관리와 운영을 통제하고자 하였다. 이 시기에 물론 불교 외호[호법]의 주체이자 호국의 대상을 일본으로 간주하여 친일의 편에 서서 일본정부의 종교정책에 찬동하며 제국주의·군국주의·국가주의 이념에 입각하여 침략과 식민지배를 정당화한 불교인들이 적지 않았던 것이 사실이다. 그러나 그에 못지않게 항일불교계의 움직임도 활발했다. 조선왕조가 소멸되고 수많은 기득권층은 친일로 돌아선 상태에서 이미 상실된 호국의 대상 대신 근대민족국가를 구성하는 기층민중을 수호해야 한다는 '호민'의 정신과, 더 이상 외호에 의지하는 것이 아니라 자립적으로 한국불교전통을 계승해나가야 한다는 '호법'의 정신을 실천하였다. 이는 더 이상 봉건왕조를 전제한 전근대적인 개념의 호국과 호법[외호]이 아니라, 근대적인 자주민족국가를 전제한 호국이며 외호가 아닌 한국불교전통에 대한 교단 스스로의 자립적인 호법을 의미한다. 항일불교계의 이러한 근대적인 의미의 '호법=호민' 논리는 일제 사찰령에 대한 저항운동과 3.1운동을 비롯한 독립운동에 대한 적극적인 참여로 나타난다.

물론 친일불교계도 모두가 단순히 개인의 영달이나 사리사욕만을 추구했기 때문에 일제에 협력했다고 단언하기는 어려울 것이다. 한국

266

불교전통의 유지와 수호를 위해 전략적으로 방편적으로 협력했던 경우도 있고, 혹은 한국과 한국불교가 근대화되기 위해서는 일본과 일본불교를 전적으로 배워야하며 일제 사찰령의 '외호'가 필요하다고 진심으로 생각했던 경우도 있다. 한국불교전통을 지키기 위해 방편적으로 협력했던 경우는 본래 의도와 무관하게 당시의 현실적인 상황에 따른 불가피한 면이 있으므로 변명의 여지가 있다. 이들은 '호법'이라는 종교적 신념을 가장 우선시 한 것인데 이는 개인보다 국가를 우선시하는 국가주의·제국주의 체제라면 비판받아 마땅할 수 있지만 그렇지 않다면 이들을 무조건 비난할 수는 없다. 왜냐하면 구한말의 상황에서 호국에 대한 일차적인 책임은 이들에게 있던 것이 아니며, 일제강점기 이후 적극적인 친일불자들처럼 호국의 대상을 일제로 보지 않은 것만 해도 상당한 의의가 있기 때문이다. 다만 이런 질문은 가능하다. 이들이 지키려한 한국불교전통이 과연 보편적 진리성이었을까? 또한 숲과 마을, 성과 속, 종교와 정치, 교단과 세속권력이라는 관점에서 볼 때 이들이 호법을 위해 방편적·부분적으로 친일을 했다면, 한국불교교단을 위해서는 공을 세운 것일 수도 있지만 광복 이후 한국이라는 공동체(마을, 속俗, 정치, 세속권력)의 입장에서는 비난을 받는 것도 당연히 감수해야 하지 않을까? 다음으로 근대화로 부국강병을 달성한 일본 제국주의의 외호와 역시 근대화된 일본불교를 전적으로 의지해야 한다는 신념을 가진 친일불자들은 '호법'을 위해 '호국'을 한 경우이다. 이 때 호법의 대상은 반드시 한국불교전통만을 의미하지는 않고 넓은 의미의 불교의 정법正法일 것이고, 호국의 대상은 일본 제국주의인데, 이에 대해서도 동일한 맥락으로 두 가지 질문이 가능하다. 그들이 지키려 했던 호법의 대상은 석가모니가 말했던 정법正

法만이 아니라 사실 제국주의 전쟁을 정당화해주던 국가주의에 오염된 불교이론이 아니었을까? 또 숲과 마을의 맥락에서도 외호의 주체인 일제가 망하고 나면 한국에서 비판받는 것은 정당하다는 점은 앞의 경우(방편적·부분적 협력)와 마찬가지이다. 그래도 앞의 경우는 정치주체가 바뀌었을 때 한국불교 교단의 현실적 힘의 한계라는 불가피성과 그런 와중에서도 한국불교전통을 지키기 위함이라는 부득이함이라는 변명이라도 가능하다. 하지만 외호를 넘어 적극적인 호국의 대상으로 일제와 조선총독부를 상정했던 친일호국불교계의 경우, 일본제국주의의 패망과 함께 한국이라는 공동체의 입장에서 일제의 편에서 항일독립운동을 반대했던 불교교단을 배제시키는 것은 당연한 요구이다.

물론 일제강점기 동안 친일과 항일의 이론과 실천이 반드시 이렇게 명확하게 '호법=호국'과 '호법=호민'으로 구분되는 것은 아니다. 예를 들어 승려의 대처帶妻 문제와 같이 불교 교리에 관한 논의가 일었을 때 이를 한용운이 중추원에 건의서를 제출했던 것이나, 일제 강점기 초기(1910.9) 통감부에 건백서를 제출했던 것, 또 한편으로 1926년 백용성이 조선총독부에 대처식육금지 건백서를 제출했던 등의 상황, 즉 불교의 교리 및 계율에 대한 문제를 세속권력에 청원할 수밖에 없었던 현실적 상황을 감안해야 한다. 또한 이는 통합승단의 건립 문제에 관한 한용운의 태도에서도 보이듯이 현실적 상황만이 아닌 그로 인한 인식의 한계도 노정하고 있다.[5] 다만 앞에서 언급했듯이 3.1운동 이후

---

5) 예컨대 불교 교단(승단)의 통일기관을 만드는 문제에 대해서 오랫동안 일관되게 항일운동을 해왔던 한용운의 경우 조선총독부가 구상하고 있는 총본사에 대해 긍정적으로 생각했다가 불교계 통제를 목적으로 한다는 실상을 알고 난

더욱 본격화된 항일불교계의 실천은 근대적인 의미의 '호법=호민'의 맥락으로 분명히 설명할 수 있으며, 이 속에서 승단의 자립과 한국불교전통의 수호[호법], 민중의 수호와 근대적 민족국가의 성립[호민]의 내용을 대표적으로 제시할 수 있다.

이와 같이 근대전환기 도교는 시대적 모순에 반응할 만한 교단이나 중심세력이 없었기 때문에 전병훈 같은 대표적인 도교인물의 이론을 통해서 어떠한 모색을 했는지 살펴보았다. 전병훈이 제시한 동서회통론이 오늘날 적지 않은 시사점을 줄 수 있는 것은 사실이지만, 우리철학의 정립하는데 그 자체로 완성된 답안이라고 보기는 어렵다. 오히려 오늘날 아시아적 가치나 유교자본주의론, 중국의 문화열 논쟁 등의 예에서도 알 수 있듯이 여전히 전통과 근대, 동양과 서양의 문제는 해결되지 못한 채 우리 앞에 남아 있다

불교의 경우 불교 본의에서 길을 찾았던 경허의 결사운동, (불교)근대화를 지향한 친일불교, 근대화와 민초民草(민중, 민족)를 지향한 항일불교 등의 인식과 실천을 살펴보았다. 불교의 경우 불교 본래적 입장이나 근대화를 지향한 입장에서는 그에 맞는 이론과 실천을 찾아볼 수 있었다. 하지만 민초(민중, 민족)를 수호하는 '호민'의 경우 교육이나 조합운동 등등 수많은 실천사례를 제시할 수 있지만, 수호해야 하는 대상은 명확히 누구 – 민중, 민족 – 로 상정할 것인지 왜 그들을 수호해야 하는지, 어떤 방법으로 무엇을 목표로 수호해야 하는지 등

후 개탄했던 점을 예로 들 수 있다.(한용운, 「朝鮮佛教의 改革案」 『불교』 제88호, 불교사, 1931.10, 3~5쪽 ; 김순석, 『일제시대 조선총독부의 불교정책과 불교계의 대응』, 서울 : 景仁文化社, 2003. 200~202쪽 ; 최병헌, 「일제 침략과 식민지불교」, 『한국 불교사 연구 입문 하』, 2008, 305~306쪽)

등 이론적인 측면은 발견하기 어려웠다.

이상과 같이 이 연구는 근대전환기 도교와 불교 속에서 이에 대한 즉각적인 답안을 찾아내어 거대담론을 완성하기 보다는, 그 답안을 모색하는 과정에서 발견된 몇 가지 문제들을 분명히 드러내는 것으로 마무리하고자 한다. 어떻게 보면 미시적인 작업으로 보일 수도 있지만, 그 문제들은 오늘날까지 해결되지 못한, 그리고 우리철학의 정립 과정에서 반드시 고려해야 하며 언젠가는 해결 또는 해소를 해야만 하는 문제들이기도 하기 때문에 중요하다고 할 수 있다.

도교관련

可兒弘明·野口鐵郎 外(編), 『道教事典』, 平河出版社, 1994.

高橋亨, 『李朝佛敎』, 동경 : 보문관, 1929

권상로, 『조선불교약사』, 新文館, 1917, 204.

권상노, 『朝鮮佛敎史』, 서울 : 寶蓮閣,1979.

구보 노리따다(窪德忠) 지음, 최준식 옮김, 『도교사』, 분도출판사, 2000.

金富軾, 『三國史記』

김성환, 『우주의 정오 - 서우 전병훈과 만나는 철학 그리고 문명의 시간』,
　　　소나무, 2016.07.15.

김승혜, 『도교사상사전』, 부산대학교출판부, 2014.

김　탁, 『한국의 관제신앙』, 선학사, 2004.

김형효, 『한국사상산고』, 일지사, 1985.

박종홍, 『박종홍전집5 : 한국사상사 2(근대사상편)』, 형성출판사, 1980.

송항룡, 『한국도교철학사』, 성균관대학교 대동문화연구원, 1987.

유승국, 『한국사상과 현대』, 동방학술연구, 1988.

柳義養 編, 『春官通考』 中, 성균관대학교대동문화연구원, 1975.

이강오, 『한국신흥종교총감』, 대흥기획, 1992.

이규성, 『한국현대철학사론 - 세계상실과 자유의 이념』, 이화여대출판부,
　　　2012.

이능화, 이종은 역, 『조선도교사』, 보성문화사, 2002.

이선주, 『한국의 굿 - Ⅰ·Ⅱ』, 민속원, 1996.

一然, 『三國遺事』

일연, 김원중 역, 『삼국유사』, 민음사, 2008.

임채우, 『한국의 신선 그 계보와 전기』, 소명출판, 2018.12.10

全秉薰 著, 『精神哲學通編(全)』, 明文堂刊, 1983.

전병훈 저, 윤창대 지음(역), 『정신철학통편』, 우리출판사, 2004.

趙汝籍, 『靑鶴集』

酒井忠夫, 『中國善書の硏究』, 國書刊行會, 1972.

정재서, 『한국도교의 기원과 역사』, 이화여대출판부, 2006.10.

차주환, 『韓國의 道敎思想』, 동화출판공사, 1984

차주환, 『한국도교사상연구』, 서울대학교출판부, 1978.12.

최준식 역, 『도교란 무엇인가』, 민족사, 1990.

한국철학회, 『한국철학사』, 동명사, 1989.

韓無畏·趙汝籍, 이종은 역, 『해동전도록(海東傳道錄)·청학집(靑鶴集)』,
　　　보성문화사, 1986.

洪萬鍾, 신해진 역, 『海東異蹟』, 경인문화사, 2011.

홍원식, 『동도관의 변화로 본 한국 근대철학』, 예문서원, 2016.

韓無畏, 『海東傳道錄』

黃胤錫, 『增補海東異蹟補』

洪萬鍾, 『海東異蹟』

고시용, 「원불교 교리형성과 도교사상」, 『도교문화연구』 제24집, 2006.

금장태, 「서우 전병훈의 사상」, 『철학과 현실』 15권, 철학문화연구소, 1992.

김낙필, 「『해동전도록』에 나타난 도교 사상」, 『도교와 한국사상』, 범양사,
　　　1987.

_____, 「조선후기 민간도교의 윤리사상」, 『한국문화』 12, 서울대규장각한
　　　국학연구원, 1991.

_____, 「曙宇 全秉薰의 道敎思想」, 『道敎文化硏究』 제21집, 韓國道敎文
　　　化學會 동과서, 2004.

김낙필·박영호·양은용·이진수, 「韓國 神仙思想의 展開」, 『도교문화연
　　　구』 15집, 2001.

김성환, 「한국의 仙道 연구」, 『도교문화연구』 제28집, 2008.

_____, 「선가 자료 『청학집』의 자료적 검토」, 『선도문화』 제6집, 2009.

_____, 「曙宇 全秉薰의 생애와 저술에 대한 종합적 연구(Ⅰ)」, 『도교문화연구』 38집, 한국도교문화학회, 2013.5.

_____, 「曙宇 全秉薰의 생애와 저술에 대한 종합적 연구(2)」, 『도교문화연구』 39집, 한국도교문화학회, 2013.11.

_____, 「曙宇 全秉薰의 생애와 저술에 대한 종합적 연구(3)」, 『도교문화연구』 40집, 한국도교문화학회, 2014.5.

김성환, 「다투지 않는 공화 - 도가의 정치철학에 대한 전병훈의 견해 - 」, 『동양철학』 제42집, 한국동양철학회, 2014.

김용휘, 「동학에 나타난 도교적 요소 재검토」, 『도교문화연구』 24, 2006.

김일권, 「조선 후기 關聖敎의 敬信修行論」, 『도교문화연구』 제40집, 2014

_____, 「한말시기 도교적인 종교정체성과 삼교통합주의 흐름 : 관왕신앙의 성장과 선음즐교의 전개를 중심으로」, 『종교연구』 32집, 한국종교학회, 2003.

김윤경, 「조선 후기 민간도교의 발현과 전개 - 조선후기 관제신앙, 선음즐교, 무상단」, 『한국철학논집』 제35집, 한국철학사상사연구회, 2012

_____, 「조선후기 민간도교의 전개와 변용」, 『도교문화연구』 39, 한국도교문화학회, 2013.

_____, 「모리스 꾸랑의 『한국 서지(Bibliographie Coreenne)』에 수록된 도교경전 연구」, 『한국철학논집』 제50집, 한국철학사상사연구회, 2016

_____, 「19세기 조선 최초의 교단 도교, 무상단 연구 - 『문창제군몽수비장경』을 중심으로 - 」, 『한국철학논집』 제63집, 한국철학사연구회, 2019.11.

김윤수, 「고종시대의 난단도교」, 『동양철학』 제30집, 한국동양철학회, 2008.

김은용, 「圓佛敎 坐禪法의 形成過程」, 『원불교학』 4권, 한국원불교학회, 1999.

김 탁, 「고대의 선도사상과 문화에 대한 논평과 제언」, 『한국선도의 역사와 문화』, 제1회 국제평화대학원대학교 학술대회 논문집, 2005.

_____, 「중국 關帝신앙의 성립과 한국 관제신앙」, 『한국종교』 제29집, 원

광대종교문제연구소, 2005.

_____, 「증산교단사에 보이는 도교적 영향」, 『道敎文化硏究』 第24輯, 2006.

김학권, 「曙宇 全秉薰의 철학방법 고찰」, 『범한철학』 51, 범한철학회, 2008.12.

김형석, 「근대전환기 도교전통의 모색 – 전병훈의 『정신철학통편』에 보이는 근대적 문제의식을 중심으로」, 『인문학연구』 제52집, 조선대학교 인문학연구소, 2016.

도광순(都珖淳), 「韓國の道敎」, 『道敎(3) : 道敎の傳播』, 東京 : 平河出版社, 1983.

민영현, 「중국도가(中國道家)와 도교(道敎) 그리고 한국(韓國) 선(仙)의 사상에 관한 비교연구」, 『선도문화』 제1집, 2006.

박병수, 「원불교 丹田住禪에 있어서 水昇火降의 원리」, 『한국종교』 19, 종교문제연구소, 1994.

박소연, 「19세기 후반 서울지역 신앙 결사 활동과 특징 – 불교·도교 결사를 중심으로」, 동국대학교 대학원 사학과 석사학위논문, 2016.

서영대, 「韓國 仙道의 歷史的 흐름」, 『선도문화』 제5집, 2008.

신선아, 「고종대 關羽信仰의 변화」, 서울여대 대학원 석사학위논문, 2014

송항룡, 「韓國 古代의 道敎思想」, 한국도교사상연구회편, 『道敎와 韓國思想』, 범양사, 1987.

안진경, 「한국 선도의 인간학연구」, 『범한철학』 제40집, 2006.

양은용, 「韓國道敎와 少太山 思想」, 『도교문화연구』 6, 1992.

_____, 「한국도교의 근대적 변모」, 『한국종교사연구』, 한국종교사학회, 1996.

_____, 「한국도교의 흐름과 신종교」, 『신종교연구』 10, 한국신종교학회, 2004.

유병덕, 「韓國 精神史에 있어서 道敎의 特徵」, 한국도교사상연구회편, 『道敎와 韓國思想』, 범양사, 1987.

유상규, 「韓·中 關帝信仰의 史的 展開와 傳承 樣相」, 고려대학교 대학원
　　　석사학위논문, 2011.

윤석산, 「동학에 나타난 도교적 요소」, 『도교문화연구』 3, 동과서, 1989

윤이흠, 「한국의 자기수련단체가 가야할 길」, 『제1회 국제 仙道 컨퍼런스
　　　자료집』, 국제선도문화연구소, 2007.

윤창대, 「서우 전병훈의 정신철학통편 번역 연구」, 원광대학교 동양학대학
　　　원 석사논문, 2002.

윤찬원, 「功過格의 道敎 윤리관 연구」, 『도교문화연구』 제34집, 2011.

이강오, 「『각세신편』에 대한 고찰」, 『도교와 한국문화』, 아세아문화사,
　　　1988.

이규성, 「한국현대철학사의 방법과 관점」, 『시대와 철학』 제24권 3호(통권
　　　64호), 한국철학사상연구회, 2013.

이병수, 「한국근현대 철학사상의 사상사적 이해 - 이규성의 『한국현대철
　　　학사론』에 대한 비판적 독해 - 」, 『시대와 철학』 제24권 3호(통권
　　　64호), 한국철학사상연구회, 2013.

이봉춘, 「조선시대의 관음신앙」, 『한국 관음신앙연구』, 1988.

이봉호, 「明末,淸初亡命道士與朝鮮仙脈書」, 『동방학』 제23집, 한서대학
　　　교 동양고전연구소, 2012.

이성전, 「동학의 修心正氣에 관한 일고찰」, 『도교문화연구』 제27집, 2007

이에나가 유코, 「조선후기 윤리신앙의 다변화와 도교 선서 유행」, 『역사민
　　　속학』 30, 한국역사민속학회, 2009.

이유나, 「조선 후기 關羽신앙 연구」, 『동학연구』 제20집, 한국동학학회,
　　　2006.

이종성, 「근대와 만난 한국의 도교 - 이능화 『조선도교사』의 기본입장을
　　　중심으로」, 『동서철학연구』 제58호, 한국동서철학회, 2010.

임채우, 「韓國道敎之歷史與問題」, 『世界宗敎硏究』, 97年 第2期, 北京 : 中
　　　國社會科學院 宗敎硏究所

_____, 「旌善全氏 門中 자료를 통해 본 전병훈의 생애」, 『新宗敎硏究』

第10輯, 한국신종교학회, 2004.4.

_____, 「전병훈의 천부경 주석이 갖는 선도수련의 의미」, 『선도문화』 제5집, 2008.

_____, 「한국선도와 한국도교 : 두 개념의 보편성과 특수성」, 『도교문화연구』 제29집, 2008.

_____, 「전병훈 연구의 문제와 쟁점(1)」, 『선도문화』 제18권, 2015.

_____, 「전병훈 연구의 문제와 쟁점(2)」, 『선도문화』 제19권, 2015.

전제훈, 「신도교사상의 모색에 관한 연구 20C초 – 서우 전병훈을 중심으로」, 원광대 석사학위논문, 2008.

정규훈, 「韓國近代宗敎의 思想과 實際에 관한 硏究」, 성균관대 박사학위논문, 1998.

정세근, 「한국에는 현대철학이 있는가 – 이규성(2012), 한국현대철학사론, 이대출판부」, 『인문과학논총』 제71권 제2호, 서울대학교 인문학연구원, 2014.5.

정재서, 「韓國 民間道敎의 系統 및 特性」, 『도교문화연구』, 한국도교문화학회, 1993.

조남호, 「전병훈 도덕철학연구 – 전통과 현대의 관점에서 – 」, 『동양철학연구』 제62집, 동양철학연구회, 2010.

진교훈, 「전병훈의 정신철학통편」, 한국철학회 편, 『한국철학사』(하), 동명사, 1987.

차주환, 「韓國道敎의 宗敎思想」, 『道敎와 韓國文化』, 아세아문화사, 1988
_____, 「조선후기의 도교사상」, 『동양학』 24권 1호(부록동양학학술회의록), 단국대동양학연구소, 1993.

최삼룡(崔三龍), 「仙人文化로 본 韓國 固有의 仙家에 대한 硏究」, 『도교문화연구』 Vol.1, 1987.

최창록, 「청학집의 분석 연구」, 『대구어문논총』 12, 대구어문학회, 1994.

최혜영, 「조선후기 선서의 윤리사상 연구」, 한국교원대 대학원 박사학위논문, 1997.

_____, 「선서의 생명윤리」, 『도교와 생명사상』, 국학자료원, 1998.

한정길, 「서우 전병훈의 『정신철학통편』에 나타난 동서 철학 접변 양상」, 『동서 사상의 회통』, 동과서, 2019.

한종만, 「韓國近代 儒·佛·道 三敎會通論」, 『도교문화연구』, 한국도교문화학회, 1993.

홍원식, 「한국근대철학사, 그 관점과 방법을 생각하다」, 『시대와 철학』 제24권 3호(통권 64호), 한국철학사상연구회, 2013.

황광욱, 「서우 전병훈의 생애와 사상」, 『한국 철학논집』 제4집, 한국철학사연구회, 1995.

최종덕, 「[서평] 한국현대철학과 자유의 씨앗」, (e)시대와 철학, 2015년 7월 24일 http : //ephilosophy.kr/han/48726/

불교관련

高橋亨, 『李朝佛敎』,동경 : 보문관, 1929.

국사편찬위원회 편, 『한국사 31 : 조선중기의 사회와 문화』, 국사편찬위원회, 1998.

권상로, 『조선불교약사』, 新文館, 1917, 204.

권상노, 『朝鮮佛敎史』, 서울 : 寶蓮閣,1979.

대한불교조계종 교육원, 『조계종사 : 고중세편』, 조계종출판사, 2006.

박노자, 『우승열패의 신화 : 사회진화론과 한국 민족주의 담론의 역사』, 한겨레신문사, 2005.

梁啓超, 『梁啓超全集』(全一冊), 북경출판사

이능화, 『조선불교통사』, 新文館, 1918, 209.

이능화 지음, 이병두 역주, 『조선불교통사 : 근대편』 서울 : 혜안, 2003.

이능화, 이종은 역 『조선도교사』, 보성문화사, 2000.

최남선, 『조선불교』, 조선불교청년회, 1930.

한용운, 『한용운전집』(전6권), 서울 : 불교문화연구원, 2006.

한종만 편, 『한국근대민중불교의 이념과 전개』, 한길사, 1980.

강돈구, 『한국 근대종교와 민족주의』, 집문당, 1992.

권오민, 『인도철학과 불교』, 민족사, 2004.

김경집, 『한국근대불교사』, 경서원, 1998.

_____, 『한국불교 개혁론 연구』 서울 : 불교진각종 종학연구실, 2001.

김광식, 『한국 근대불교사연구』, 민족사, 1996.

_____, 『근현대불교의 재조명』, 서울 : 민족사, 2000.

_____, 『불교 근대화의 이상과 현실』, 서울 : 도서출판 선인, 2014.

_____, 「대한승려연합회선언서와 민족불교론」, 『민족불교의 이상과 현실』, 도피안사, 2007.

_____, 『한국 근대불교사 연구』, 민족사, 1996.

김순석, 『일제시대 조선총독부의 불교정책과 불교계의 대응』, 서울 : 경인문화사, 2003.

김용태, 『조선후기 불교사 연구 : 임제법통과 교학전통』, 성남 : 신구문화사, 2010.

동국대학교 불교문화연구원, 『근대 동아시아의 불교학』, 서울 : 동국대학교 출판부, 2008.

동국대학교 석림동문회 기획·편찬, 『한국불교현대사』, 시공사, 1997

박희승, 『이제 승려의 입성을 許함이 어떨는지요』, 서울 : 도서출판 들녘, 1999.

불교사학회편, 『근대한국불교사론』, 민족사, 1988.

불교신문사, 『한국불교사의 재조명』, 서울 : 불교시대사, 1994.

이병욱, 『한국불교사상의 전개』, 집문당, 2010.

인하대학교 한국학연구소, 『동아시아한국학의 형성 - 근대성과 식민성의 착종』, 서울 : 소명출판, 2013.

임혜봉, 『친일불교론』 서울 : 민족사, 1993.

정광호, 『近代韓日佛教關係史研究 - 日本의 植民地政策과 관련하여』, 仁 川 : 仁荷大學校 出版部, 1994.

_____, 『일본침략시기의 한일불교관계사』, 아름다운세상, 2001.

조성택, 『불교와 불교학 : 불교의 역사적 이해』, 파주 : 돌베개, 2012.

최병헌 외, 『한국 불교사 연구 입문 상,하』, 지식산업사, 2013.

강대련, 「進化는 在月報」, 『조선불교월보』 Vol 1, 조선불교월보사, 1910.

강돈구, 「한국 근대 종교운동과 민족주의의 관계에 대한 연구 - 종교민족 주의의 구조적 다의성을 중심으로 - 」, 서울대학교 대학원 종교학 과 박사학위논문, 1990.

강영한, 「일본불교의 조선침투 과정과 한국의 불교개혁운동」, 『종교연구』 14, 1997.

강중기, 「한용운의 사상과 서양 철학사상의 접변」, 『동서 사상의 회통』, 동과서, 2019.

김광식, 「조선불교 청년회의 사적고찰」, 『한국불교학』 19, 한국불교학회, 1994.

_____, 「朝鮮佛教青年總同盟과 卍黨」, 『韓國學報』 Vol.21 No.3, 일지사, 1995.

_____, 「1910년대 불교계의 進化論 수용과 사찰령」, 『한국 근대불교사연 구』, 민족사, 1996.

_____, 「朝鮮佛教女子青年會의 창립과 변천」, 『한국근현대사연구』 7, 한 국근현대사학회, 1997.

_____, 「근대 불교사 연구의 성찰 - 회고와 전망」, 『민족문화연구』 제45 호, 2006.

_____, 「선학원의 설립과 전개」, 『선문화연구』 1권, 한국불교선리연구원, 2006.

_____, 「식민지(1910~1945)시대의 불교와 국가권력」, 『대각사상』 13, 대각 사상연구원, 2010.

_____, 「박영희의 독립운동과 민족불교」, 『대각사상』 25, 대각사상연구원, 2016.

_____, 「다솔사와 항일 비밀결사 卍黨 – 한용운, 최범술, 김범부, 김동리 역사의 단면 – 」, 『불교연구』 48, 한국불교연구원, 2018.

김경집, 「韓國佛敎 開化期 敎團史 硏究」, 동국대학교 대학원 박사학위논문, 1997.

_____, 「근대 도성출입 해금과 그 추이」, 『한국불교학』 24, 1998.

_____, 「경허의 생애와 사상」, 『동국사상』 제29집, 1998.

_____, 「일제하 불교계 혁신운동의 연구현황과 과제」, 『선문화연구』 1, 한국불교선리연구원, 2006.

_____, 「조선후기 불교사상의 전개 – 19세기를 중심으로 – 」, 『한국어문학연구』 제48집, 한국외국어대학교 한국어문학연구회, 2007.

_____, 「신간회 경성지회장 만해의 독립운동」, 『禪文化硏究』 Vol.18, 한국불교선리연구원, 2015.

김상현, 「한국 근대사의 전개와 불교」, 『불교학보』 60, 동국대학교 불교문화연구원, 2011.

김순석, 「개항기 일본불교 종파들의 한국침투」, 『한국독립운동사연구』 8, 1994.

_____, 「근대불교종단 성립」, 『한국 불교사 연구 입문 하』, 2008.

_____, 「朝鮮總督府의 佛敎政策과 佛敎界의 對應」, 고려대학교 박사학위논문, 2001.

김형석, 「개항기 한국불교의 모순 인식과 반응」, 『인문학연구』 제54집, 조선대학교 인문학연구원, 2017.

_____, 「근대전환기 한국불교 교단의 지향 : 국가권력의 '외호'에서 자립으로」, 『동양철학』 제47호, 한국동양철학회, 2017.

류승주, 「사회진화론의 수용과 『朝鮮佛敎維新論』 – 한용운의 불교적 사회진화론」, 『원불교사상과 종교문화』 41, 2009

박노자, 「'힘'으로서의 '자유' : 梁啓超의 强權論的 '자유론'과 구한말의 지

성계 - 1896~1903년 저작이 구한말 '자유'담론에 끼친 영향을 중심
으로 - 」, 『한국민족운동사연구』 39, 한국민족운동사학회, 2004.

박두육, 「근대 한국불교의 自强運動에 대한 연구」, 동방대학원 대학교 박
사학위논문, 2014.

박소연, 「19세기 후반 서울지역 신앙 결사 활동과 특징 - 불교·도교 결사
를 중심으로」, 동국대학교 대학원 사학과 석사학위논문, 2016.

박재현, 「만해 한용운의 선적(禪的) 역할의식에 관한 연구」, 『불교학연구』
제16호, 2007.

변창구, 「제3장 만해 한용운의 구국투쟁에 관한 연구」, 『민족사상』 Vol.5
No.4, 한국민족사상학회, 2011.

서재영, 「승려의 입성금지 해제와 근대불교의 전개」, 『불교학보』 45집,
2006.

신치호, 「일제하 조선불교 청년운동의 양상과 조직 변경 - 1928~1931년『일
제 경성지방법원 편철문서』를 중심으로 - 」, 『영남학』 17, 경북대
학교 영남문화연구원, 2010.

심재룡, 「근대 한국 불교의 네 가지 반응 유형에 대하여 - 論 : 한국 근대
불교의 사대 사상가」, 『철학사상』 16, 서울대학교 철학사상연구소,
2003.

쓰키아시 다쓰히코, 「朝鮮開化派와 후쿠자와 유키치(福澤諭吉)」, 『한국학
연구』 제26집, 인하대학교한국학연구소, 2012.

양은용, 「權相老 佛敎改革思想의 研究」, 『震山韓基斗華甲紀念 韓國宗敎
思想의 再照明(上)』, 원광대, 1993.

여익구, 「한국 근대불교의 전개와 그 역사적 전개」, 불교사회문화연구소
편, 『현대한국불교론』, 여래, 1983.

오경후, 「映湖朴漢永의 抗日運動」, 『보조사상』 33, 보조사상연구원, 2010.

유승무, 「사회진화론과 만해의 사회사상 - 조선불교유신론을 중심으로」,
『동양사회사상』 제8집, 동양사회사상학회, 2003.

윤기엽, 「개화기(開化期) 일본불교의 포교 양상과 추이」, 『원불교사상과

　　　　종교문화』 54집, 2012.

_____, 「1920년대 불교계의 혁신론과 개혁운동 – 이영재의 불교혁신론과
　　　　조선불교유신회의 활동 – 」, 『한국사상과 문화』 79, 한국사상문화
　　　　학회, 2015.

윤세원, 「전륜성왕의 개념형성과 수용과정에 관한 연구」, 『동양사회사상』,
　　　　2008.

윤종갑, 「불교와 정치권력 – 정교분리에 관한 붓다의 관점을 중심으로」, 동
　　　　아시아불교문화학회, 『동아시아불교문화』 8권, 2011.

이갑봉, 「『觀世音菩薩妙應示現濟衆甘露』에 나타난 佛敎思想 硏究」, 동
　　　　방문화대학원대학교 박사학위논문, 2014.

이광린, 「「개화승 이동인」에 관한 새 사료」, 『동아연구』 제6권 서강대동아
　　　　연구소, 1985.

이명호, 「조선후기 불교에 대한 부정적 시각의 극복과 비판적 고찰」, 『불교
　　　　학보』 58, 동국대학교 불교문화연구원, 2011.

이병욱, 「한국근대불교사상의 세 가지 유형 – 근대적 종교상황에 대응하는
　　　　새로운 종교활동이라는 관점에서」, 『신종교연구』 제20집, 한국신
　　　　종교학회, 2009.

이봉춘, 「조선시대의 관음신앙」, 『한국 관음신앙연구』, 1988.

_____, 「근대 한국불교의 역사와 정체성」, 『회당학보』, 회당학회, 2001.

_____, 「한국 불교지성의 연구활동과 근대 불교학의 정립」, 동국대학교
　　　　불교문화연구원, 『근대 동아시아의 불교학』, 서울 : 동국대학교출
　　　　판부, 2008.

이영자, 「근대 거사불교사상」 『한국근대종교사사상사』 崇山朴吉眞博士古
　　　　稀紀念 원광대출판국, 1984.

_____, 「月窓居士의 禪學入門에 대하여」 『佛敎學報』 제14집.

이종수, 「조선후기 불교의 수행체계 연구 – 三門修學을 중심으로 – 」, 동
　　　　국대학교 박사학위논문, 2010.

_____, 「19세기 건봉사 만일회와 불교사적 의미」, 『동국사학』 49집, 2010.

_____, 「건봉사 제2차 萬日念佛會재검토」,『불교학연구』 25호, 2010.

이효원,「한국의 관음신앙연구」, 한국학중앙연구원 박사학위논문, 2010.

임혜봉,「불교계의 친일문제」,『기독교사상』, 대한기독교서회, 2011.8.

전복희,「愛國啓蒙期 啓蒙運動의 特性」,『한국동양정치사상사연구』 제2권1호, 한국동양정치사상사학회, 2003.

정광호,「일본 침략시기 불교계의 민족의식」『尹炳奭先生華甲紀念 韓國近代史論叢』, 1990.

_____,「日帝下의 佛敎界 動向」,『정신문화연구』 2(3), 한국학중앙연구원, 1979.

_____,「韓末 개화기의 불교」, 불교신문사 편,『한국불교사의 재조명』, 불교시대사, 1994.

정영희·김형목,「韓末 佛敎界의 親日化過程에 관한 硏究」,『民族文化硏究論叢』, 第二輯, 1995.

정선애,「불교운동의 대중조직건설방도와 과제」,『승가』 8, 중앙승가대학교, 1991.

조규태,「일제강점기 청년운동 연구의 성과와 과제」,『역사와교육』 22, 동국대학교 역사교과서연구소, 2016.

조명제,「한용운의『조선불교유신론』과 일본의 근대지(近代知)」,『한국사상사학』 제46집, 한국사상사학회, 2014.

_____,「동아시아 근대불교의 지향과 굴절」,『동아시아불교문화』 27집, 2016.

조승미,「한국의 문화 : 근대 한국불교의 여성수행문화 - 부인선우회(婦人禪友會)와 부인선원을 중심으로 - 」,『韓國思想과 文化』 34, 한국사상문화학회, 2006.

조을규,「한국 근대불교개혁운동 유형에 대한 연구」, 서울대학교 대학원 종교학과 석사학위논문, 2010.

_____,「근대불교개혁운동의 관점에서 본 경허·만공의 행적」,『불교학연구회』 제30호, 2011.

조준호, 「초기불교에 있어 국가권력(왕권)과 교권 : 세간과 출세간에서의 정교분리를 중심으로」, 『인도연구』 제14권 2호, 2009.

차차석, 「『觀世音菩薩妙應示現濟衆甘露』에 나타난 관음신앙의 특징」, 『보조사상』 제39집, 2013.

최기영, 「사회진화론」, 『한국사 시민강좌』 25, 일조각, 1999.

최연식, 「聖과 俗의 대립 - 조선초기의 유불논쟁」, 『정치사상연구』, Vol.11 No.1, 한국정치사상학회, 2005.

최병헌, 「일제 침략과 식민지불교」, 『한국 불교사 연구 입문 하』, 2008.

한동민, 「'寺刹令' 體制下 本山制度 硏究」, 중앙대학교 대학원 박사학위논문, 2006.

_____, 「일제강점기 불교계의 항일운동 연구동향과 과제」, 『선문화연구』 창간호

한보광, 「신앙결사(信仰結社)의 유형과 그 역할」, 『불교학보』 30, 1993

_____, 「신앙결사(信仰結社)의 성립배경에 관한 연구」, 『불교학보』 29, 1992.

_____, 「최근세의 만일념불결사(万日念佛結社)」, 『불교학보』 34, 1997.

| 지은이 소개 |

김형석金炯錫

현재 경상대학교 철학과 교수로 재직하고 있다. 성균관대 동양철학과를 졸업하고 동양
철학과에서 석사학위를, 유학과에서 박사학위(철학)를 받았다. 미국 Arizona State
University 방문학자, 대만 중앙연구원中央硏究院 중국문철연구소中國文哲硏究所 박사후
연구 등을 역임하였다.

논문으로 「수양론적 맥락에서『장자』'고목사회枯木死灰'론의 이해(1) :『장자』내적인
의미체계를 중심으로」(2020), 「함석헌 노장이해의 특징」(2016), 「장자의 즐거움」(2015)
외 다수가 있다. 또한 저·역서로『한국의 전통사상과 민족문화』(2018, 공저),『(완역)
성리대전』총10권(2018, 공역),『(신역)장자 - 내편 : 절대자유의 인생철학』(2017, 공저)
외 다수가 있다.

한국학 총서

조선대학교 우리철학연구소 우리철학총서　03
근대전환기의 한국철학 〈敎〉

근대전환기 도교·불교의 인식과 반응

초판 인쇄　2020년 12월 10일
초판 발행　2020년 12월 20일

지 은 이 | 김형석
펴 낸 이 | 하운근
펴 낸 곳 | 學古房

주　　소 | 경기도 고양시 덕양구 통일로 140 삼송테크노밸리 A동 B224
전　　화 | (02)353-9908 편집부(02)356-9903
팩　　스 | (02)6959-8234
홈페이지 | www.hakgobang.co.kr
전자우편 | hakgobang@naver.com, hakgobang@chol.com
등록번호 | 제311-1994-000001호

ISBN 979-11-6586-120-9 94100
　　　978-89-6071-865-4(세트)

값 : 17,000원